民國歷史與文化研究

十 編

第 3 冊

俄風東漸：
黑龍江地區俄羅斯人的經濟文化活動研究

李 隨 安 主編

花木蘭文化事業有限公司

國家圖書館出版品預行編目資料

俄風東漸：黑龍江地區俄羅斯人的經濟文化活動研究／李隨
安 主編 — 初版 — 新北市：花木蘭文化事業有限公司，2019
〔民 108〕
序 2+ 目 2+240 面；19×26 公分
（民國歷史與文化研究 十編：第 3 冊）
ISBN 978-986-485-834-7（精裝）
1. 商業經濟 2. 民族文化 3. 區域研究 4. 俄國
628.08   108011582

ISBN-978-986-485-834-7

9 789864 858347

民國歷史與文化研究
十 編 第三 冊   ISBN：978-986-485-834-7

俄風東漸：
黑龍江地區俄羅斯人的經濟文化活動研究

主　　編　李隨安
總 編 輯　杜潔祥
副總編輯　楊嘉樂
編　　輯　許郁翎、王筑、張雅淋　美術編輯　陳逸婷
出　　版　花木蘭文化事業有限公司
發 行 人　高小娟
聯絡地址　235 新北市中和區中安街七二號十三樓
　　　　　電話：02-2923-1455／傳眞：02-2923-1452
網　　址　http://www.huamulan.tw 信箱 hml 810518@gmail.com
印　　刷　普羅文化出版廣告事業
初　　版　2019 年 9 月
全書字數　172556 字
定　　價　十編 3 冊（精裝）台幣 6,500 元

俄風東漸：
黑龍江地區俄羅斯人的經濟文化活動研究

李隨安　主編

編者簡介

李隨安，1963 年 1 月 7 日生於安徽省涇縣。黑龍江省社會科學院歷史研究所中俄關係史研究室主任，研究員。研究方向：中俄關係，黑龍江地區文化。著作有《馬忠駿及哈爾濱遁園》（哈爾濱，2000）、《中蘇文化交流史（1937～1949）》（哈爾濱，2003）、《中國的俄羅斯形象（1949～2009）》（哈爾濱，2012），譯著有《臺灣共產主義運動與共產國際（1924～1932）研究・檔案》（與陳進盛合譯，臺北，2010）。

提　　要

　　19世紀末、20世紀初，伴隨著中東鐵路的修築和運營，越來越多的俄羅斯人進入毗鄰俄國的黑龍江地區，其人數一度達到20多萬。這個俄羅斯人群體在中國土地上實施俄國的侵略擴張政策，損害中國的主權，掠奪中國的富源，與此同時，也進行了多方面的文化建設，傳播了先進的俄羅斯文化，促進了黑龍江地區的開放和進步。「俄風東漸」對於黑龍江地區是一個複雜的歷史過程，中國人對待俄羅斯文化的態度也幾經變化。

序　言

　　俄羅斯人之侵略、殖民黑龍江地區，經歷了漫長的歷史過程。

　　17 世紀中葉，俄國殖民小分隊開始侵入黑龍江流域，燒殺搶掠，給中國和平居民的生命財產造成巨大的損害。中國政府發兵清剿，經過一系列戰鬥，特別是兩次雅克薩之戰，俄羅斯殖民主義者遭到沉重打擊，其巢穴——築於黑龍江北岸的阿爾巴津雅克薩——最終被中國軍隊佔領。1689 年，中俄兩國簽訂了平等的《尼布楚條約》。之後，兩國邊境地區持續了 150 多年的和平。

　　從 1689 年到 19 世紀中葉，俄羅斯人在黑龍江地區的經濟活動僅限於在邊境地帶進行定點貿易，或進入中國境內進行商隊貿易，所進行的文化活動極少。

　　第二次鴉片戰爭中，沙皇俄國利用中國內外交困，迫使中國簽訂了「璦琿條約」和「北京條約」，侵佔中國領土 100 多萬平方公里，黑龍江、烏蘇里江由中國的內河變成中俄兩國的界河，中國失去了在鄂霍次克海、日本海的出海口，蒙受了慘重的地緣損失。

　　俄羅斯人大批進入黑龍江地區，是在中俄兩國簽訂「中俄密約」之後。

　　1896 年，清政府派李鴻章去俄國參加沙皇尼古拉二世的加冕典禮，並與俄國簽訂了《中俄禦敵相互援助條約》即《中俄密約》；隨後，兩國代表又簽訂了《中俄合辦東省鐵路公司合同章程》；俄國因此取得了在中國境內修築鐵路的特權。

　　清政府之所以允准俄國在自己的土地上修築鐵路，是出於以下考慮：甲午戰爭中中國慘敗，東北處於日本的覬覦之下，清政府無力守衛東北，不得不實施「以夷制夷」的策略，即引入俄國勢力來牽制日本，通過這一制衡手段，保全東北。

　　中東鐵路的修築爲大批俄羅斯人移居黑龍江地區創造了條件。隨著中東鐵路的修築和運營，俄羅斯人漸漸移居到鐵路沿線；在哈爾濱、滿洲里、海拉爾、橫道河子、牡丹江、綏芬河等地俄羅斯僑民特別多。據 1917 年 4 月 20 日的《遠東報》提供了一項調查結果：中東鐵路沿線居留的俄國僑民爲 47886 人。十月革命後，約有數百萬人逃出俄羅斯，其中約 25 萬人逃出遠東國境。據 1921 年 1 月 1 日中東鐵路管理局的統計，中東鐵路沿線的俄僑計有 288224 人〔註1〕。哈爾濱當時成爲遠東最大的俄僑聚居中心，俄僑一度達到 20 萬人〔註2〕。

　　1931 年「九・一八事變」之後，日本侵佔了東北全境，黑龍江地區的一部分俄羅斯人遷移到上海等地和其他國家。

　　本著作分爲三章：

　　第一章，以俄羅斯人的金融活動爲例，亦即以華俄道勝銀行爲例，闡述俄羅斯的經濟活動對黑龍江地區乃至全中國的侵略和掠奪。

　　第二章，以俄羅斯人的九種文化活動——教育、文學、美術、戲劇、舞蹈、音樂、電影、出版、科學研究、宗教——爲例，列爲 9 個專題，闡述俄羅斯人在黑龍江地區還存在「建設」的一面，雖然是有限的。

　　第三章，以黑龍江地區俄式建築的流播爲例，闡述中國人對俄羅斯文化的認知和接受。

〔註1〕《黑龍江百科全書》，第 62 頁，北京：中國大百科全書出版社，2007 年。
〔註2〕汪之成：《上海俄僑史》，第 20 頁，上海：上海三聯書店，1993 年。

目

次

第一章　俄羅斯人的經濟活動
——以華俄道勝銀行爲例

　　鴉片戰爭後，外國資本通過各種方式進入中國，既有金融資本也有產業資本等非金融資本。在金融資本中，銀行資本是最主要的組成部分。隨著外國資本主義工商業在中國的逐步發展，提供金融服務的外國金融機構——銀行——也在中國生根發芽，並逐步發展。19 世紀末，世界主要資本主義國家相繼過渡到帝國主義階段。由於資本的集中，特別是財政資本發展，主要帝國主義國家形成了大量的過剩資本，它們不再滿足於對外輸出商品，而要對殖民地、半殖民地和落後國家進行資本輸出。列寧在《帝國主義是資本主義的最高階段》中指出：「早期自由競爭資本主義，以商品輸出爲其典型特徵；而之後形成的壟斷資本主義以資本輸出爲典型特徵。」〔註1〕甲午戰爭前後，列強對中國的經濟侵略也向資本輸出階段過渡。

　　外國資本對中國的輸出，不只是呈現爲在中國開設工廠、開採礦山、掠奪中國資源等一般經濟活動，還伴隨著瓜分中國、攫取中國鐵路建築權、擴大資本輸出、對中國政府提供政治借款、軍事借款、爭奪租借地和勢力範圍等一系列政治活動。在此過程中，外國銀行的功能隨之轉變，其主要任務已不再僅僅是爲工商企業擔任支付的中介，而是與工業壟斷資本融合在一起，成爲財政資本統治的中樞，成爲列強對中國進行資本輸出的指揮機構和執行機構。外國資本的輸出過程，既是列強各國金融實力、在華金融勢力和資本擴張速度的比拼過程，也是列強在中國爭奪霸權，進行政治、軍事、外交爭奪的過程。

〔註 1〕《列寧選集》，第 2 版，第 16 卷，第 396 頁，北京：人民出版社，1988 年。

　　甲午戰爭前後，列強對中國的經濟侵略已向資本輸出階段過渡。此時，沙俄資本覬覦中國已久；在資本並不充裕的情況下，沙俄爲實現其「和平征服」中國的目的，與法國的金融資本聯合，組建了華俄道勝銀行。這家銀行成立後，在沙俄政府控制下，瘋狂地對中國進行資本輸出，同英國、日本、德國的資本在對中國政府借款和直接投資領域進行了激烈的角逐。到 1902 年，它在資金周轉額上已成爲僅次於英國滙豐銀行的第二大在華銀行，且成爲俄國財政資本對華輸出的代理者，是沙俄掠奪中國政治經濟權益和與列強爭奪東北亞霸權的工具。沙俄與其他列強在資本方面的爭鬥總是伴隨著在華勢力範圍的瓜分和對華財政金融主權的侵犯。

　　本章共爲三個部分：華俄道勝銀行的設立，華俄道勝銀行與列強資本的爭奪，華俄道勝銀行在沙俄爭奪東北亞霸權中的作用，結束語。

　　第一部分從華俄道勝銀行設立的歷史背景入手，闡述 19 世紀末列強對中國的經濟侵略向資本輸出階段的過渡。此時，沙俄政府形成了「銀行加鐵路」的「和平征服」政策；沙俄資本也伺機而動，並抓住了「干涉還遼」和清政府在甲午戰爭後爲賠款而借款的機會，誘迫清政府簽訂了《四釐借款合同》。該合同開啓了沙俄資本對華輸出的閘門，同時也催生了華俄道勝銀行的成立。爲了給華俄道勝銀行的經濟侵略披上合法的外衣，沙俄誘騙清政府入股；爲控制銀行，沙俄先後兩次增購銀行股票，使華俄道勝銀行不折不扣地成爲在中國的殖民銀行，並成爲俄國資本與其他列強資本爭鬥的工具。

　　第二部分論述華俄道勝銀行與列強資本在中國輸出資本的爭奪過程，這一爭奪過程主要圍繞對中國政府進行的政治、軍事和鐵路借款以及在中國的直接企業投資和金融業投資等。通過對中國政府貸款的爭奪，華俄道勝銀行打破了英國銀行對中國外債的壟斷，達到了染指中國海關和財政的目的；通過鐵路貸款的爭奪，華俄道勝銀行與英國資本劃分了勢力範圍，將勢力範圍從東北地區擴展到長城以北；通過直接投資中東鐵路和金融業，使中國東北在經濟上成爲沙俄「黃俄羅斯計劃」的一部分，還力圖使新疆和蒙古融入沙俄的經濟體系。通過一系列爭奪活動，到日俄戰爭前，沙俄成爲對華資本輸出方面僅次於英國的第二大國，並確立了其在中國東北的獨霸地位。

　　第三部分主要論述華俄道勝銀行在沙俄爭奪東北亞霸權中的作用，主要從華俄道勝銀行與沙俄政府的關係、輸出資本的構成、以及華俄道勝銀行的章程分析其作爲沙俄財政資本輸出工具和沙俄殖民銀行的本性。由於日俄戰爭戰敗和《朴茨茅斯條約》的簽訂，沙俄在中國的勢力範圍縮小，資本輸出

也隨之趨緩，而日本對華資本輸出額迅速增長。此時，華俄道勝銀行走過了其發展的巔峰時刻，開始步入衰落。縱觀華俄道勝銀行的興衰可知，它在一定程度上反映了沙俄在東北亞霸權爭奪中的力量消長。

　　從華俄道勝銀行資本輸出的過程可以看出，在帝國主義時代，銀行的作用發生了重大的改變，其主要任務已不再僅僅是替工商企業擔任支付中介，而是與工業壟斷資本融合在一起，成為財政資本統治的中樞，因此它也就變成了帝國主義壟斷資本輸出的指揮機構、執行機構和經濟掠奪、殖民統治的工具。

圖 1-1-1：【華俄道勝銀行辦公樓之一】

華俄道勝銀行辦公樓之一，1902 年 5 月開工興建。位於今哈爾濱市南崗區紅軍街，今為黑龍江省文史館。

第一節　華俄道勝銀行的設立

一、華俄道勝銀行設立的歷史背景

（一）19 世紀末列強對中國的資本輸出

　　鴉片戰爭後，列強金融資本相繼進入中國。1845 年，英國的麗如銀行在香港和廣州兩地設立分支機構，成為第一個進入中國的外國銀行。1864 年 8

月，英國創立滙豐銀行，是第一家將總行設在上海的外國銀行。法蘭西銀行是 19 世紀 60 年代進入中國的唯一非英國銀行。1872 年，德國在中國設立了德意志銀行；1890，德華銀行成立，取代了德意志銀行。與此同時，法國東方匯理銀行也取代了法蘭西銀行。1893 年，日本在中國設立了日本橫濱正金銀行。列強在華銀行以滙豐銀行實力最強，1894 年之前它建立了一個北起牛莊、京津，南臨海口，從沿海的上海、廣州到內地的漢口、九江的金融網，成為近代中國金融市場上的霸主。

從分支機構來看，1894 年列強在華銀行共有 7 個（見表 1-1-1），分支機構為 15 個；到 1914 年時，列強銀行數達到 9 個，分支機構達到 56 個。華俄道勝銀行於 1896 年在中國設立之後，其分支機構迅速在中國擴張，1914 年為 14 個，占列強在華銀行分支機構的 1／4，成為分支機構最多的外國在華銀行。

表 1-1-1：【帝國主義國家在華銀行機構表】

國　家	1894 年		1914 年	
	銀行數	分支機構	銀行數	分支機構
英國	4	12		5
美國			1	4
法國	1	1	3	12
德國	2	2		11
俄國			1	14
其他國家			4	10
合計	7	15	9	56

資料來源：吳承明編：《帝國主義在舊中國的投資》，第 40 頁，北京：人民出版社，1955 年。

在甲午戰爭之前，列強還處於以商品輸出為主要特徵的資本主義時期，它們在中國的企業投資中，除了航運和貿易以外，其餘都不占重要的地位。1897 年以前，中國還沒有本國的銀行，外國銀行獨霸了中國的銀行業。當時，這些銀行的主要業務是進出口貿易和國際匯兌，還沒有與工業資本融合在一起，也不具有獨佔資本輸出的中樞地位。甲午戰爭之後，外國資本相繼過渡到對中國進行資本輸出的階段，資本輸出成為列強銀行的「主營業務」。

　　外國銀行對中國的資本輸出主要圍繞直接投資和間接投資兩方面：直接投資是外國資本在中國創建工礦、鐵路和商業企業；間接投資主要是對中國的借款，借款主要面向中央政府和地方政府，多用於軍需和對外戰爭賠款；此外，鐵路投資借款也占較大份額。

（二）沙俄資本覬覦中國，「和平征服」政策出籠

1、沙俄「銀行加鐵路」侵略政策的形成

　　在 19 世紀 50 到 60 年代，沙俄侵華曾經達到高潮，先後割佔了中國黑龍江以北、烏蘇里江以東和西北地區大片領土。經過 30 年的相對沉靜後，到 19 世紀末，俄國開始進入帝國主義階段，它的侵華活動又掀起了一次高潮。此時，沙俄統治集團制定了「銀行加鐵路」的對華侵略方針，即堅持「和平滲透」或「和平征服」政策。這一政策包括對華貸款、攫取鐵路築路權和開礦權、奪取中國沿海港口、爭奪在華勢力範圍等。這一政策的代表人物是俄國財政大臣維特，他的計劃是「取得中國政府的同意，把橫貫西伯利亞的大鐵路穿過滿洲的心臟，而且使這條鐵路成為俄國商業和經濟侵入滿洲、朝鮮、盡可能多的中國其他部分的基礎。維特不像他的某些同僚，他並不關心直接攫取沿俄國邊界的中國領土。相反，他要求維護中國的統一，同中國政府建立和維持親密關係；給它（中國）貸款，支持它反對其他列強，從而把它置於俄國勢力之下；並且從它取得鐵路、貿易和經濟的特權，把整個華北變為俄國獨有，並且仍然能使俄國具有與其他列強同樣資格在中國其他各地伸張其勢力。」〔註 2〕他在接見一名荷蘭記者時也曾說：「我的座右銘是貿易和工業總是打先鋒，而軍隊總是殿其後。」〔註 3〕維特的對華政策在其使用的手段上和內容上明顯不同於沙俄傳統對華政策，具有資本帝國主義對外侵略的明顯特徵。所以，蘇聯學者阿瓦林說，維特是「俄國資本主義利益的嚮導」。〔註 4〕另一位西方學者也認為維特與他所效勞的兩個沙皇、軍事領導人及外交部老派頭的庸碌之輩形成鮮明的對

〔註 2〕　〔美〕亨利·赫坦巴哈等：《俄羅斯帝國主義──從伊凡大帝到革命前》，吉林師範大學歷史系翻譯組翻譯，第 421 頁，生活·讀書·新知三聯書店，1978年。

〔註 3〕　〔美〕亨利·赫坦巴哈等：《俄羅斯帝國主義──從伊凡大帝到革命前》，吉林師範大學歷史系翻譯組翻譯，第 355 頁，生活·讀書·新知三聯書店，1978年。

〔註 4〕　〔蘇聯〕B.阿瓦林：《帝國主義在滿洲》，北京對外貿易學院俄語教研室譯，第 35 頁，北京：商務印書館，1980 年。

比，他是新的金融業和商業集團惟一最能幹、最有勢力的代表人物，而這些集團正在使俄國從內部發生變化，並且使俄國帝國主義具有新的特徵。羅曼諾夫也說：維特「把『和平』征服中國的計劃建立在資本輸出的基礎上」。〔註5〕

2、干涉還遼爲俄國資本進入中國搭建了臺階

甲午戰敗之後，清政府與日本明治政府在 1895 年 4 月 17 日簽訂了《馬關條約》，日本割佔了遼東半島。6 日後，俄國、德國與法國以提供「友善勸告」爲藉口，迫使日本把遼東交還給中國。俄國的舉動有其自己的圖謀，它利用第二次鴉片戰爭的有利形勢割佔了中國黑龍江以北、烏蘇里江以東的大片領土，之後又興建西伯利亞鐵路，企圖在滿洲與朝鮮建立勢力範圍，奪取極具戰略價值的不凍港。故此，俄國與日本之爭端勢在難免。中日簽署《馬關條約》時，俄國曾多次暗示日本不得侵佔東北，然而日本卻要求清政府割讓遼東，使俄國感到利益受損。維特主張「一定要讓日本知道俄國是不會容忍它佔領南滿的。如果……日本對於通過外交方式堅持的東西不讓步的話，那就必須命令俄國艦隊開始行動，攻擊日本艦隊，炮擊日本港口。」〔註6〕

俄國試圖通過外交方式解決問題。甲午戰爭進行之時，俄國就曾拉攏德國和法國反對日本。德皇威廉二世在日本將要打敗清軍之時，感到德國應該染指東亞，便同意干涉，以換取俄國支持其在東亞的擴張。基於 1894 年的俄法聯盟，法國同樣也想在東亞聯合俄國取得更多利益。它在得到印度支那後，開始覬覦中國臺灣，故支持與俄德兩國一起干涉《馬關條約》的落實。4 月 23 日，「俄德法三國聯合起來向日本代理外相遞交了內容相同的照會，聲稱日本對遼東的佔領，對中國首都將是一種永久的威脅，同時將使朝鮮國的獨立成爲虛幻的事，並且以後對於遠東和平也將永遠是一個障礙。」〔註7〕俄德法三國的意圖明顯，要求日本把遼東歸還中國。

日本的反應是不肯吐出到嘴的肥肉。4 月 30 日，它提出只佔領旅順與大連兩海港，加上一些賠款。但俄德法三國依然態度強硬，毫不退讓。此時，日本希望英國提供支持，但英國也只是建議日本接受俄德法三國的「勸諭」。在如此

〔註 5〕 〔蘇聯〕鮑里斯·羅曼諾夫：《俄國在滿洲（1892～1906）》，俄文版，第 403 頁，
　　　　列寧格勒，1928 年。
〔註 6〕 〔美〕安德魯·馬洛澤莫夫：《俄國的遠東政策（1881～1904）》，第 72 頁，
　　　　北京：商務印書館，1977 年。
〔註 7〕 〔美〕安德魯·馬洛澤莫夫：《俄國的遠東政策（1881～1904）》，第 74 頁，
　　　　北京：商務印書館，1977 年。

外交壓力之下，10 月 19 日，日本與俄德法三國達成協議，答應把遼東歸還中國，而清政府要付出三千萬兩白銀作為賠償。11 月 16 日，清政府贖回了遼東。

三國干涉還遼最直接的後果是俄國從此以維護中國利益的功臣自居，並進而居功索利。正如維特所說：「這樣俄國就充任了中國的救星，中國也會感激它的幫助，而在日後同意以和平方式改訂邊界」。〔註 8〕與此同時，在清政府內部以李鴻章為代表的親俄勢力得以加強，沙俄政府於是利用這一親俄勢力為其資本進入中國創造機會。

3、《四釐借款合同》開啟俄國資本進入中國之門

《馬關條約》規定清政府對日賠款為貳萬萬兩庫平銀，清政府第一期賠款應於 1895 年 10 月 17 日支付。清政府財政困難，根本無力應付，只好舉借外債來償付賠款，從而引起了列強圍繞貸款權的激烈爭奪。《馬關條約》簽訂後不久，清政府就通過中國海關總稅務司英國人赫德提出向英國借款的問題。開始，倫敦、柏林和巴黎的金融界醞釀成立一個「英、德、法三國銀行團」對中國聯合貸款，但是德國對英國人把持的中國海關很不放心，提出貸款不能僅以中國海關收入作擔保，要求「仿照土耳其和埃及的樣子」成立一個「管理中國債務的行政機構」。〔註 9〕法國雖然一度同意德國的這個主張，但是又對英、德顧慮重重，擔心自己在未來的國際銀行團中處境孤立，於是拉俄國入夥。5 月中旬，法國金融界正式提出吸收俄國參加擬議中的國際銀行團問題，並建議俄國財政大臣維特「組織一個俄國銀行團，以便與法國銀行團同時行動，同英、德相抗衡。」〔註 10〕法國企圖藉此在借款中將資金不足的「俄國這一份攫為己有」。俄國就這樣登上了爭攬對中國貸款權的歷史舞臺。俄國對待這次貸款的態度是排他性的，即不是與他國「分享」，而是獨攬。對於擬議中的國際銀行團，維特認為，俄國參加進去沒有好處，因為只能使自己「成為覬覦中國主權的普通一員」；〔註 11〕對於法國的建議，他藉口「對事情不太熟悉，不能對這一提議給予任何答覆」，直截了當地予以拒絕。

〔註 8〕　〔美〕安德魯・馬洛澤莫夫：《俄國的遠東政策（1881～1904）》，第 73 頁，北京：商務印書館，1977 年。

〔註 9〕　〔蘇聯〕鮑里斯・羅曼諾夫：《俄國在滿洲（1892～1906）》，陶文釗等翻譯，第 87 頁，北京：商務印書館，1980 年。

〔註 10〕　〔蘇聯〕鮑里斯・羅曼諾夫：《俄國在滿洲（1892～1906）》，陶文釗等翻譯，第 87 頁，北京：商務印書館，1980 年。

〔註 11〕　〔蘇聯〕鮑里斯・羅曼諾夫：《俄國在滿洲（1892～1906）》，陶文釗等翻譯，第 87 頁，北京：商務印書館，1980 年。

　　此時，干涉還遼正在進行中，清政府迫於俄德法三國的壓力，決定不再向英國借款，提出僅在參與干涉還遼的俄德法「三強中分攤借款」。清政府不再向俄國的勁敵英國借款，這已是對俄國的重大讓步，但是俄國仍不滿足，它進而反對「三強分攤」，堅持自己包辦借款。5 月 11 日，維特向中國駐俄公使許景澄宣佈俄國要獨佔全部貸款權，他已飭俄國財政部「籌備鉅款，約合一萬萬兩數作借」。〔註 12〕清政府總理各國事務衙門不同意俄方的無理要求，於 5 月 15 日電示許景澄通知俄方：「現德、法亦願借款，擬俄款商定，再與酌定」，中國只擬向俄國「訂借五千萬兩」，即總數的一半，由稅關出票，戶部蓋印，按期撥還。「德、法須分辦，故擬減借。」俄方代表得知後威脅：「減借不合俄主籌退日兵本意，分辦不如勿借」；又說：「俄、法一氣，無庸慮；德國一邊可另想辦法」。〔註 13〕後面這句話說明俄國在排斥英國參與借款後，又要排斥德國，但已有同法國合夥貸款的打算。

　　俄國的財力無法獨攬這一大筆貸款是非常明顯的。當時西伯利亞大鐵路正在趕修，耗資巨大；1891～1893 年連年歉收又給沙皇政府帶來更多的財政困難。雖然如此，沙俄仍不肯放棄利用這個從政治上、經濟上控制中國的機會。此時，法國金融資本需要對清政府有巨大政治影響的俄國的支持，因而同意在俄國政府的監督下、並遵循俄國政府的政治意圖在遠東進行活動。於是，在法國金融資本以俄國為其保護人、俄國以法國金融資本為搖錢樹的相互需要的基礎上，俄、法兩國在對中國貸款的問題上勾結起來。1895 年 5 月 16 日，俄國駐法國大使莫倫海姆報告沙皇政府說，法國同意提供貸款，由俄、法兩國合夥承擔。具體條件是：由俄國對貸款進行擔保；俄國支持法國在中國華南的領土擴張和經濟擴張，尤其是必須支持法國獲取華南鐵路的優先承攬權。對此，俄國保證將在有關遠東的一切問題上同法國合作。

　　俄法勾結完成後，6 月 11 日，維特出面逼迫許景澄接受 4 萬萬法郎（約合白銀 1 萬萬兩）的俄法貸款，條件是中國「海關作押，由俄主頒諭加保」。〔註 14〕俄法聯合包攬貸款，並由俄國政府擔保，顯然意味著俄國在政治上、財政上對中國的控制。對此，清政府是有所警惕的。6 月 12 日，總理各國事務衙門電示許景澄，指出俄國保借法款，有失體面，兩國借用商款，事所恒

〔註 12〕 《清季外交史料》，第 112 卷，第 5 頁。
〔註 13〕 《許文肅公遺稿電報》，第十卷，第 14 頁。
〔註 14〕 《清季外交史料》，第 113 卷，第 21 頁。

有，從無他國國家代保者。既保借款，即爲保護國事之漸，並明確指示許景澄拒絕由俄國擔保，要俄方「另想辦法」。但俄方堅持不讓，「不予考慮」。於是，許景澄與俄國就此問題幾經交涉，因爲有德國和英國在後虎視眈眈，俄國開始在一些問題上做出讓步。直到 6 月 17 日，俄方才勉強同意「除去加保字樣，只言如海關付款愆期，由俄國家墊付。」〔註 15〕所謂「墊付」與俄國政府「加保」並無實質區別。

沙俄的行動引起了它的競爭對手英國、德國的不滿。德國駐華公使紳珂對慶親王說，德國同俄、法一起干涉日本還遼，但沒有享受與俄、法同等的權利，這次貸款交涉將德國排除在外，由俄、法獨享利益。爲此，紳珂對清政府處理問題的「錯誤的、罕見的」方式表示「遺憾」。英國駐華公使歐格訥則提請清政府「警惕俄國對貸款擔保的意圖及其不可告人的目的」。〔註 16〕

當時清政府最爲關心的是日本侵略軍退出遼東半島的問題。因此，它非常擔心借款之事影響俄國對干涉日本還遼的態度。在俄方的詭計和壓力之下，清政府不得不指示許景澄「將俄款各端斟酌訂定」。6 月 27～28 日，許景澄與俄方會擬了借款《合同》及中俄《聲明文件》，並電告總理各國事務衙門。7 月 6 日，許景澄代表清政府在聖彼得堡和四家俄國銀行的代表羅啓泰、六家法國銀行的代表霍丁格爾、諾茨林、勃裏斯正式簽訂了中俄《四釐借款合同》，並同俄國簽訂了四釐借款《聲明文件》。合同規定借款金額爲 4 億法郎（合白銀 1 億兩），其中由法國六家銀行銀行承擔 2.5 億法郎，俄國 4 四家銀行承擔 1.5 億法郎。借款年息四釐，折扣爲九四又八分之一，36 年還清本息，以中國海關收入擔保。《四釐借款合同》使俄國資本直接進入中國，同時也催生了俄國財政資本和金融資本投資的華俄道勝銀行。

二、華俄道勝銀行的設立和股權變化

（一）沙俄政府組建華俄道勝銀行

「俄法借款」是以清政府海關收入作抵押的。自 19 世紀 60 年代以後，中國海關一直控制在英國人手裏；以海關收入作抵押，俄法感到靠不住，於是提出建立一個凌架於海關之上的俄法兩國銀行團聯合組織，以便對中

〔註 15〕　《清季外交史料》，第 113 卷，第 21 頁。
〔註 16〕　〔法〕A. 施阿蘭：《使華記（1893～1897）》，袁傳璋、鄭永慧譯，第 71 頁，北京：商務印書館，1989 年。

國的國債實行管理，監督中國償還債務。在中俄《四釐借款合同》剛剛簽訂之後，俄國財政大臣維特就向應邀前來聖彼得堡的霍丁格爾等三位法國銀行家提出成立一家有他們參加的俄國銀行的建議，並要他們參加俄國銀行之創設工作。在維特的規劃中，這銀行將在俄國政府的庇護之下「在極寬泛的原則之下，在東亞各地進行工作」。〔註17〕這個提議是正式提出的，不僅有俄國財政大臣的種種允諾，還有外交大臣的正式參與。該銀行除了純粹的商業活動之外，還有個任務，即「鞏固俄國在華的經濟勢力，以便與英國之既得的優勢相對抗，英國已因海關管理權之實際的攫取而佔了很多便宜。」〔註18〕因為有了這個目的，所以，就將廣泛的權利給了該銀行，如商業、貨運等，特別是承包稅收與發行貨幣，在中國境內修建鐵路等。對外國銀行家作出這樣的提議，維特就將俄國的國家信用與財政系統都黏著於這些諾言的執行上。

　　1895 年 10 月 12 日，俄法兩國結束了成立銀行的談判。12 月 5 日，法方創辦人在巴黎簽署了由俄國擬就的《華俄道勝銀行章程》。12 月 10 日，該銀行章程獲沙皇尼古拉二世批准。參與創建華俄道勝銀行的有巴黎霍丁格爾公司銀行、巴黎荷蘭銀行、里昂信託銀行、國家貼現銀行這 4 家法國銀行和 1 家俄國銀行──聖彼得堡國際銀行。1895 年 12 月 10 日，華俄道勝銀行在俄國財政部註冊後開業，總行設在俄都聖彼得堡，當時總股本為 600 萬盧布，共計 4.8 萬股。

　　華俄道勝銀行成立後，陸續在世界各地設立分支機構。但華俄道勝銀行的機構設置，並不是單純從銀行業務發展來考慮，而是特別注意密切配合沙俄的領土擴張活動，其重心放在中國的東北和新疆地區。1896 年 2 月 13 日，巴黎國家貼現銀行（華俄道勝銀行股東之一）上海分行移交給華俄道勝銀行，成為華俄道勝銀行在中國的第一家分行。1898 年 7 月，華俄道勝銀行在哈爾濱香坊設立分行，這是該行在中國境內最主要的分行。至 1902 年，華俄道勝銀行已有分行 31 處、代理處 10 處，其中設在中國的有分行 16 處、代理處 3 處。

〔註17〕〔蘇聯〕鮑里斯・羅曼諾夫：《俄國在滿洲（1892～1906）》，陶文釗等翻譯，第 84 頁，北京：商務印書館，1980 年。

〔註18〕〔蘇聯〕鮑里斯・羅曼諾夫：《俄國在滿洲（1892～1906）》，陶文釗等翻譯，第 85 頁，北京：商務印書館，1980 年。

（二）沙俄政府控制銀行股權

1、誘騙清政府入股

在三國干涉還遼事件後，沙俄強調它給了中國巨大的幫助，建議中俄締結軍事同盟，以對付共同敵人日本；為了實現這個目的，沙俄要求中國允許它的西伯利亞鐵路穿越中國東北北部，這樣便於今後能更有效地向中國提供軍事援助。由於俄國沙皇的勸誘和收買，1896 年 6 月 3 日，清政府的全權大臣李鴻章在所謂的《中俄禦敵互相援助條約》（也稱《中俄密約》）上簽字。中國政府允許華俄道勝銀行承辦建築一條穿過中國黑龍江、吉林兩省、通往符拉迪沃斯托克的鐵路。

《中俄密約》簽訂後，維特派華俄道勝銀行總辦羅啓泰等前往柏林，與中國特派代表許景澄談判鐵路合同，並於 9 月 2 日簽訂了《銀行合同》。《銀行合同》規定「中國政府以庫平銀 500 萬兩與華俄道勝銀行合夥做生意」〔註19〕，作為道勝銀行中方股本，與俄國共同經營中東鐵路。中國政府入股銀 500 萬兩，由華俄道勝銀行在俄法四釐借款合同內扣撥。這筆錢當時約合 756.2 萬盧布，比該行初設時規定股本 600 萬盧布還多 26%。可是，清政府卻始終未能參加該行董事會。值得注意的是，在入股合同簽訂的同時，還簽訂了中俄《合辦東省鐵路公司合同章程》，規定「路成開車之日，由該公司呈繳中國政府庫平銀 500 萬兩。」〔註20〕

事實上，到 1903 年中東鐵路建成通車後，並沒有實踐《合辦東省鐵路公司合同章程》規定的歸還中國庫平銀 500 萬兩的諾言。因為這 500 萬兩對於資金匱乏的沙俄來說，是一筆數目不小的中東鐵路建設資金。所謂合夥做生意，實屬有名無實。如此一來，華俄道勝銀行就掛上了中俄合辦銀行的招牌，為其後來的一系列侵略活動披上了合法的外衣。《帝俄侵略滿洲史》的作者羅曼諾夫曾說：「把 500 萬兩作為中國政府存在華俄銀行的款子，中國政府並可分得銀行之紅利，這實在把銀行的地位弄得更鞏固了。這樣使中國政府很熱心於銀行事業之廣大的發達。」這正是沙俄的本意所在。

2、俄國財政部從壟斷股權到全部出售

華俄道勝銀行設立時，當時總股本為 600 萬盧布，共計 4.8 萬股，其中法

〔註19〕步平等：《東北國際約章匯釋（1689～1919）》，第 133 頁，哈爾濱：黑龍江人民出版社，1987 年。

〔註20〕步平等：《東北國際約章匯釋（1689～1919）》，第 137～138 頁，哈爾濱：黑龍江人民出版社，1987 年。

國股份占 5／8，俄國股份占 3／8。但在董事會的 8 名董事中，俄國董事佔了 5 席，法國董事只佔了 3 席。股權和經營控制權的不一致，導致法國經常與沙俄為控制經營權進行爭鬥。沙俄為完全控制銀行，先後兩次批准它增加發行股票。第一次是 1898 年 7 月，沙俄政府批准了銀行發放 1.2 萬份股票的決定，並且用國庫的資金把這些股票如數包下來，這樣，在華俄道勝銀行發行的 6 萬份股票中俄國資本就佔有 3 萬份，即占 50%。同時，沙俄對銀行章程作了一項補充：銀行的全體董事皆由沙俄財政大臣批准。第二次是在 1902 年 7 月，華俄道勝銀行發行股票 2 萬份，全部由沙俄財政部認購，從此，在華俄道勝銀行發行的總共 8 萬份股票中，俄國資本佔有 5 萬份，即占 62.5%（蘇聯學者斯拉德科夫斯基的計算高於這一比例，見後文）。在俄國資本中，由於兩次財政部認購股份，俄國政府的股本為 3.62 萬份，約占總股本的 41%。〔註 21〕從此，華俄道勝銀行就完全由沙俄政府控制，成了地地道道的沙俄在中國的殖民銀行。

日俄戰爭之後，沙俄在遠東政策上搖擺不定，華俄道勝銀行也發生了一些變化。戰前，華俄道勝銀行的大部分資金投放在東北南部；戰後，南滿劃歸日本，所以華俄道勝銀行在戰後陷入困境。1906 年，沙俄政府內支持華俄道勝銀行的總理大臣維特的職務被罷免，財政部也放棄了對華俄道勝銀行的大力支持。1906 年 3 月至 5 月，俄國政府全部出售了由財政部控制的銀行股票，俄國私人資本和法國資本成為股票的購買者。之後，隨著沙俄在東北北部地位的鞏固，華俄道勝銀行的活動已不能適應要求，於是在 1910 年，沙俄政府對華俄道勝銀行進行了改組，將其與俄國另一家有法國投資的北方銀行合併，改名為俄亞銀行。此時，法國資本取得了銀行的控制權，但其中文名稱仍為華俄道勝銀行。

1917 年俄國的十月革命推翻了沙皇的統治，根據銀行國有化命令，華俄道勝銀行聖彼得堡總行被沒收。但在此之前，華俄道勝銀行的多數董事已逃往法國巴黎，和法國資本家組織了新的董事會，並把法國巴黎分行改成總行，其在中國的分支機構仍繼續營業。1926 年 9 月，華俄道勝銀行巴黎總行因外匯投機失敗，宣告停業清理；同時，設在中國各地的分行和代理處，也隨之關閉。

〔註 21〕張鳳鳴：《中國東北與俄國（蘇聯）經濟關係》，第 74 頁，北京：中國社會科學出版社，2003 年。

第二節　華俄道勝銀行與列強資本的爭奪

　　華俄道勝銀行建立伊始便走上了與列強資本的爭奪之路，其爭奪主要圍繞對中國政府的政治、軍事和鐵路借款，以及在中國的直接企業投資和金融業投資等活動。

一、華俄道勝銀行與列強資本對中國借款的爭奪

　　爭奪中國的借款是列強在華銀行的「主營業務」之一。據美國人雷麥計算：1902 年前，列強銀行對中國的貸款總額為 279.7 百萬美元，其中通過華俄道勝銀行貸給中國政府的金額為 26.4 百萬美元，占總額的 9.4%；到 1914 年，列強對中國的貸款總額達到 496.2 百萬美元，而華俄道勝銀行承攬的貸款金額為 32.8 百萬美元，占總額的 6.6%（見表 1-2-1），這其中不包括庚子賠款的數額。

表 1-2-1：【列強銀行對中國貸款表】

國別	1902		1914	
	百萬美元	%	百萬美元	%
英國	110.3	39.4	207.5	41.8
日本	0	0	9.6	1.9
俄國	26.4	9.4	32.8	6.6
美國	2.2	0.8	7.3	1.5
法國	61.5	22	111.4	22.5
德國	79.3	28.4	127.6	25.7
共計	279.7	100	496.2	100

資料來源：〔美〕雷麥：《外人在華投資》，蔣學楷、趙康節譯，第 100 頁，北京：商務印書館，1962 年。

　　華俄道勝銀行對中國政府的貸款主要是對中央政府的財政貸款、鐵路建設貸款以及對地方政府的貸款。對中央政府的貸款共有 14 筆（見表 1-2-2），總金額為 3.2 億庫平銀，其中貸款額較大的是「俄法借款」、「庚子賠款」和「善後大借款」。起初，華俄道勝銀行就是為「對中國的國債實行管理，監督中國償還債務」而設立的；〔註 22〕此後，爭奪中國政府借款變成了其重要的「銀

〔註22〕黑龍江金融歷史編寫組：《華俄道勝銀行在華三十年》，第 10 頁，哈爾濱：黑龍江人民出版社，1992 年。

行業務」。綜觀華俄道勝銀行的每一筆政府貸款，其背後都隱藏著一段華俄道勝銀行與列強銀行爭鬥的歷史。

表 1-2-2：【華俄銀行對中央政府貸款項目表】 單位：兩

序號	時間	借款名稱	借款額庫平銀
1	1895 年 7 月 6 日	俄法借款	98，968，369
2	1898 年 3 月 24 日	關內外鐵路借款	387，521
3	1897 年 12 月 3 日	津蘆鐵路借款	300，000
4	1898 年 6 月 26 日	蘆漢鐵路借款	30，425，864
6	1902 年 10 月 15 日	正太路借款	12，401，219
8	1904 年	萍鄉煤礦借款	131，971
9	1912 年 11 月 13 日	外交部道勝借款	18，309
10	1913 年 4 月 26 日	善後大借款	49，655，172
11	1912 年 3 月 14 日	華比借款	
12	1901 年 10 月 16 日	庚子賠款	130，000，000
13	1915 年 2 月	外交部道勝借款	428，265
14	1916 年 4 月 8 日	濱黑鐵路借款	892，857
合計			323，609，547

資料來源：徐義生：《中國近代外債史統計資料 1853～1927》，第 28～84 頁，北京：中華書局，1962 年。

說明：華比借款後來在善後大借款中予以扣除。

（一）對清末中央政府借款的爭奪

華俄道勝銀行對中國中央政府的貸款主要有財政貸款和鐵路貸款兩類。對中央的財政貸款主要有對清末的「俄法借款」、「庚子賠款」和民初袁世凱時期的「華比借款」和「善後大借款」。

甲午戰爭之後，清政府的財政借款主要是用於償還甲午戰爭賠款、支付贖遼費和庚子賠款。每次借款均引起列強在華銀行的激烈爭奪，華俄道勝銀行當然是其中的「主角」。「俄法借款」是俄國資本進入中國的開始，同時也成為俄國與列強資本對中國資本輸出爭奪戰的導火索。

　　1. 與英德資本爭奪清政府甲午戰爭賠款借款。隨著中俄《四釐借款合同》的簽訂，俄國和法國資本聯合奪取了清政府甲午戰爭賠款第一期借款。此時，德國資本被冷落，英國也自然心有不甘。為加強與俄法的爭奪，英國積極拉攏德國，表示倫敦金融市場將在提供貸款方面與德國合作。1895 年 5 月 22 日，德國向英國遞交一份備忘錄，表示了對俄國獨攬借款的不滿，聲稱中國的借款不能「僅由某一歐洲國家承擔」，「德金融界代表將樂意與貴國主要銀行磋商」。〔註 23〕德國駐華公使紳珂則揚言：「中俄皆自主大國，向無兩國借官款辦法。中國允借，無異俄屬。」〔註 24〕為共同對抗俄法資本，7 月 27 日，滙豐銀行和德華銀行簽訂合作協議，成立對華貸款銀行團，規定雙方平等分享將來中國政府借款或中國政府擔保的借款。德華銀行甚至表示在將來的交涉中，由滙豐銀行在交涉中起主導作用。這樣，在爭奪甲午戰爭賠款第二期借款上形成了俄法和英德兩個不同的金融資本集團。

　　「俄法借款」的 1 億兩庫平銀遠遠不能滿足對日賠款的需要，清政府為償付甲午戰爭第二期賠款只好繼續借債。清政府中以張蔭桓為代表的部分官僚主張聯英拒俄，贊同向英德舉債。1895 年 12 月，英德銀行團經協商，提出了借款條件，滙豐、德華兩銀行合借 1600 萬英鎊，約合 1 億兩庫平銀，年息 5 釐，89.5 折扣，經手規費 5%。清政府嫌利息太重，中止了與英德辛迪加的談判，轉而向其他國家洽談。

　　與此同時，俄國和法國並沒有因為「俄法借款」的成功而保持沉默。1896 年 1 月上旬，俄國財政大臣維特向清政府提出建議，由俄、法、德、荷四國金融界共同承借第二期賠款借款。德國銀行家鑒於在第一次借款中被俄國擯棄，發誓不再與俄國合作，維特的建議因而失敗。法國財政部也敦促該國金融界承辦借款，駐華公使施阿蘭奉令向清政府總理各國事務衙門竭力兜攬，最初表示借款利息仍為五釐，折扣必較英、德大減。但多次磋商後，僅僅減少傭金五毫，折扣反增到九扣。3 月 6 日，施阿蘭到總理衙門「大肆咆哮」，脅迫清政府接受法方條件，引起總理衙門大臣的極大反感。俄國也不示弱，駐華公使巴甫洛夫說：「不借俄款，代中國出力處前功盡棄，不借俄而借英，伊必問罪。」列強貪得無厭的勒索要求，使清政府難以接受。至 1896 年 2 月，距離第二次支付賠款只剩下一個多月了，借款仍未定下來，清政府十分著急，

〔註23〕戚其章主編：《中日戰爭》第 11 冊，第 937 頁，北京：中華書局，1996 年。
〔註24〕馬陵合：《晚清外債史研究》，第 91 頁，上海：復旦大學出版社，2005 年。

經反覆權衡，為減輕列強的紛擾，決定向英德商借，但仍希望英國和德國能放寬借款的條件。為此，清政府找到赫德，請其幫助勸說滙豐銀行減輕折扣和利息。由於俄國資本的有力競爭，使赫德明顯感覺到了壓力，他很清楚，俄法的政策是反英的，俄法力圖在中國陸軍、海軍、鐵路、海關、財政各方面，特別是後兩方面排斥英國人，「所謂俄法兩國反對中國讓英國分潤借款，其目的是排斥英國對將來海關管理的發言權」。〔註25〕一旦它們控制借款和海關，中國就須聽命於它們。為了避免俄法等國的有力競爭，使借款債券發行順利，赫德「積極」勸說滙豐銀行最終同意將折扣降到 94，並免去傭金。1896年 3 月 23 日，清政府總理各國事務衙門與英國滙豐銀行、德國德華銀行正式簽訂了《英德洋款合同》，亦稱《中國五釐借款合同》，中國向英國滙豐銀行、德國德華銀行借款 1600 萬英鎊，借款「全應以中國通商各關之稅銀為抵還」。〔註26〕此次借款，由於俄法資本的競爭，與「俄法借款」出現了一些新的變化，英國更抓緊了中國海關的行政權。對此赫德頗為得意，「無論如何，我從來沒有像這次一樣動作迅速，這樣的有好效果，因為這件事挽回了整個局勢，而使中國能擺脫那些幫它索回遼東的朋友們的掌握」。〔註27〕他認為此次借款是有「極大價值」的事，可以「在今後三十六年中保持海關現在的行政制度」，〔註28〕即由英國人長期壟斷總稅務司的職位。

第二期賠款借款交涉之後，第三期賠款又成為清政府的一大難題。1897年 7 月，李鴻章通過有關渠道向俄國財政大臣維特提出了甲午賠款第三期借款要求。維特認為，只有切實監督的形式才會得到「最大的和對於俄國確有實質意義的利益」。〔註29〕他提出的條件是：年息是 4 釐，93 折扣，以土地稅和釐金為擔保；並規定，作為回報，中國必須授予俄國在滿洲和華北資助、建設和控制所有鐵路和礦山的權利，而且，如果海關總稅務司的職位空缺的話，應該任命一個俄國人作為海關總稅務司。這種要求，在其他列強尤其英

〔註25〕陳霞飛主編：《中國海關密檔》（9），第 6 頁，北京：中華書局，1988 年。
〔註26〕《中國清代外債史資料（1853～1911）》，198～201 頁，北京：中國金融出版社，1991 年。
〔註27〕陳霞飛主編：《中國海關密檔》（9），第 27 頁，北京：中華書局，1988 年。
〔註28〕〔英國〕菲利浦‧約瑟夫：《列強對華外交（1894～1900）對華政治經濟關係的研究》，第 138 頁，北京：商務印書館，1959 年。
〔註29〕〔蘇聯〕鮑里斯‧羅曼諾夫：《俄國在滿洲（1892～1906）》，陶文釗等翻譯，第 169 頁，北京：商務印書館，1980 年。

國看來是「暴露了政治上的動機」。〔註30〕清政府總理各國事務衙門也意識到了其中的威脅，因而轉而要求英國提供一筆「條件不苛刻」的借款，但滙豐銀行的條件也沒有讓清政府覺得滿意。滙豐銀行明確要求由「鹽或釐作保」，特別是長江一帶的鹽課作保，並由清政府總理各國事務衙門命海關代為徵收作保，對此，李鴻章斷然拒絕。由於滙豐銀行擔心失去這次買賣，作了一些讓步，不再堅持海關徵收作保，但要求借款本銀第一年起即須攤還。李鴻章堅持自第十一年起開始還本，雙方再起爭議，加之此時有紐約和英國公司提出願意借款，清政府便擱置了滙豐的交涉。經過與紐約和英國公司的談判，清政府發現了它們的信用問題，險些被其欺騙。由於賠款交付在即，清政府只得回頭向滙豐銀行求救，但此時膠州灣事件的發生使借款與各國勢力範圍之爭糾纏在一起。

　　1897 年 11 月 14 日，德國藉口巨野教案，派軍艦進駐膠州灣，並向清政府提出租借膠州灣的無理要求，這引起了各方面強烈反應。俄國首先表示反對，並派軍艦進駐旅順口。俄國這一舉動，被李鴻章認定為保護中國以對抗德國所必需的。於是，在英國借款受阻的情況下，清政府又轉向俄國，希望借助俄國「一杜英人窺視，一催德退膠州灣」。〔註31〕12 月 14 日，他向俄國財政大臣維特提出借款一萬萬兩的要求。16 日，維特提出新的借款條件：俄國在滿洲與蒙古享有鐵路的借款權、修建權、控制權及工業獨佔權，而且要求給中東鐵路公司修築由幹線到黃河口以東某港的支線，並允許在該港建築碼頭，許俄船出入；中國海關總稅務司的職位空缺時，中國應聘一個俄國人充任；借款以海關稅收為擔保，如不足時，以地丁正課與釐金擔保。〔註 32〕對俄國索要的利益，李鴻章表示：「惟接造東路須借款自辦，餘均可商」。〔註33〕維特或許過高地估計了李鴻章的親俄傾向，過低地估計了英國的借款能力及其在中國的影響，他於 1898 年 1 月以最後通牒的形式提出了借款條件，在

〔註30〕　〔英國〕菲利浦・約瑟夫：《列強對華外交（1894～1900）對華政治經濟關係的研究》，第 216 頁，北京：商務印書館，1959 年。

〔註31〕　《李鴻章全集》（三），「電稿」三，第 807 頁，上海：上海人民出版社，1987 年。

〔註32〕　〔蘇聯〕鮑里斯・羅曼諾夫：《俄國在滿洲（1892～1906）》，陶文釗等翻譯，第 160～170 頁，北京：商務印書館，1980 年。

〔註33〕　《李鴻章全集》（三），「電稿」三，第 807 頁，上海：上海人民出版社，1987 年。

前面三點之外又增加了一點：作為貸款抵押品，除了海關收入外，還有「中東鐵路沿線乃至滿洲各省的釐金以及全部的鹽稅。他還限定在兩周內簽訂合同。〔註34〕對於如此苛刻的條件，李鴻章不敢輕允。

俄國的要求使英國的金融界大為震驚。倫敦的中國協會一再敦促英國政府進行干預，指出：「俄國擔保的一筆貸款會使俄國在北京有巨大的勢力」，「結果中國會變成俄國的一個州，海關也就不在英國手中了」。最後，英國外交部同意支持滙豐銀行借款，並由政府提供擔保。〔註35〕

從1898年1月開始，英國公使就不斷地向清政府提出借款條件：切實管理中國的財政，包括海關，釐金、鹽課和常關在內；自緬甸修築鐵路至長江流域；中國保證不把長江流域讓與其他國家，大連、南寧、湘潭等三處辟為通商口岸；給外商在中國內地貿易更多的自由；洋貨在通商口岸免納稅釐。面對俄國和英國的借款條件，李鴻章進退兩難，只得再尋妥協之策，「設法調停，俄、英各借一半，各五千萬，不但中俄邦交永固，即英國體面友誼無傷」。〔註36〕俄國對此提議斷然否決。最後，清政府只能「欲兩不藉以息爭」，並開始籌劃發行內債性質的「昭信股票」。

俄國和英國的爭鬥並沒有就此停息，英國首先發難，它希望即使不提供借款，也能獲得對中國海關的控制。1898年1月17日，英駐華公使竇納爾通知清政府總理各國事務衙門，「無論借款與否」，英國政府決定，中國海關「總稅務司的職位必須永遠由一個英國人來擔任」，其理由是要保護它們佔有優勢的貿易。它們不能夠允許俄國來行使對海關的政治控制權，藉此來壓抑其在華的「合法」貿易活動。清政府同意了英國的要求，答應就其希望的事做出保證。〔註37〕英國在向清政府索取利益的同時也謀求與俄國的妥協，主要為了能順利爭取對華貸款。其中一項措施是不再堅持把大連灣辟為條約口岸，同時把英國軍艦「伊非基利亞」號從旅順口撤出。此時俄國認為，迫使清政

〔註34〕〔蘇聯〕鮑里斯·羅曼諾夫：《俄國在滿洲（1892～1906）》，陶文釗等翻譯，第173～174頁，北京：商務印書館，1980年。

〔註35〕陳霞飛主編：《中國海關密檔》（9），第162～163頁，北京：中華書局，1988年。

〔註36〕《李鴻章全集》（三），「電稿」三，第816頁，上海：上海人民出版社，1987年。

〔註37〕〔英國〕菲利浦·約瑟夫：《列強對華外交（1894～1900）對華政治經濟關係的研究》，第229～230頁。北京：商務印書館，1959年。

府同意租界旅大軍港比什麼都強，甚至可以以讓出借款為籌碼來換取英國對它租界旅大的認可。因此，俄國西伯利亞總督穆拉維約夫向英國駐俄國大使表示：「我們並不認為會阻撓英國資本訂立借款，而且也許能對英國訂立該借款助一臂之力。」〔註38〕這樣，英俄之間借款中的對抗消弱了，使英德續借款少了一個最大的障礙。

1898 年 3 月 1 日，英德續借合同正式簽訂。中國向滙豐銀行和德華銀行借款 1600 萬英鎊，由英德銀行各分一半，利息 4 釐 5，期限 45 年，借款除了以中國通商各關的關稅作抵押外，合同還規定以蘇州、淞滬、九江、浙東貨釐和宜昌、鄂岸、皖岸鹽釐作抵押。中國政府保證在本借款起債後 12 月內中國政府不向他國借款。

2. 在庚子賠款中的爭奪。庚子賠款是列強勒索到的數額最大的賠款，也是一筆最大的由賠款轉化的外債。當時，清政府根本拿不出現金支付 4 億 5 千萬兩的賠款。列強在庚子賠款的爭奪中，華俄道勝銀行起了重要的作用。華俄道勝銀行北京分行的經理璞第科是庚子賠款委員會的俄方代表。當時，對清政府如何償還，沙俄與列強出現了爭議。在償還方式上，俄國率先主張列強共同擔保，替清政府在國際市場上借債，以便一次性支付賠款，並宣稱這是「中國償清債務的唯一辦法」。德國最初也支持俄的主張，曾勸誘中國駐德公使，要中國「以借總債」的形式一次性付清賠款，「一了百了」，免得長期糾纏。日本和法國也支持俄的主張。英國和美國堅決反對沙俄的辦法。英國擔心列強因此插手中國的財政，尤其對海關的獨佔地位。於是它冠冕堂皇地表示，列強擔保將造成國際共管中國財政的局面，與「尊重中國行政完整」和「門戶開放」不符。英國和美國獲得的賠款數額都不大，它們覺得以國家財政信用擔保那麼大的款項，換得的又如此之少，不合算，英國政府公開宣稱不參加這樣的擔保。在英國和美國的反對下，俄國被迫撤回了原先的主張。

在賠款方式的確定中，列強也出於維護在華長遠利益的考慮，最終同意既不索現也不強迫清政府向銀行借款，而是採取將各國賠款轉化為中國對各國政府的債務。具體方式是清政府發出債券，由各國收執，中國則按各種債券的期限長短，分年攤還，未還部分加算利息，但是中國必須提供切實的擔保。

〔註38〕〔蘇聯〕鮑里斯·羅曼諾夫：《俄國在滿洲（1892～1906）》，陶文釗等翻譯，第 176 頁，北京：商務印書館，1980 年。

在擔保方式上，俄國有意讓中國增加關稅來保證賠償的償付。俄國和法國代表提出，如果付息的擔保不足，則將關稅增加到值百抽七點五。很顯然，俄國希望通過增加關稅，削弱英國的經濟利益。英國因其對華貿易額最大，增加關稅是其不願看到的，主張增稅要同賠款分開，只同意「經過徵收辦法的改善」，將關稅切實值百抽五，「可以得到比現在更多的收入，而不至於增加納稅人的負擔」。〔註39〕沙俄的計劃最終由於英國的強烈反對沒有得逞，只好作罷。

根據《辛丑條約》的規定，清政府以戶部的名義，簽發名爲「總保票」和「分保票」，分別交給公使團和參與簽約的德國、法國、俄國等 11 國的全權代表。票面載明賠款數目、擔保財源和清償手續。1902 年 2 月，有關國家在上海設立收款委員會。它最初是英國的滙豐銀行、德國的德華銀行、俄國的華俄道勝銀行、日本正金銀行、法國的東方匯理銀行 5 家銀行組成。它把所接受的中國清償款項平分攤入五家銀行，在應付賠款本息時，分別攤付給各國。後來美國的花旗銀行和比利時的華比銀行也加入該委員會。在庚子賠款的爭奪中，俄方獲利最多，在 4.5 億兩賠款中，俄國得到了 1.3 億兩。

（二）對民初中央政府借款的爭奪

1. 華俄道勝銀行與列強銀行團競爭，組織華比借款。袁世凱就任中華民國臨時大總統後，向英、美、德、法在四國銀行團提出借款要求。正值四國銀行團與袁世凱政府討價還價時，華俄道勝銀行網羅起來的專與四國銀行團競爭的俄法英比國際財團，由華比銀行出面，於 1912 年 3 月 14 日簽訂華比貸款合同，貸款額爲 100 萬英鎊，以中國歲入、京張鐵路的淨利及財產爲擔保，如到期不付本息，債券人有權干預抵押品，這爲日後沙俄攫取中國唯一自辦的京張鐵路作了準備。

2. 華俄道勝銀行加入銀行團提供善後借款。清政府滅亡前，曾與英、美、德、法四國銀行團簽訂幣值實業貸款合同，但只少量墊款不久清政府就垮臺了。袁世凱竊取政權後以辦理「善後」爲名向英法德國美銀行團貸款。由於發生華比貸款風波，銀行團爲避免俄日兩國阻撓貸款，不便一致對華，遂於 1912 年 3 月 11 日正式邀請俄日兩國以同等資格參加對華貸款，於是，華俄道勝銀行的代表在 6 月 18 日參加了在巴黎舉行的六國銀行合作契約，正式加入

〔註39〕中國人民銀行總行參事室編：《中國清代外債史資料（1853～1911）》，第 890 頁，北京：中國金融出版社，1991 年。

六國銀行團。1913 年 2 月，美國因內部矛盾退出銀行團，銀行團成為五國銀行團。銀行團在與中國政府未達成協議前墊款三次，在 1913 年簽訂「善後借款合同」。善後借款共計 2500 萬英鎊，華俄道勝銀行分得 500 萬英鎊借款。

（三）對鐵路借款的爭奪

華俄道勝銀行除爭奪中國政府財政借款外，還通過貸款控制的方式，從獲取貸款權入手，以債權人、受託人的身份，修建和經營鐵路（見表 3）。俄國曾串通、拉攏法國、比利時的合股公司出面套取了蘆漢鐵路（蘆溝橋至漢口）的貸款權。1896 年，清政府決定興建太原至正定的鐵路（正太鐵路），華俄道勝銀行又捷足先登，首先取得貸款權。該合同簽定後不久，它將貸款全轉讓給法國巴黎銀行公司。關內外鐵路（京奉鐵路）起自北京正陽門東車站，止於奉天城（瀋陽）站，這條鐵路的修建，由於英、俄兩國激烈爭奪修建貸款權而使清政府舉棋不定。最後英、俄兩國直接談判，以互換照會的方式，訂立謀求路權的互不妨礙協議。協議規定：英國不在中國的長城以北、俄國不在長江流域謀求鐵路租讓權；同時英國不阻撓俄國在長城以北、俄國不阻撓英國在長江流域對鐵路租讓權的任何要求。上述總的安排不應侵犯英國根據「北京—牛莊鐵路借款合同」所享有的權利。這樣，中英於 1898 年 10 月正式簽訂的關內外鐵路借款合同才得以實施。英國人金達任總管兼總工程師，這條鐵路的實權最後落到了英國人手中。

（四）對中國地方政府借款的爭奪

華俄道勝銀行除積極參與爭奪對中國中央政府的借款外，還對中國地方政府提供財政貸款。據統計，華俄道勝銀行對中國地方政府的貸款主要分佈在東北三省、蒙古和新疆地區，共計有 14 筆（見表 1-2-3）；借款最多的是新疆巡撫潘效蘇。這些借款的用途主要是用於地方的財政支出，通過借款使中國地方政府對華俄道勝銀行產生了財政依附關係，進而達到沙俄政府控制中國地方政府、掠奪地方權益的目的。

華俄道勝銀行對中國地方政府借款以 1900 年至 1906 年最為集中。此時，俄國出兵佔領東北全境，引起其他列強的強烈不滿。俄國迫於形勢，表示願意撤走俄軍，但要求撤軍前清政府與華俄道勝銀行簽訂合同，使俄國取得一些實質性的經濟特權；後因列強的強烈抵制和清政府的激烈反對，該合同流產。但俄國政府並不死心，而是通過對東北地方政府的借款來實現對東北的

控制。同時，由華俄道勝銀行投資參股創建了如「滿洲礦業公司」等幾個掠奪東北資源的公司。正如《俄國在滿洲》作者羅曼諾夫所說：「不管怎樣，銀行都面臨著一個嚴重的貸款任務，或以某種程度入股的方式撥款給這些企業。」應當指出的是，銀行和這些企業「因為購買租讓權和安排經營租讓權的範圍，其出發點都不是直接考慮商業利益，而是力圖保衛滿洲，使其不致因與俄國專制政府毫無關係的外國資本的出現而受到政治影響。因此，這顯然多半是一項政治事業，它的經濟前景如此明顯地具有極大的冒險性。」〔註40〕

表 1-2-3：【華俄道勝銀行向中國地方政府貸款明細表】

序　號	年　月	對　象	金　額
1	1901.1-2	盛京將軍增祺	市平銀 28 萬兩
2	1902.11	黑龍江將軍薩保	吉平銀 5 萬兩
3	1902	興京副都統	沈平銀 1 萬兩
4	1903.6	新疆巡撫潘效蘇	庫平銀 200 萬兩
5	1904.3-6	札薩克圖郡王烏泰	俄幣 20 萬盧布
6	1906.9	喀什噶爾道臺袁鴻祐	俄幣 2 萬盧布
7	1908.11	黑龍江省當局	江平銀 10 萬兩
8	1910.8	上海道臺蔡乃煌	規元銀 40 萬兩
9	1910.9	湖北省當局	庫平銀 20 萬兩
10	1911.9	湖北省度支公所	洋例銀 10 萬兩
11	1911.9	湖北省工賑局	洋例銀 10 萬兩
12	1914.1	黑龍江當局	俄幣 400 萬盧布
13	1914	伊梨財政司	省幣 51.3 萬兩

資料來源：黑龍江金融歷史編寫組：《華俄道勝銀行在華三十年》，第 99 頁，哈爾濱：黑龍江人民出版社，1992 年。

（五）爭奪政府借款對中外經濟關係的影響

華俄道勝銀行對中國政府的借款爭奪在不同的時期有不同的特點。在 1905 年日俄戰爭結束之前，俄國資本與法國資本結盟同英德資本進行競

〔註40〕〔蘇聯〕鮑里斯・羅曼諾夫：《俄國在滿洲（1892～1906）》，陶文釗等翻譯，第 321 頁，北京：商務印書館，1980 年。

爭；之後，俄國資本與列強資本在爭奪中尋求聯合，共同對中國進行經濟掠奪。

1. 華俄道勝銀行打破了英國銀行對中國外債的壟斷。帝國主義列強爭奪對中國政府的借款，並藉口爲借款提供擔保，企圖進一步控制中國政府的財政收入。19 世紀 70 年代，英國獨佔了中國外債，僅滙豐銀行就佔有了清政府借款額的 70.2%。隨著「俄法借款」的發生，到清末演變爲列強共同參與中國政府的外債活動，這些國家包括法國、德國、日本、俄國、比利時、荷蘭等國家。列強相互爭奪借款權，焦點之一是控制清政府的海關管理權。「俄法借款」前，英國人赫德長期擔任中國海關的總稅務司職務，壟斷中國海關的管理權。俄國當然欲奪之而後快，《四釐借款合同》文件中規定，清政府不得允許他國管理中國海關，否則俄國就要均霑，從而對英國獨攬中國海關權構成了直接的挑戰。這實際上就是允許俄國參與管理英國把持已經幾十年的中國海關。

2. 華俄道勝銀行與英國資本在瓜分勢力範圍時形成對峙局面。甲午戰爭後，帝國主義列強瘋狂地進行對殖民地瓜分和再瓜分的鬥爭。在中國，他們通過對中國的貸款活動來實現其瓜分勢力範圍的陰謀。在議定「俄法借款」時，法國公使施阿蘭在 1895 年 5 月和清政府修訂了《中法商務專條》，從而取得了在廣西中越邊境上的開埠通商的特權；同時也取得了龍州鐵路的修築權和經營權。1896 年 6 月，沙俄與李鴻章簽訂的《中俄密約》取得了修建中東鐵路的特權。在「英德借款」簽訂後，1897 年 2 月的《中緬條約》付款和專條使英國擴大了在緬甸和中國雲南地區的特權。其中，對鐵路的借款，最能反映法俄資本和英德資本在勢力範圍爭奪上的矛盾。1898 年 10 月，英國滙豐銀行對關內外鐵路提供了英鎊 230 萬的借款，這就使英國的勢力範圍擴展到山海關以外，直達牛莊，深入到沙俄的勢力範圍內。蘆漢鐵路是貫通南北的一大幹線，本是美、英、德、法國爭奪的對象，在清政府借用比款、拒用美款後，俄法財團佔了優勢，從而使俄法勢力伸展到華北平原和長江流域，和英國相競爭。英俄資本的競爭以英俄協定暫時收場，該協定劃分了它倆在中國的勢力範圍，並達成互相尊重對方在勢力範圍內資本輸出權利的共識，這樣英俄資本在中國就形成了對峙局面。

3. 俄國資本在對中國政府借款之事上趨於與列強資本進行聯合。1905 年 9 月《朴茨茅斯條約》簽訂後，沙俄關內的侵略既得權益也轉給了它的同盟者

法國。1905 年 10 月 2 日，英商華中鐵路公司增資改組為英法合資的辛迪加公司。英法資本的合作也使俄國資本從與英國資本的爭奪轉向合作。特別是在對中國政府借款方面，列強為了一致對華，成立了銀行團體制，在善後借款中形成的五國銀行團便是沙俄資本與國際金融資本合作侵略中國的表現。這正如列寧所論斷的那樣「隨著資本輸出的增加，隨著各種國外聯繫和殖民聯繫的擴大，隨著最大壟斷同盟的勢力範圍的擴張，『自然』會引起這些壟斷同盟之間達成協定，形成國際卡特爾」。〔註41〕

4. 中國財政自主權被列強資本剝奪。列強爭奪中國政府借款，並藉口為借款提供擔保，企圖進一步控制中國政府的財政。僅以清政府時期為例：甲午戰爭之前，清政府出面承借的外債款額不是太大，外債占財政支出的比例也不太高。雖然在償還外債時對清政府帶來一定的壓力，但還沒有危及清政府的財政安全。甲午戰後，賠款借債成為清廷的重負，如光緒二十二年（1896年）戶部所奏：「近時新增歲出之款，首以俄法、英德兩項借款（指 1895 年俄法借款 4 億法郎，1896 年英德借款 1600 萬英鎊）為大宗。「俄法借款」計一年共應還本息二千一百十五萬四千七百五十二佛郎，現在佛郎合銀時價核算，約需銀五百餘萬兩。「英德借款」計一年共還本息九十六萬六千九百五十二鎊，照現在金鎊時價核算，約需銀六百數萬兩。二者歲共需銀一千二百萬兩上下，益以所借滙豐、克薩（指滙豐借款、克薩鎊款）及華商等款（指瑞記洋款）本息，並袁世凱、宋慶、董福祥、魏光燾等軍餉乾則，歲增出款已不下二千萬兩矣。國家財賦出入，皆不常經，欲開源而源不能驟開，欲節流而流亦不能驟節，其將何以應之？」〔註42〕

由此可見，甲午戰後的外國借款性質完全不同於戰前，借款已成為帝國主義資本輸出的最簡便的方式。這些借款均以中國的關稅、鹽稅乃至內地稅為抵押。後來，英德等國更從控制海關的洋稅收入擴張到各口岸的常關稅收，及各地的鹽課、釐金。列強借借款之機控制了清政府全部的財政收入，清政府逐步喪失了財政主權。借款造成的巨額外債也成為長期束縛中國人民的桎梏，成為帝國主義控制中國的有力武器。

〔註41〕徐義生編：《中國近代外債史統計資料》，第 26 頁，北京：中華書局，1962 年。

〔註42〕參見：中國近代經濟史資料叢刊編輯委員會編《中國海關與英德續借款》（帝國主義與中國海關資料叢編）所附的光緒二十二年五月一日戶部奏摺，北京：中華書局，1983 年。

二、華俄道勝銀行與列強資本圍繞對華直接投資的爭奪

　　列強對中國輸出資本的另一種方式是進行直接投資。華俄道勝銀行的直接投資主要是鐵路和金融業等企業投資。到 1902 年，列強在中國的直接投資額為 478.3 百萬美元（見表 1-2-4）；到 1914 年，直接投資額則達到了 1000.3 百萬美元。其中，俄國在 1902 年前直接投資為 220.1 百萬美元，占總額的 46%；在 1914 年，俄國的直接投資為 236.5 百萬美元，占總額的 23.64%。在 1902 年以前，俄國的直接投資額明顯高於其他列強，這是俄國資本對華輸出的最重要特點，其原因是沙俄政府對中國的鐵路直接投資遠遠高於其他列強。

表 1-2-4：【列強在華的直接投資】　　　　　　　單位：百萬美元

國家	1902 年	1914 年
英國	129	336.3
美國	15.5	36
法國	27.7	56
日本	1	199.5
德國	85	136
俄國	220.1	236.5
合計	478.3	1000.3

資料來源：雷麥：《外人在華投資》，蔣學楷、趙康節譯，第 73 頁，北京：商務印書館，1962 年。

（一）對中東鐵路的資本直接輸出

　　1891 年，俄國開始修築橫貫歐亞兩大洲、西起莫斯科、東達符拉迪沃斯托克（海參崴）的西伯利亞大鐵路。在沙俄擴張主義者心目中，這條鐵路是爭奪遠東霸權的頭等重要的工具，會使它在遠東取得比其他歐洲國家更大的優勢。1894 年，西伯利亞大鐵路修到外貝加爾地區。俄國決定改變原來循石勒喀河和黑龍江北岸的路線，而取道中國東北。維特在談到改道的重大意義時強調：再沒有比建築由外貝加爾取道中國東北達於符拉迪沃斯托克的俄國鐵路那樣更能大大促進俄國政治和經濟勢力在這一地區的增長，「如有必要，我們可以極方便地從那裡（外貝加爾）調動我們的兵力。」[註43] 沙皇尼古拉二世（Николай II）

<hr/>

〔註43〕〔蘇〕鮑・亞・羅曼諾夫：《日俄戰爭外交史綱（1895～1907）》，第 24 頁，上海：上海人民出版社，1976 年。

批准了維特的主張。1895 年 6、7 月間，俄國未經清政府同意，擅自派遣四批人員來中國東北查勘路線。10 月初，俄國駐華使館才將此事照會清政府總理各國事務衙門，但尚未明確提出在中國境內修路的要求。清政府察覺俄國「實有借地修路之勢」，認為只有自造鐵路，才不致危及邊防和通商，於是，命令許景澄向俄國政府說明，「中國現擬自造鐵路與俄路相接」。

　　沙俄政府在向清政府進行試探以前，即已擬定了實際上由俄國政府投資、操控、表面上由華俄道勝銀行出面組織鐵路公司的方案。3 月 30 日，俄國財政部與華俄道勝銀行就此達成秘密協定，規定：擬議中的鐵路公司章程「由俄國政府核准」；華俄道勝銀行與中國政府商辦的一切鐵路事宜，事先均須經俄國財政部批准；除沒有實權的該公司董事長（督辦）由清政府委派外，其餘董事及各級重要職員，均須經俄國財政大臣批准；鐵路經營虧損由俄國政府補貼；鐵路技術計劃、建築估價、經營預算及決算均由俄國財政部核准或審核。「為了掩人耳目，沙皇政府抬出一個華俄道勝銀行。但是這個銀行既然事實上由俄國控制，因此這條鐵路也就歸俄國掌管。」〔註44〕

　　1896 年 5 月 3 日，維特與清政府的特使李鴻章開始秘密談判。他一再強調，在三國干涉還遼事件中俄國給了中國巨大的幫助，並宣佈了保持中國領土完整的原則；他建議中俄締結軍事同盟，以對付共同敵人日本。為此，他要求中國允許俄國西伯利亞鐵路穿越中國東北北部，以便今後能更有效地給中國軍事援助。第二天，沙皇尼古拉二世秘密接見李鴻章，施加壓力。他宣稱，俄國「地廣人稀，斷不侵佔人尺寸土地；中俄交情最密，東省接路實為將來調兵捷速」；又說，「將來英日難保不再生事，俄可出力援助……」〔註45〕甜言蜜語，再三勸誘。他還具體提出由華俄道勝銀行來承辦該鐵路。由於俄國的賄賂收買，1896 年 6 月 3 日，李鴻章在所謂的《中俄禦敵互相援助條約》（俗稱《中俄密約》）上簽字。該條約共六款，主要內容為：日本如侵略俄國、中國，兩國陸海軍互相支持，彼此接濟軍火、糧食，戰時俄國軍艦可駛入中國任何港口；中國政府允許華俄道勝銀行建築一條穿過中國黑龍江、吉林兩省，通往符拉迪沃斯托克的鐵路。按照這個密約，華俄道勝銀行在中國的第一項重大舉動就是承辦中國東省鐵路。

〔註44〕中國社會科學院近代史研究所：《沙俄侵華史》，第四卷上冊，第 77 頁，
　　　　北京：人民出版社，1990 年。
〔註45〕《清季外交史料》，第 121 卷，第 43 頁。

　　《中俄密約》簽訂後，維特派華俄道勝銀行總辦羅啓泰等前往柏林，與中方特派代表許景澄談判鐵路合同，並於 9 月 8 日分別簽訂了《合辦東省鐵路公司合同章程》。鐵路合同共十二條，主要內容如下：華俄道勝銀行成立東省鐵路公司，建造、經營鐵路；鐵路公司「建造、經營、防護鐵路所必需之地」，官地由中國政府免費撥給，民地由公司收購，這些地段「由公司一手經理」；俄國經此鐵路轉運，仍入俄國國境的一切貨物，一概免納稅釐；中俄間經鐵路輸出輸入的貨物減稅三分之一，運價和裝卸費由「公司自行核定」。這些優惠條件給俄國對中國輸出商品大開方便之門，使之在我國東北的貿易競爭中得以排斥其他國家，居於十分有利的地位。沙俄通過這個鐵路合同，攫取了許多特權，手段之苛刻毒辣在世界歷史上罕見罕聞。維特對此非常滿意，他承認合同的條件「從俄國利益的觀點來看是極爲有利的」。〔註46〕

　　簽訂上述兩個合同的同時，俄國政府擬訂了《中東鐵路公司章程》，沙皇於 12 月 4 日頒諭批准。該章程除重複前述財政部與華俄道勝銀行的秘密協定的一些規定外，還有兩項擅自作出的、有損中國主權的條款：一是在鐵路地區內，由中東鐵路公司任命的警察負責維持治安，此條踐踏了路界內的中國司法權；二是華俄道勝銀行支持中東鐵路公司獲得鐵路附屬地內開採煤礦或興辦其他工礦企業經濟權，中國的主權因此而大受損害。1897 年 7 月，中東鐵路公司又攫取了路界內的駐兵權。同時，它還以這條鐵路爲基地在我國東北掠奪資源，興辦各種工商礦業。

　　顯而易見，沙俄通過修建中東鐵路，不斷霸佔鐵路沿線的廣闊土地，逐步攫取路界內的行政管理權、警察權、駐兵權，使路界成了「在中國疆域內建立的俄羅斯帝國」，儼然一個「國中之國」。

　　俄國通過華俄道勝銀行組織的中東鐵路公司，修建了中東鐵路北部幹線（滿洲里到綏芬河）和南滿支線（寬城子到旅順），全長約 2500 多公里的鐵路。築路工程於 1897 年動工，1903 年完工。在表 1-2-5 中我們可以發現，俄國是列強對中國鐵路進行直接投資最多的國家，其投資額 1902 年爲 168.0 百萬美元，幾乎是列強在中國鐵路投資的全部；在 1914 年則達到 189.3 百萬美元，占列強在華鐵路直接投資的 64.8%。由此可見沙俄對中東鐵路的重視。

〔註46〕〔蘇聯〕鮑里斯・羅曼諾夫：《俄國在滿洲（1892～1906）》，陶文釗等翻譯，第 114 頁，北京：商務印書館，1980 年。

表 1-2-5：【列強的鐵路直接投資】　　　　　　　　單位：百萬美元

國　　家	1902	1914
英國廣九鐵路		6.7
法國滇越鐵路		32.0
日本南滿鐵路		49.0
德國膠濟鐵路	12.9	15.0
俄國中東鐵路	168.0	189.3
合計	180.9	292.0

資料來源：吳承明編：《帝國主義在舊中國的投資》，第 168 頁，北京：人民出版社，1955 年。

（二）在金融業務和其他經濟部門的爭奪

華俄道勝銀行與列強資本在直接投資上的競爭還表現在金融業務和其他經濟門類上。它在中國境內從事金融業務，最主要的方式是發行貨幣。其發行權是由沙俄政府授予的。它發行的貨幣有多種，既有盧布紙幣，也有中國的紙幣。這些貨幣的流通範圍甚廣，不僅在中國的東北和新疆地區流通，而且在全中國流通。雖然俄國在中國境內的紙幣發行額 123.6 萬銀元（見表 1-2-6）與英國滙豐銀行、麥加利銀行的紙幣發行額 1498.2 萬銀元有較大差距，但由於俄國發行的紙幣在東北和新疆的集中度高，所以其危害很大。蘇聯學者阿瓦林曾指出：「俄國在滿洲的影響增強了。特別是到 1903 年底盧布成了滿洲占支配地位的通貨。」〔註47〕

民國 8 年（1919 年），中國銀行總管理處的調查報告中也指出：「北滿盧布之發行，以俄亞銀行（華俄道勝銀行）為發行機關，以中東鐵路為發行之根據地，盡力推行」，並「在邊境的經濟結算中盧布占著統治地位。一切交易不僅在中東鐵路沿線，而且在內地其他許多地方，也使用盧布。」〔註48〕

通過紙幣發行，俄國在中國東北和新疆地區進行經濟掠奪，並將這兩個地方納入俄國的市場。

〔註47〕〔蘇聯〕B.阿瓦林：《帝國主義在滿洲》，北京對外貿易學院俄語教研室譯，第 79 頁，北京：商務印書館，1980 年。

〔註48〕黑龍江金融歷史編寫組：《華俄道勝銀行在華三十年》，第 34 頁，哈爾濱：黑龍江人民出版社，1992 年。

表 1-2-6：【外資銀行紙幣在華流通額估計表】 單位：萬銀元

銀 行	在華流通情況	流通額
滙豐、麥加利銀行	2／3 在中國流通	1498.2
東方匯理銀行	上海、天津、北京、昆明、蒙古	850.9
橫濱正金銀行	全部在中國流通	794.7
德華銀行	上海、北京、青島、濟南	186.7
華比銀行	上海、漢口、天津、北京	36.5
華俄道勝銀行	全部在中國流通	123.6
合計		3490.6

資料來源：許滌新、吳承明主編：《中國資本主義發展史》第 2 版第 2 卷，第 544 頁，北京：人民出版社，2003 年。

　　在金融業投資（資本加公積金）上，華俄道勝銀行低於其他列強銀行在中國的投資（見表 1-2-7）。它在中國金融業投資額為 1020 萬美元，占同時期列強銀行在華金融業投資的 13.5%。這遠遠低於總額為 2412.5 萬美元、比例占 31.93% 的英國滙豐銀行，也低於投資 1090.2 萬美元的英國麥加利、有利銀行。沙俄本是一個資本匱乏的國家，缺少金融資本，然而正是由於華俄道勝銀行的紙幣發行，使沙俄超出其經濟實力實現了對中國的「投資」，並用這種方法維護了在新疆和東北北部的金融壟斷地位，有效地排斥了其他列強的金融資本。

表 1-2-7：【1914 年外國在華金融業投資】 單位：萬美元

銀 行	在華投資	百分比
滙豐銀行	2412.5	31.92
麥加利、有利銀行	1090.2	14.43
花旗銀行	559.4	7.40
日本各銀行	645.4	8.54
華俄道勝銀行	1020.0	13.50
東方匯理銀行	279.7	3.70
德華銀行	350.0	4.63
小計	6357.2	

其他外資銀行	200.0	
外資保險業	1000.0	
合計	7557.2	

資料來源：許滌新、吳承明主編：《中國資本主義發展史》第 2 版第 2 卷，第 545 頁，北京：人民出版社，2003 年。

（三）中國東北是華俄道勝銀行與列強資本爭奪的重點

「在東北，外人把政治利益放在他的經濟利益之上。當俄國人倡議修建中東鐵路的時候，俄國實際上還不曾在東北投資。直至他的政治勢力樹立以後，投資隨之而來。」〔註49〕在中日戰爭以前俄國的勢力未侵入東北的時候，外國的對華投資多在通商口岸，其中上海幾乎占半數。到 1902 年時，因爲俄國修建中東鐵路，中國政府（東北地方政府）又向外國借債，於是情勢一變，該年外國在東北的投資，占總數四分之一以上，達到了 27.4%（見表 1-2-8），而上海只占 14%而已。華俄道勝銀行對中國的經濟掠奪主要在中國東北、蒙古和新疆地區。正是由於它的資本輸出，使中國東北、蒙古和新疆地區不但成了沙俄的勢力範圍，而且還在經濟上成爲沙俄「黃俄羅斯」計劃的一部分。雖然 1902 年以後俄國資本減少、中國東北在外國對華投資的地位下降，但中國東北在外國資本對華輸出中仍佔有特殊的地位，俄國資本對東北地區輸出仍然起著重要作用。

表 1-2-8：【外國在華投資地域分佈表】　　　　　　單位：百萬美元

類　別	1902 年		1914 年	
	金　額	比　重	金　額	比　重
在上海	110	14	291	18.1
在東北	216	27.4	361.6	22.4
在其他各地	177.2	22.5	433.1	26.9
未分別的	284.7	36.1	524.6	32.6
合計	787.9	100	1610.3	100

資料來源：雷麥：《外人在華投資》，蔣學楷、趙康節譯，第 53 頁，北京：商務印書館，1962 年。

〔註49〕雷麥：《外人在華投資》，蔣學楷、趙康節譯，第 52 頁，北京：商務印書館，1962 年。

　　華俄道勝銀行對東北的重視從其分支機構也可看出，在 1902 年，它設在中國的 19 處分行和代理處中有 10 處在東北。如果從俄國資本的輸出地域上看（見表 10），在 1904 年底，俄國在東北的投資是 558.5 百萬盧布，而在中國其他地區的投資只有 5 百萬盧布，在東北的資本輸出占俄國總資本的99.1%。正是華俄道勝銀行和其組辦的中東鐵路公司的資本的集中投入，使俄國資本在 1905 年前在東北獲得了空前的壟斷。

　　沙俄控制東北地區是與列強在中國劃分勢力範圍密切相關的，而勢力範圍的劃分又受到列強各自經濟勢力的制約。按政治野心來推論，沙俄即便霸佔了全中國也未必知足，但從資本實力來看，沙俄經營長城以北也是有些力不勝任的。華俄道勝銀行也曾在華中地區發展自己的勢力，但這些勢力與列強在該地經濟勢力相比是微不足道的。

第三節　華俄道勝銀行在沙俄爭奪東北亞霸權中的作用

一、道勝銀行是俄國在東北亞與列強爭霸的工具

　　首先，華俄道勝銀行是俄國財政資本對中國輸出的工具。道勝銀行的早期股本爲法國金融資本和俄國私人資本；爲使這家銀行完全聽命於沙俄政府，俄國財政部採取了一系列措施對銀行加以控制。銀行建立之初「沙皇政府明確表示，爲了不致把沙俄的政策專門與某一國家的資本聯繫在一起，它寧願在遠東與本國銀行資本合作。它通過財政部暫時保持其對已開辦企業（華俄道勝銀行）的政治領導，遇有必要時把國家資金投入企業，以此來鞏固它的領導作用。」〔註50〕

　　爲此目的，沙俄政府先後兩次對華俄道勝銀行進行增股，俄國財政部包攬了全部股票。同時，通過「發行轉讓給俄國政府的新股票額，該政府成爲股票 50% 以上所有者，從而成爲銀行事實上的主人。因爲俄華銀行創立時固定資本的百分之三十是在俄國推銷的，所以在俄國人手中的……約占固定資本的 65%。」〔註51〕《俄國在滿洲》一書的作者羅曼諾夫指出：「維特計劃中

〔註50〕〔蘇〕鮑・亞・羅曼諾夫：《日俄戰爭外交史綱（1895～1907）》，第 293 頁，上海：上海人民出版社，1976 年。

〔註51〕〔蘇聯〕B.阿瓦林：《帝國主義在滿洲》，北京對外貿易學院俄語教研室譯，第 80 頁，北京：商務印書館，1980 年。

的對華資本輸出，首先是輸出在執行國家預算中完全由專制政體支配的那部分資本，其次是俄國的私人資本和外國的私人資本。」〔註 52〕可以肯定，華俄道勝銀行是俄國財政資本對中國輸出的工具。難怪俄國駐日公使羅生在評論這家銀行時，稱之為「一個政治、金融混合機構，實際上不過是俄國財政部一個略加偽裝的分支機構而已。」〔註 53〕

從資本輸出構成上看，在 1895 年至 1904 年間，俄國對中國的資本輸出總額在 563.5 百萬盧布（見表 1-3-1）。其中，絕大部分是俄國的財政資本，是俄國財政部通過華俄道勝銀行和其組辦的中東鐵路公司對中東鐵路和路權相關的投資，投資額約為 543.5 百萬盧布；而此時，俄國私人資本對中國的輸出只占一小部分，且多分佈於商業領域。俄國直接用於中國商業投資的資本只有兩千萬盧布，只占其資本輸出總額的 3.55%。即使在這 3.55% 的投資中，華俄道勝銀行的投資也占較大比例，例如它投資遼寧省兩家華人企業，一個是李興華開採的撫順煤礦，華俄銀行投入 6 萬兩；一個是瀋陽礦業公司，其經理是開採遼寧省其他礦產的金義興，華俄銀行投入 15 萬兩。〔註 54〕

表 1-3-1：【1904 年底俄國對中國的資本輸出表】　　單位：百萬盧布

項　　目	盧　布
中東鐵路	441
大連港	17.6
大連城市	22.4
中東鐵路軍事	11.9
東北的商業投資	15
中國其他地區的投資	5
中國的借款	50.6
合計	563.5

資料來源：〔俄〕斯拉德科夫斯基：《蘇中經濟關係概要》，第 154 頁，莫斯科，1957 年。

〔註 52〕　〔蘇聯〕鮑里斯・羅曼諾夫：《俄國在滿洲（1892～1906）》，陶文劍等翻譯，第 403 頁，北京：商務印書館，1980 年。

〔註 53〕　羅生：《外交生涯四十年》第 1 卷，第 198 頁。

〔註 54〕　〔美〕雷麥：《外人在華投資》，蔣學楷、趙康節譯，第 427 頁，北京：商務印書館，1962 年。

其次，華俄道勝銀行是沙俄設在中國的殖民銀行。這從銀行章程規定的「營業範圍」可見一斑。1895 年 12 月 10 日，沙皇尼古拉二世批准了《華俄道勝銀行章程》，共 9 章 68 條，規定了華俄道勝銀行在中國的「營業範圍」共 13 條。第 4 條和第 10 條規定：「承受公債、公司債、股票之發行」在中國境內辦理租稅、賦課之繳納、支付中國政府公債之利息。」〔註55〕這就是說，華俄道勝銀行可行使經理中國政府的國庫收支、代理中國國家金庫的國家銀行職能。而在其後來的實際活動中，它確實充當保管中國關稅收入的銀行之一，迫使清政府和後來的北洋軍閥政府在財政上依附於它。

第 9 條和第 10 條還規定，華俄道勝銀行可以「發行兩、元、鎊及其他貨幣之兌換券」，「並得中國政府之許可，鑄造貨幣」。〔註56〕這就是說，華俄道勝銀行要攫取中國貨幣的鑄造權和紙幣發行權。貨幣鑄造和發行權是一個國家的基本主權，一般由本國國家銀行獨享這個特權，而沙俄政府沒有與中國政府商量，就批准華俄道勝銀行可以享有只有中國國家銀行才具有的特權，足見沙俄的貪婪霸道本性。而後來事實證明，華俄道勝銀行是完全按照這些規定去做的，公開在中國東北推行沙俄國家銀行紙幣，在新疆發行金幣券，在中國內地發行制錢票、銀兩票和銀元票，掠奪中國財富，控制中國金融市場。

華俄道勝銀行在中國的營業範圍還規定，「獲得在全中國範圍內建築鐵路和敷設電線的讓與權」「經營貸放款」及「公司債、股票之買賣」。〔註57〕這就是說，華俄道勝銀行有權在中國修建鐵路、架設電線，可以投資並貸款各種企業，從而直接控制中國的國民經濟命脈，使中國成為沙俄設廠就地剝削中國工人、直接霸佔市場的殖民地。而後來的事實證明華俄道勝銀行果然受沙俄政府之命全權經理承建中東鐵路，染指關內鐵路並投資於東北各種企業，使東北實際上成為沙俄的經濟附庸。

從上述華俄道勝銀行章程規定的內容可以清楚地看到，華俄道勝銀行完全是強加於我國的旨在壟斷我國財政、金融、國民經濟命脈的殖民銀行。英國人肯特也有同樣的概括：華俄道勝銀行「除了銀行部門以外，還有政治上

〔註55〕楊培新：《華俄道勝銀行與歐亞大陸第一橋》，第 9 頁，北京：中國金融出版社，1992 年。

〔註56〕楊培新：《華俄道勝銀行與歐亞大陸第一橋》，第 9 頁，北京：中國金融出版社，1992 年。

〔註57〕楊培新：《華俄道勝銀行與歐亞大陸第一橋》，第 10 頁，北京：中國金融出版社，1992 年。

的一面，而前者是隸屬於後者的」。〔註58〕華俄道勝銀行在對中國進行資本輸出中更注重對政治權益的爭奪。以政府借款爲例，華俄銀行提供「俄法貸款」的折扣是94.125，利息是四釐，與「英德借款」和「英德續借款」相比還算是較低的；又如在對華善後借款中，俄國取得500萬英鎊借款，由於資本不足，其債券只在俄國發行了277.8萬英鎊，僅占其分擔額的55.6%。其餘借款不是轉讓列強銀行，就是在巴黎、倫敦、柏林、布魯塞爾分銷。這說明華俄道勝銀所代表的俄國資本在爭奪中國借款中的經濟利益和政治權益取捨上，更注重對借款附帶的政治權益的爭奪。這是由於俄國資本短缺、對中國的資本輸出又以財政資本居主導決定的。俄國財政資本具有封建軍事的特性，所以在對中國資本輸出的過程中時而表現出其軍事封建性的一面，即更注重政治軍事的爭奪。

二、華俄道勝銀行的興衰反映了沙俄在東北亞爭奪中的力量消長

縱觀列強對中國的資本輸出過程及其數額和比例變化，可以一目了然地看到列強在華侵略勢力的消長。正如雷麥所說：「只要借款一經成立，某一國家的在華政治勢力，即使不能用債務數目來衡量，也可用債務數目來表示。這已經成爲一種傳統了」。〔註59〕回顧華俄道勝銀行的發展史，我們可以發現，俄國資本入侵的重點地區在中國的東北，占其資本輸出的絕對份額；在與列強爭奪勢力範圍過程中，日俄戰爭是分水嶺，日俄戰爭前英國資本在中國處於領導的地位，是俄國資本的主要敵人，華俄道勝銀行的主要競爭對手也是滙豐銀行和麥加利、有利銀行，所以它的任務主要是排斥英國資本。日俄戰爭前，俄國資本對中國的輸出速度是驚人的。在1902年，各帝國主義國家對華投資中，俄國對中國的資本輸出總額爲246.5百萬美元（由於庚子賠款的特殊性，如果我們不把其作爲列強對中國的資本輸出），占總額的31.3%（見表1-3-2）；而英國的資本額爲260.03百萬美元，占總額的33%。俄國僅次於英國，占第二國。難怪蘇聯學者斯拉德科夫斯基這樣評價：「在1895～1904年俄國資本對中國的輸出迅猛增加，此時整個滿洲都處於俄國的勢力之下」。〔註60〕

〔註58〕 楊培新：《華俄道勝銀行與歐亞大陸第一橋》，第10頁，中國金融出版社，1992年。

〔註59〕 〔美〕雷麥：《外人在華投資》，蔣學楷、趙康節譯，第30頁，北京：商務印書館，1962年。

〔註60〕 М.И.Сладковский.Очерки экономических отношений СССР с Китаем. С.153. Москва， 1957 г.

在 1914 年的統計中，俄國資本迅速衰落，總額只有 269.3 百萬美元，占列強各國在中國資本的 16.7%；而英國資本的總額卻增加到 607.5 百萬美元，占列強在中國資本的 37.7%。在十幾年間，俄國資本基本沒有什麼增長。

表 1-3-2：【列強在中國資本數額表】　　　　　　單位：百萬美元

國別	1902		1914	
	投資金額	百分比	投資金額	百分比
英國	260.03	33	607.5	37.7
俄國	246.5	31.3	269.3	16.7
德國	164.3	20.9	263.6	16.4
法國	91.1	11.6	171.4	10.7
美國	19.7	2.5	49.3	3.1
比利時	4.4	0.6	22.9	1.4
日本	1	0.1	219.6	13.6
其他國家	0.6		6.7	0.4
合計	787.9	100	1610.3	100

資料來源：〔美〕雷麥：《外人在華投資》，蔣學楷、趙康節譯，第 55 頁，北京：商務印書館，1962 年。

列強在華資本輸出數額的變化說明了列強在華侵略勢力的消長。華俄道勝銀行的衰落也是俄國資本在中國的衰落。作爲對中國進行經濟金融侵略的工具的華俄道勝銀行及其俄國資本，以 1905 年朴茨茅斯條約爲界，經歷了資本輸出的高峰期和衰退期。這也正是俄國在華侵略勢力變化的客觀反映。俄國侵略勢力在華衰落的原因是多方面的，主要是列強在遠東競爭力量的重新組合，以及日本的強力崛起乃至後來居上。日俄戰爭就是俄國資本與列強資本爭鬥的結果。所以，日俄戰爭之後，日本資本在中國東北迅速發展，到 1914 年，在中國的輸出額達到 219.6 百萬美元，占列強在華資本的 13.6%（見表 1-3-2），日本在華資本主要集中在東北南部，這樣就與在東北北部佔優勢的俄國資本形成了共同瓜分東北的局面。

結　語

　　從華俄道勝銀行可以看出，在帝國主義時代，列強銀行的作用發生了重大的改變，其主要任務已不再僅僅是替工商企業擔任支付中介，而是與工業壟斷資本融合在一起，成爲財政資本統治的中樞，因此它也就變成了帝國主義壟斷資本輸出的指揮機構、執行機構和經濟掠奪、殖民統治的工具。正如列寧在《帝國主義是資本主義的最高階段》中所說：「資本輸出的利益也同樣地促進對殖民地的掠奪，因爲在殖民地市場上，更容易用壟斷的手段排除競爭者，保證由自己來供應，鞏固相當的『聯繫』等等。在金融資本的基礎上生長起來的非經濟的上層建築，即金融資本的政策和意識形態，加強了奪取殖民地的趨向。」〔註61〕沙俄等國的銀行在中國活動範圍十分廣泛，作用也極爲惡劣：掌握中國政府的借款，控制中國的財政，投資於鐵路和礦山，吸收存款，發行紙幣，壯大自己的資本，削弱中國的資本，操縱金銀，獨佔外匯，控制中國的貿易和金融。它們對中國的借款也不是雪中送炭，而是別有用心，另有所圖，即控制中國的經濟命脈。它們所借給中國政府的債款都是附有苛刻的政治和經濟條件的，其中包括高額債息，用關稅、釐金、鹽課、地丁雜稅等主要稅收擔保；攫取海關管理權、開埠通商權、修築鐵路權、開礦權以及優先購買債權國商品等。所以，毛澤東在《中國革命和中國共產黨》一文中一針見血地指出：「帝國主義列強借款給中國政府，並在中國開設銀行，壟斷了中國的金融和財政。因此，它們不但在商品競爭上壓倒了中國的民族資本主義，而且在金融上、財政上扼住了中國的咽喉」。〔註62〕可以說，這也是對華俄道勝銀行三十年所作所爲的深刻揭示和眞實寫照。

〔註61〕《列寧選集》，第 2 卷下冊，第 804 頁，北京：人民出版社，1960 年。
〔註62〕《毛澤東選集》合訂本，第 623 頁，北京：人民出版社，1991 年。

第二章　俄羅斯人在黑龍江地區的文化活動

　　黑龍江地區的俄羅斯人是一個複雜的群體，良莠不齊。有人曾對這個群體作了如下生動的描述：

> 　　在一般人的想像中，俄國移民不過是浩浩蕩蕩的一大群芭蕾舞女演員、男低音歌劇演員、俄國大公以及自命的阿納斯塔西婭（伊凡雷帝寵愛的妻子）。其實不然，雖然他們之中夾雜著相當數量的藝術家和貴族成員，而基本成分卻是勞動者和中產階級。從吃了敗仗的白軍中跑出來的幾千名哥薩克騎兵和戰士自來就有尚武精神；政治家、記者、律師、醫生、工程師、牧師、教授、實業家和店主帶來了中產階級氣派；逃荒的農夫給這個隊伍增加了農民成分；為數不多的流氓無產者和流竄的惡棍也混進了這個人潮。〔註1〕

　　在這個群體中，有一定數量的藝術家、貴族、中產階級等，他們是黑龍江地區俄羅斯僑民的精華。這些文化精英在教育、音樂、舞蹈、戲劇、文學、美術、雕塑、報業傳媒、科學研究等諸多方面均有著不俗的體現。這裡，我們以中東鐵路樞紐地、俄羅斯僑民聚集地的哈爾濱為例予以論述，以展示俄羅斯僑民在黑龍江地區的文化活動。

〔註1〕劉萬鈞等編譯：《滿洲黑手黨——俄國納粹黑幕紀實》，第13頁，哈爾濱：黑龍江人民出版社，1993年版。

第一節　教　育

　　1898 年哈爾濱被確定為中東鐵路的中心樞紐後，沙俄政府以《合辦東省鐵路公司合同》第六款中「凡該公司之地段，一概不納地稅，由該公司一手經理」[註2] 為藉口，不斷地徵用拓展鐵路用地，隨後以此為基礎將現今的香坊、南崗、道里的部分地段劃為「中東鐵路哈爾濱附屬地」，並設立了民政處對其加以轄治，使之成為清廷權力難以觸及的「國中之國」。這裡逐漸形成了從小學到大學的初中高三級教育，私立、公辦並舉的教育體制，實業技術、勤工儉學結合的成人教育。

一、俄人的初—中—高三級教育

　　隨著中東鐵路的修建，到哈爾濱來的工程技術人員、管理人員、牟利商人、佈道教士、鐵路工人以及形形色色的俄羅斯人與日俱增。為了解決這些人的子女就學，中東鐵路工程局於 1898 年 10 月在最初的俄國僑民聚居地香坊開辦了中東鐵路第一小學，學生 194 名，分設 5 個班。1899 年，哈爾濱俄僑已達 1.4 萬人，1 所小學顯然不敷使用，加之俄人向道里、南崗拓展，學生上學十分不便，中東鐵路工程局於是在埠頭區警察街（今道里區友誼路）開辦了松花江小學，時有 7 個班，340 名學生。1902 年 8 月，俄國財政大臣維特批准了《中東鐵路附屬地俄國學校章程》，對辦學宗旨、教學大綱、學生教材等都作了明確的規定。1903 年中東鐵路全線通車後，中東鐵路工程局將其所有的建築物及公用設施移交給中東鐵路管理局。中東鐵路管理局的民政部設有學務處，以管理學校教育。在學務處的領導下，俄人的辦學速度加快：1906 年，阿列克謝耶夫小學、中東鐵路第二小學開辦；1907 年，松花江第二小學開辦……至清末，俄人小學有 11 所，學生 2171 名。民國初年，俄人的小學教育有了較大的發展，新增學校 32 所，學生達到 6000 餘人。俄國十月革命後，隨著《中俄解決懸案大綱協定》、《中華民國東三省自治政府與蘇維亞社會聯邦政府之協定》（簡稱《奉俄協定》，「蘇維亞社會聯邦」即蘇維埃社會主義共和國聯盟）的簽訂，蘇聯政府接管了部分俄人學校，辦起了鐵路員工子弟學校，在這些學校裏實行的是蘇聯的教育制度。蘇聯駐哈爾濱總領事的女兒 A・M・斯拉烏茨卡婭曾有這樣的回憶：

〔註 2〕步平等：《東北國際約章匯釋》，第 138 頁，哈爾濱：黑龍江人民出版社，1987 年。

　　後來，我們蘇聯學校搬到了一幢漂亮的三層樓房裏，這幢樓房的外表被塗成玫瑰色（因此，哈爾濱人當時也就稱其爲「玫瑰色學校」）。那裡的一切，都按照蘇聯學校的規章制度，管理得井井有條。我們女學生都穿著鑲白色領口的深藍色學生裝。教學是按照有關部門批准的大綱進行的。我們領事館裏的孩子是用汽車接送上學的。接送我們的汽車插著小紅旗。我們在上學和放學回家的路上，不止一次地遇上一些小男孩兒和一些年輕人，朝著我們的汽車揮動著他們的拳頭。我們知道，這些人都是白匪的家屬。我們平時是不戴紅領巾的，學校裏也沒有青年人的組織。只是在「不公開」的少年先鋒隊秘密隊會上，我們才戴上紅領巾。〔註3〕

　　1907 年，俄人在新市街的通道街（今南崗區中山路）開辦了以中東鐵路管理局局長名字命名的「霍爾瓦特中學」。民國前期，俄人計辦中學 20 餘所。有人對其中 19 所中學進行過統計，計有中學生 3526 人，教師 393 人。

　　十月革命後，蘇聯在哈爾濱爲蘇聯鐵路員工的孩子開辦了中學 4 所，計有學生 2662 人，教師 141 人。

表 2-1-1：【1928 年東省特別區區立俄僑小學一覽表】〔註4〕

校　名	校　址	學生（人）	教員（人）	成立時間
第一高級小學	炮隊街	465	20	1916.9
第一初級小學	買賣街	233	15	1908
第二初級小學	小透籠街	289	16	1908.9
第三初級小學	新買賣街	294	15	1909.9
第四初級小學	炮隊街	287	13	1911.9
第五初級小學	小透籠街	226	12	1912.3
第六初級小學	馬家溝東道街	97	8	1924
第七初級小學	香坊護軍街	64	7	1924.1
第八初級小學	懶漢屯	52	8	1924.9
第九初級小學	新安埠五道街	70	7	1925.9
第十初級小學	江北船塢	105	7	1925.9

〔註3〕轉引自劉延年：《玫瑰色學校盛衰記》，載《新晚報》2010 年 3 月 7 日。
〔註4〕《哈爾濱市志・教育・科學技術》，卷 24，哈爾濱：黑龍江人民出版社，1998 年。

表 2-1-2：【1928 年蘇聯路員子弟學校一覽表】〔註5〕

校　名	校　址	學生（人）	教員（人）	成立時間
一中	馬家溝	1072	53	1921
二中	曲線街	602	34	1917
三中	大直街	164	14	1923
四中	商務街	824	40	1923
商業學校	大直街	881	60	1906
第一初級小學	郵政街	317	15	1903
第二初級小學	郵政街	192	10	1906
第三初級小學	花園街	125	5	1917
第四初級小學	警察街	212	10	1907
第五初級小學	軍官街	250	16	1910
第六初級小學	莫斯科兵營	102	7	1920
第七初級小學	懶漢屯	100	7	1920
第八初級小學	正陽河	150	7	1923
第九初級小學	香坊保衛街	115	8	1898
第一幼稚園	香坊福拉街	50	3	1923

　　20 世紀初，中東鐵路管理局為培養工程技術人員，曾積極籌劃建立高等技術院校，但當時俄僑的子女大多年紀尚小，正在接受初、中等教育，為數不多的需要深造的俄僑子女回俄國求學，故在哈爾濱籌建高校一事被擱置下來。1920 年前後，許多俄僑子女從中等教育學校及專業技術學校畢業、需要進入高等院校繼續學習，此時恰好有一批俄國知識分子移居哈爾濱，俄僑高等院校的建立便成為一件水到渠成的事情。

　　1920 年初，一批俄國教授來到哈爾濱，中東鐵路管理局為其提供經費，由他們籌建了哈爾濱高等經濟法律學校。該校的首任校長是俄僑 Н·В·烏斯特洛亞洛夫，俄國立憲民主黨人，路標轉換派的思想家。在其手下聚集了一些俄國法學、哲學、人類學及東方學等領域的著名學者，例如，В·А·梁贊諾夫斯基是蒙古法律和比較法學研究的專家；Г·К·金斯是彼特拉日茨基心理法學派的代表人物，曾執教於聖彼得堡大學；В·В·恩格里弗里德在聖彼得堡

〔註 5〕 《哈爾濱市志·教育·科學技術》，卷 24，哈爾濱：黑龍江人民出版社，1998 年。

大學曾從事中國國家管理體制分析研究，後來又從事蘇維埃俄羅斯管理體制分析研究，對行政法學有著頗深的造詣；M・H・葉爾紹夫原是喀山神學院教授，到哈爾濱高等經濟法律學校後從事俄羅斯哲學史的研究工作；E・M・切普爾科夫原是人類學家，出版過多部人類學和東方學的著作；H・E・埃斯彼洛夫是研究俄國政治思想史和所有製法的青年學者。由於有了如此一批高素質的師資隊伍，哈爾濱高等經濟法律學校很快就得到了海參崴國立遠東大學的學歷承認，並允許哈爾濱高等經濟法律學校的畢業生參加遠東大學的入學考試。遠東共和國併入俄羅斯聯邦後，它們之間的校際關係終止了，不過遠東大學的章程和招生制度仍然運用於哈爾濱高等經濟法律學校。1922 年 7 月，哈爾濱高等經濟法律學校改為哈爾濱法政大學，設置了經濟、法律兩系及一個東方研究部。在法律系開設了「中國法」課程，內容有國家法、行政法、訴訟法、民法、商法、刑法等。同時，還開展中國法學研究，「中國法」的學術專著用俄文、英文等多種文字出版。1922 年，哈爾濱法政大學在校生為 179 人，以後逐年增多，1924 年達 260 人，1928 年達 830 人。1929 年，法政大學因教材匱乏、經費短缺等改由中國政府接辦。1934 年中東鐵路出售前夕，無國籍教員南遷，蘇聯籍教員回國，哈爾濱法政大學於 1936 年併入了教育學院。

　　哈爾濱中俄工業學校於 1920 年 9 月 9 日經邊境地方法院公證後正式成立，其主旨是為中東鐵路培養工程技術人員。該校理事會的名譽主席由中東鐵路督辦宋小濂出任，而主席則由中東鐵路總辦霍爾瓦特擔當。首任校長為享有盛譽的大地測量學工程師阿列克謝・阿列克謝耶維奇・謝爾科夫，由於他在學術界中的威望加之幹練的組織才能，哈爾濱中俄工業學校很快就彙集了一批土木建築、電氣機械以及教育學方面的專家學者。僅過了 1 年多的時間，該校便以較強的師資隊伍與較高的教學質量及擁有先進裝備的物質基礎而改為哈爾濱工業大學。初始之時，學制定為預科 3 年，本科 5 年。因教學使用俄語，中國學生要進培訓班學習俄語後方能入學。1924 年 10 月，哈爾濱工業大學首批畢業生畢業，僅有 6 人；翌年畢業 16 人。這 20 餘人就職後表現出卓越才能，令世人對哈爾濱工業大學刮目相看。儘管該校學費昂貴，普通僑民及中國的小康之家難以承受，但報名者仍然趨之若鶩。在良好的社會聲譽之中，該校發展起來。1930 年哈爾濱工業大學建校 10 週年之際，畢業生已達到 1930 人，教研室已增加到 17 個。10 年間，該校土木工程建築系培養學生 394 人，電氣機械系培養學生 508 人，另有 123 名中國學生在預備班裏

學習俄語。隨著中國地方政府對哈爾濱各項利權的收回，工業大學的學務轉由中方管理，校名亦改為東省特別行政區工業大學。後因中蘇達成學務協定而改由中蘇合辦，按對等原則雙方各派 5 人組成學校理事會，由張學良將軍任校理事會主席，中東鐵路理事會副理事長奇爾金出任校方的副主席。校領導機構改組後，這所大學在 1929 年有學生 815 人。1931 年春，該校開始招收研究生。章程規定：研究生學滿 2 年以後有資格自費出國深造。

哈爾濱工業大學培養出大批工程技術人才，許多畢業生回到蘇聯或移居世界各地，他們都有突出而卓越的表現。例如，在蘇聯享有聲譽的有：通訊院士 В・Н・伊萬諾夫，新西伯利亞郵電研究所教授、技術科學博士 Н・Б・蘇託里辛，電網設計總工程師 Д・А・梅斯林博士，克拉斯諾雅爾斯克的總設計工程師 В・А・謝柳京，新西伯利亞大型食品聯合工廠的 Д・С・斯拉溫等人；在其他國家享有聲譽的有：А・Ю・薩馬林（澳大利亞技術科學院正式院士），В・П・舒伊斯基（瑞典工程和技術科學博士），卡米爾・拜季米洛夫（土耳其），Н・А・加爾夫德（工程技術科學博士，剛果），波克羅夫斯基兄弟（美國），Г・Е・切列穆什尼克（巴西）……至於由哈爾濱工業大學培養出來的中國技術人員更是數不勝數。〔註6〕

總而言之，20 世紀一二十年代，哈爾濱成為中國最大的俄僑聚居地，也成為俄僑的文化教育中心，大量俄僑青年來到這裡求學，俄僑的高等教育亦應此需求而發展起來。在哈爾濱法政大學、哈爾濱工業大學之後，俄人又相繼開辦了哈爾濱東方學和商業學校、哈爾濱師範學院以及北滿大學等幾所高等院校。這些院校的開辦不僅解決了俄僑人才的培養問題，而且對哈爾濱教育事業的發展產生了深遠的影響。

二、俄羅斯人的職業教育

哈爾濱的俄僑教育基本上承襲了俄國的教育體系，特別重視中等職業教育。1903 年秋，俄國財政部委派教育委員會官員 Н・П・阿茲別列夫到哈爾濱與中東鐵路管理局局長霍爾瓦特專門就成立商業專科學校一事進行會商，但由於日俄戰爭的爆發此事不得已擱置下來。日俄戰爭結束後，中東鐵路管理局舊事重提，於1906 年開辦了哈爾濱男子商務學堂和哈爾濱女子商務學堂。

〔註 6〕本節引用的部分數據及實例參見李興耕等著：《風雨浮萍——俄國僑民在中國》，第 335～347 頁。北京：中央編譯出版社，1997 年。

　　爲了開辦商務學堂，俄人專門從國內聘請了一些資深教員，例如，商務學堂校長 Ｈ・Ｂ・博爾佐夫，畢業於聖彼得堡大學歷史語文系，曾在國民教育部工作，以後曾任托木斯克女子中學教師、商業學校歷史語文教員、西伯利亞商業學校副校長等職；俄語教員 Ｂ・Ａ・葉戈羅夫畢業於聖彼得堡大學歷史語文系，曾在教育委員會當過秘書，與其同學 Ｋ・Ｂ・齊普金一道來到了哈爾濱，後者出任了商務學堂歷史教員；Ｅ・Ц・葉特列諾娃 1884 年從聖彼得堡伊麗莎白學校畢業，被聘爲商務學堂的德語教師；Ｂ・Ｂ・沙斯托夫斯基 1893 年畢業於聖彼得堡教育學院，任商務學堂預備班的數學教師；Γ・Ｍ・拉姆涅克 1903 年畢業於基輔綜合技術學院，任商品學教師……正因爲師資力量較強，所以哈爾濱男、女商務學堂在我國東北有著較大的影響，以致於 1911 年 9 月東三省總督趙爾巽揀選奉天優秀男女學生 30 人入學，培養自己的商業人才。

　　哈爾濱男、女商務學堂的開辦，在一定程度上解決了學校不足及職業教育的空白。

　　俄國十月革命後，大批難民湧入哈爾濱，商務學堂的在校生達到了 1250 人（男校 720 人、女校 530 人），教師亦達到 62 人，該校已發展成一所具有相當規模的職業學校。

　　繼男、女商務學堂後，哈爾濱俄僑的職業學校有了進一步的發展，相繼開辦了哈爾濱警察學校（1908 年）、哈爾濱第一齒科學校（1911 年）、中東鐵路中央病院護士、助產士學校（1920 年）、哈爾濱第一商業學校（1921 年）等，其中大部分屬於私立。俄人的職業教育覆蓋了醫科、商科、宗教、工藝、音樂、按摩、美容、美術、刺繡、裁縫、外國語等多門類，使相當數量的俄僑青年具備了較高的文化素養和專業技術水準，獲得了主要的謀生手段。

　　哈爾濱的俄僑學校裏實行清一色的俄國傳統教育，使用母語教學，培養出的學生不失自己的民族性和生活方式，這種情況在世界其他俄僑聚居區是不多見的。

三、俄人的私立學校

　　俄人的私立學校普遍存在於僑民的初、中等教育與門類繁多的職業教育中。中東鐵路全線通車後，哈爾濱俄僑日益增多，僅靠中東鐵路管理局的公辦教育顯然是不行的，特別是，一些權貴富人的子弟不想與平民子弟一起接受普通教育。在這樣的情況下，私立學校應運而生。1903 年 8 月，俄人在埠

頭區炮隊街（今道里區通江街）開辦了第一所 6 年制的私立「蓋涅羅佐娃女校」（後來改爲 8 年制女校）。1906 年 10 月，哈爾濱俄僑阿克沙闊夫創辦了 10 年制的阿克沙闊夫女子學校和阿克沙闊夫實業學校。1916 年 12 月，哈爾濱俄僑別拉耶夫開辦了 10 年制的第一實業學校。此類學校雖然說不上是貴族學校，但其辦學確有獨到之處。如 1903 年開辦的「蓋涅羅佐娃女校」，1906 年便由於其優異表現受到沙俄政府的表彰，並被允准在俄國國內註冊備案。那些傳授技藝的私立學校，也在職業教育外進行文化課教育，以使這些學生不至於淪爲空有技藝的文盲，故得到俄僑平民階層的歡迎。特別是 1917 年以後，哈爾濱的俄國難民越來越多，一面是有技藝的人辦學校以此養家糊口，另一面是難民中的青年人想學些技術依此謀生，從而使這一教育市場發展起來，在這一形勢下出現的學校規模不大，門類甚多，學生數量可觀。如 1920 年 8 月 15 日的《遠東報》以「英俄學社出現」爲題載：「俄人利巴利克俄國文言固甚嫻熟，而德、英兩國文言亦甚諳練，刻在道里外國三道街七十一號房組織以三國文言學社，特出此布告招集生徒云。」此人似乎是貧困群體中的「富有者」，因爲其尚有餘資在報紙上發佈廣告，而更多的此類信息，只能到一種免費的叫做「圖姆貝」的廣告塔上去尋找。

據 1935 年出版的《滿洲教育史》統計，當時哈爾濱有各種渠道存在的俄僑公立學校 14 所，而私立則達 25 所之多。下面是僞康德三年出版的《哈爾濱特別市市勢統計月報》，將俄僑私立小學、中學及職業教育狀況盡述其詳，轉錄如下——

表 2-1-3：【哈爾濱市俄僑私立小學校教員學生數量表】

校名	地址	校長	教職員工			學級數				學生數									合計
										幼稚園			初級			高級			
			男	女	計	幼稚	初級	高級	計	男	女	計	男	女	計	男	女	計	
俄僑托羅波瓦私立初級小學校	道理大安街2內6號	托羅波瓦		6	6	1	4		5	14	4	18	20	19	39				57
哈爾濱猶太教會私立第一初級學校	道理馬街55號	司魯切結爾	3	2	5		4		4				17	16	33				33
俄僑阿列克賽耶夫斯基私立小學	南崗教化街20號	別切林	4	1	5		4		4				32	27	59				59
俄僑私立幼稚園	南崗義洲街	巴魯耶瓦		2	2	2			2	6	2	8							8
俄僑私立正陽和小學校	新正陽河河曲街43號	道保爾闊夫	2	2	4		4		4				21	18	39				39

校名	地址	校長	教職員數 男	女	計	學級數 幼	小	中	計	幼稚園部 男	女	計	小學部 男	女	計	中學部 男	女	計	合計
俄僑私立莫斯科兵營初級小學	莫斯科兵營教堂內	留斯特李芙		1	1		3		3				15	6	21				21
俄僑私立大學生員會兩級小學	懶議屯	芝瓦今切夫	7	2	9		4	3	7				14	16	30	17	24	41	71
俄僑私立船塢高級小學校	船塢臨江街55號	克列寧夫	3	2	5			3	3				10	11	21				21
俄僑私立孤兒院學校	斯拉夫屯文成街	伯道利斯基	9	5	14		3	4	7				35		35	59		59	94
哈爾濱俄僑私立聾啞學校	馬家溝宣禮街28號	沙勒德果夫	1	1	2								5	3	8				8
計10所			29	34	53	3	26	10	27	6	33	26	159	105	264	86	35	121	1411

表2-1-4：【哈爾濱俄僑私立中學教員學生數量表】

校名	地址	校長	教職員數 男	女	計	學級數 小學	中學	計	學生數 小學部 男	女	計	中學部 男	女	計	合計
俄僑私立哈爾濱聯合中學校	道里警察街74號	歐西保夫	8	9	17	3	7	10	5	6	11	22	67	89	100
哈爾濱蘇聯僑民子弟中學校	道里商務街	安德列耶瓦	9	5	14	4	6	10	50	48	98	75	86	161	259
俄僑阿克沙闊夫斯基實業中學校	南崗吉林街53號	安那士達謝夫	17	15	32	3	7	10	8		8	45		45	53
俄僑私立哈爾濱聯合中學校	道里警察街74號	歐西保夫	8	9	17	3	7	10	5	6	11	22	67	89	100
哈爾濱蘇聯僑民子弟中學校	道里商務街	安德列耶瓦	9	5	14	4	6	10	50	48	98	75	86	161	259
俄僑阿克沙闊夫斯基實業中學校	南崗吉林街53號	安那士達謝夫	17	15	32	3	7	10	8		8	45		45	53
俄僑阿克沙闊夫斯基私立女子中學	南崗吉林街53號	安那士達謝夫	13	21	34	3	8	11		13	13		151	151	164

校名	地址	校長													
基督教青年會私立中學校	南崗花園街59號	約勒金辛	24	13	37	3	7	10	19	19	38	116	101	217	255
哈爾濱俄僑第一實業學校	南崗海關街38號	別拉耶夫	23	8	31	3	7	10	21	9	30	109	50	159	189
白俄事務局私立中學校	南崗義洲街31號	茲維特闊夫	15	10	25	3	7	10	20	25	45	160	147	307	352
哈爾濱私立阿德文齊斯特學校	南崗龍江街9號	闊希京	3	3	6	3	4	7	9	14	23	13	18	31	54
俄僑私立普希金中學	南崗義洲街9號	那希果夫	9	3	12	3	7	10	8	10	18	29	17	46	64
俄僑德力足力私立中學校	馬家溝國課街118號	德力足力	13	7	20	3	7	10	10	13	23	46	23	69	92
俄僑阿列克謝耶夫斯基私立實業中學	馬家溝新胡同街5號	切勒巴果夫	17	7	24	3	7	10	17	24	41	72	55	127	168
計11所			151	101	252	34	74	108	167	181	348	687	715	1402	1750

表 2-1-5：【哈爾濱俄僑私立職業中學教員學生數量表】

校名	地址	校長（設立者）	教職員數			學級數	學生數		
			男	女	計		男	女	計
私立聖弗拉基米爾專門學校神學部	道里水道街72號	巴夫羅夫斯基	15		15	4	53	4	57
私立聖弗拉基米爾專門學校工學部	南崗車站街64號	舍樂果夫	23	1	24	4	78	10	88
私立聖弗拉基米爾專門學校東方文學部	南崗吉林街53號	希歐尼恩	11	3	14	4	31	21	51
哈爾濱私立俄僑第一齒科學校	南崗義洲街9號	阿爾諾里德	17	1	18	3	44	25	69
私立俄僑護士學校		魯日	16		16	3	23	46	69

哈爾濱私立俄僑第二齒科學校	道里石頭道街112號	葛拉徹	8	2	10	3	12	17	29
哈爾濱醫學專門學校	南崗大直街		34		34	4	141	45	186
俄僑私立哈爾濱商船學校	道里麵包街	布德里果夫	14		14	3	31		31
俄僑私立哈爾濱第一商務學校	道里商務街7號	穆哈切夫	19	7	26	7	82	72	154
第一婦女裁縫傳習所	道里商務街33號	沙布洛瓦		1	1	1		28	28
維布列勒照相傳習所	道里監獄街16號	維布列勒		1	1	3	6	3	9
雅洛茨基商務傳習所	道里炮隊街52號	雅洛茨基	4	4	8	5	17	52	69
商業簿記傳習所	道里商市街52號	哈沾	1		1	2	22	9	31
別洛瓦女子裁縫傳習所	道里斜紋街99號	別洛瓦		1	1	1		3	3
沙莫依洛瓦女子裁縫傳習所	道里斜紋街50號	沙莫依洛瓦							
科斜列瓦女子裁縫傳習所	道里馬街42號	科斜列瓦		1	1				
瓦嘎諾瓦技術打字傳習所	道里沙曼街24號	瓦嘎諾瓦		1	1	1	4	1	5
醫術化妝整容傳習所	道里斜紋街43號	楚尼西恩							
依瓦諾娃婦女刺繡傳習所	道里小透籠街2號	依瓦諾娃							
波魯爾傳習所	道里斜紋街43號	那勒布特							
汪索維赤速記打字傳習所	道里商務街28號	汪索維赤		1	1	2	3	19	22
郭德茨卡亞茨札維果按摩整容所	道里麵包街35號	郭德茨卡亞茨札維果	4	2	6	1		20	20
哈爾濱英文商務傳習所	道里中國八道街31號	果波洛夫	1	1	2	5	16	12	28

第二齒科學校附設看護婦傳習所	道里石頭道街 112 號	葛拉徹	5		5	1		9	9
英文商務傳習所	道里商務街 12 號	米切勒	6	5	11	7	37	19	56
克魯別尼娜女子手工傳習所	道里斜紋二道街	克魯別尼娜							
立陶宛語學傳習所	道里商務街 13 號	馬日那司							
蒙裕洛瓦女子手工傳習所	南崗大直街 52 號	蒙裕洛瓦							
米由列勒婦女手工傳習所	南崗大直街 27 號	米由列勒							
赤維洛果美容化妝傳習所	南崗廟街 4 號	赤維洛果							
尤士闊娃婦女裁縫傳習所	南崗義洲街與河溝街交角處	尤士闊娃							
斯庫爾托夫私立滿語傳習所	南崗大直街 41 號	斯庫爾托夫							
阿爾西保夫外國語傳習所	南崗大直街 52 號	阿爾西保夫							
別雷舞蹈傳習所	南崗大直街 40 號	別雷	1	2	3	2	11	13	24
哈爾濱音樂傳習所	南崗吉林街 53 號	特拉和得別爾格	6	7	13	1	23	46	69
布達耶娃婦女手工傳習所	南崗大直街 52 號	布達耶娃	1	1	2	1		16	16
英語傳習所	南崗大直街 78 號	謝依芝保切勒尼	1		1	2	9	5	14
哈爾濱音樂傳習所	南崗龍江街 18 號	巴拉諾娃	1	3	4	3	14	17	31
基督教青年會私立商業外國語傳習所	南崗花園街 59 號	米蘭多夫	7	13	20	4	62	130	192
基督教青年會私立國語專科傳習所	南崗花園街 59 號	米蘭多夫	7	8	15	3	25	47	72
俄僑難民救濟會私立看護婦傳習所	南崗郵政街 53 號	郭魯別夫	8	2	10	1		15	15

名稱	地址	負責人							
俄僑難民救濟會婦女裁縫傳習所	南崗郵政街53號	茲拉莫夫		1	1	1		7	7
阿克沙闊夫斯基中學校附設夜校	南崗吉林街53號	安那士達謝夫	8	2	10	2	4	3	7
秋林洋行職員日語講座	南崗義洲街31號	別列瓦洛夫	3		3	2	138	65	203
露西亞赤十字會看護婦傳習所	南崗阿什河街24號	保伯瓦							
伯布拉夫斯基打字傳習所	馬家溝國課街118號	伯布拉夫斯基	1		1	2	3	17	20
哈爾濱工業傳習所	馬家溝協和街17號	芝維列瓦	5		5				
洛特節結利女子裁縫傳習所	馬家溝國課街74號	洛特節結利							
榮依金婦女打字裁縫傳習所	馬家溝國課街144號	榮依金							
紫道爾婦女裁縫傳習所	馬家溝小戎街	紫道爾		1	1	1		5	5
涅耶洛娃婦女裁縫傳習所	馬家溝巴陵街26號	涅耶洛娃		1	1	2		5	5
哈爾濱英文商務傳習所	馬家溝比樂街120號	果彼洛夫	1	1	2	2	3	3	6
涅德茲悅茨卡婭縫紉傳習所	馬家溝中和街51號	涅德茲悅茨卡婭	1		1				
沙維恩果女子手工傳習所	新安埠安國街7號	沙維恩果		1	1	1		1	1
自然體育傳習所	新安埠安國街65號	結果切夫							
合計55處			229	75	304		809	1701	2510

第二節　文　學

十月革命後，大批俄國人擁入哈爾濱，其中有軍官與士兵，護士與傷員，西伯利亞的老百姓與遠東的農民，賭徒與醉漢，按摩師與妓女，教授和藝術家，風華正茂的學生與文筆犀利的記者報人，圖書出版商與建築工程師，大腹便便的百萬富翁與一文不名的流浪者，才華橫溢的詩人與著述等身的作家，附庸風雅的文化人與唯唯諾諾的家庭主婦。俄僑中的文藝家們創作的文學作品慰藉了身處異鄉的俄僑那孤寂的心。

一、俄文書籍

在哈爾濱的俄僑中有著大批的知識分子，他們是當時各學科領域裏的專家。隨著他們對哈爾濱、東北及整個中國的瞭解，一些人開始以其所見所聞加以著述，內容涉及政治、經濟、文化、民族、宗教、歷史、地理等方方面面。為了滿足發表、出版這些著述的需求，哈爾濱俄僑的出版機構相應地發展起來，其中主要有中東鐵路印書局，東省文物研究會出版社，「柴拉」出版社，札依采夫、富連科、阿布拉莫維奇、秋林、索羅金、佐林等私人印書館。較大的出版機構都有自己的業務範圍，如中東鐵路印書局出版的圖書主要是政治、經濟、鐵路管理技術方面，東省文物研究會出版社則側重於北滿地方自然地理、文物考古、民族風俗等方面。「柴拉」出版社除發行《柴拉報》（又譯為《霞光報》）外，還出版政治、經濟、法律、文化教育、文學、歷史等多方面的俄文書籍，但由於該社與東省文物研究會出版社成立的時間較晚（分別為 1920、1922 年），所以在 1917 年以前哈爾濱出版的俄文書籍主要是由中東鐵路印書局和一些小的私人出版機構印製的。

1917 年前哈爾濱出版的俄文書籍，見於目錄的約有 110 餘種，內容以國際關係、經濟技術、文學教材等為主。其中主要的可舉出如下數種：國際關係類圖書有赫馬拉‧鮑爾雪夫斯基的《在蒙古草原旅行筆記》，什捷英費利德的《我們和日本在滿洲》，H.施泰因菲爾德的《俄國事業在滿洲》，B.克雷洛夫的《日本騎兵問題》，A. B. 圖什林的《中國現代生活綱要》，И.巴伊科夫的《我們的朋友》、《朝鮮狀況綱要》、《日本陸軍簡要資料》等；經濟技術類圖書有П. Н. 緬希科夫的《滿洲的中國貨幣》，A. Л. 鮑羅班的《中東鐵路商業代表處工作報告》，C. M. 福緬科的《遠東港口指南》，H. 施泰因菲爾德的《關於俄國工商業在滿洲的地位》、《1911 年哈爾濱統計資料》等；文學教材類圖書有

Б. 塔蓋耶夫的《光榮的「留里克」之死》，Ю. M. 涅文斯基的《生活底片》，
B. C. 若爾堅克的《一群老實人》，И. И. 別捷林的《東方學簡明教程》，H. H.
多勃羅維多夫的《漢語會話學習手冊》，巴拉諾夫的《蒙古專門用語辭典》，
B. H. 科雷洛夫的《日本地理學辭典》，И. H. 維什涅爾的《商業算術教材》等
等。〔註7〕

　　這種現象出現的原因，主要是中東鐵路通車後的 10 餘年間，哈爾濱的俄
僑多是鐵路員工及來這裡做生意的商人，他們既沒有創作欲望，社會上也沒
有對文學作品產生太大的需求，更爲重要的是俄僑中沒有文豪與著名詩人的
存在。當時只存在零星的、少的可憐的文學作品，下面的文字便是對其狀況
的描述：

　　　　據黑龍江大學教授习紹華考證，一位叫克里奧林（1881 年—？）
　　的早期哈爾濱俄文報紙編輯，在 1906～1907 年間曾在哈爾濱的俄文
　　報紙《哈爾濱通報》上以「安東·果列梅卡」爲筆名，零散發表過
　　三十餘篇短篇小說，但他們從未結集出版；哈爾濱的第一本俄文短
　　篇小說集，是名不見經傳的彼得·布爾加科夫所著《魔鬼的權利》
　　（1907 年），講述的是西伯利亞的鄉村生活：一個叫安東諾維奇的
　　鐵路職員，於 1912 年出版過一本由 23 個短篇小說組成的《鐵路故
　　事》；還有過一個叫轟文斯基的沒名氣的作者，在 1915 年出版過一
　　本《日常生活的底片》。但除了克里奧林的小說外，其餘的書都沒有
　　什麼文學價值，也都沒有在讀者中造成影響。直到 1917 年，哈爾濱
　　只出版過爲數極少的詩歌作品；而它們的作者，也多是短暫駐紮的
　　護路軍軍官或業餘文學愛好者。此外，哈爾濱還出版過零星的文學
　　翻譯和旅行家描寫中國東北原始風貌的作品。

　　當年的哈爾濱俄僑、後來去了上海的小品文作家尤斯金娜·克魯贊施坦
在《俄國人在滿洲》的回憶錄中寫道：

　　　　我們根本沒發現我們被廣袤、半野蠻但卻美麗的滿洲所包圍，
　　不知道離我們不遠就是朝鮮、蒙古和西伯利亞，更不用說中國：沒
　　有人肯勞神爲我們打開眼界。雖然我們以前的地理老師、漢學家什
　　庫爾金寫過中國題材的短篇小說和童話故事，但我們模模糊糊地感

〔註7〕轉引自李萌：《缺失的一環——在華俄國僑民文學》，第 39 頁，北京：北京大學
　　　出版社，2007 年。

　　覺那不算文學。巴伊科夫用以描寫滿族獵人生活的手法——同樣也
不能算文學……〔註8〕

　　1917 年後哈爾濱俄僑數量驟增，俄文圖書的出版亦隨之有了一個大發
展，其原因即是作者群與讀者群的擴大。在流亡的俄僑群體中，有相當數量
的人是資產階級政客、新聞記者、各領域的專家學者、大學教授及各種文化
人，他們都具有較高的文化素養，並在一定程度上以其原先的職業爲謀生手
段，這就從根本上把哈爾濱俄文圖書的出版推上了一個新階段。僅據可見的
圖書目錄記載，1918 年至 1949 年的 30 年間在哈爾濱出版的俄文圖書即達 400
餘種（主要集中於這個時間段的前期）。在這些俄文圖書中，有相當數量是重
要人物的回憶錄、專家學者的理論著述、作家的文學作品、神職人員的宗教
著作、教材參考工具書等。

　　在此期間，哈爾濱出版的俄文圖書中較爲重要政治類圖書有：古雪夫・
奧林布爾格斯基的《血書：1919～1920 年烏克蘭大洗劫》，斯托達爾德的《反
文明的暴亂》，Н.烏斯特里雅洛夫的《在爲俄羅斯的戰鬥中》，Ф.А.斯拉萬斯基
的《斯拉夫的偉大任務》，Н.А.謝特尼斯基的《Н.Ф.費德羅夫所描繪的資本主
義制度》，Л.А.馬爾特諾夫的《東正教徒能夠成爲社會主義者嗎？》，Г.К.金斯
的《通向未來國家之路》，А.И.札斯拉夫斯基的《關於蘇維埃民主，蘇維埃
國家不是烏托邦、不是實驗品、不是謎》，А.В.祖耶夫的《奧倫堡哥薩克同
布爾什維克主義的鬥爭》，В.Л.謝爾蓋耶夫的《遠東白色歷史綱要》及《哈
爾濱斯拉夫主義者章程》、《布爾什維克主義在中國》、《俄羅斯與布爾什維
克主義》等。

　　俄文圖書中較爲重要的經濟技術類圖書有：E. E. 亞什諾夫的《中國農民
經濟綱要》、《中國北滿的農業經濟》、《中國農業統計數字》和《中國歷史與
經濟的特殊性》，Г. К. 金斯的《中國貿易法綱要》，Н. И. 莫洛佐夫的《關於
哈爾濱奶油市場研究的資料》、《關於滿洲出口大豆標準確定問題的資料》，М.
阿普洛西莫夫的《世界貨幣的白銀問題》，Н. Г. 巴拉諾夫的《中國國內的貿
易組織》，Б.莫洛佐夫的《工商手冊》，А.季霍諾夫的《中東鐵路沿線地區畜牧
業評介以及該地區最近的措施》，Ф. И. 安東諾夫的《北滿的養蜂業》，Б. В. 斯
克沃爾佐夫的《北滿的瓜類作物》，Г. Я. 馬里亞列夫斯基的《作爲人類食品的

<hr>

〔註8〕轉引自李萌：《缺失的一環——在華俄國僑民文學》，第 40 頁，北京：北京大學
　　　　出版社，2007 年。

大豆》，B. Я. 托爾馬喬夫的《北滿食用魚筋的製作》等。

　　俄文圖書中較爲重要的文學教材類圖書有：Ф. Ф. 達尼連科的《狂熱妒火》，維拉.納瓦利的《在古希臘迷宮裏》，H.維謝洛夫斯基和鮑里斯‧尤里斯基的《東方與西方》，P.多普洛夫斯卡婭的《昨天與今天》，康斯坦丁‧薩布羅夫的《綠色戰線》，娜塔裏婭‧列茲尼科娃的《叛變》，維拉‧拉瓦里的《伊琳娜‧拉吉舍娃》及 Г.A.阿弗斯基的《日語教科書中日語、俄語練習解答》，H. Г. 班克維茲的《藥劑學教學大綱》，Л. A. 羅希洛夫的《簡明藥劑學教程》，C.米赫里遜的《數學方法題集》，Г. И. 伊萬諾夫的《初級地理教程》，B. A. 梁贊諾夫的《中國土地、山林法基本原理》，A. B. 馬拉庫耶夫的《中國度量衡學綱要》，B. B. 恩格里菲里德的《中國行政法綱要》等。

　　此間還出版了許多宗教著述，如 Ė. 蘇馬洛科夫的《基督——我們的生命》、《主的羔羊》、《我的靈魂，昇天吧》、《哈爾濱教區二十年》，M. K.卡瑪洛夫的《哈爾濱布拉戈維申斯克教堂史》，B. Ф. 伊萬諾夫的《東正教世界與共濟會》等。

　　在哈爾濱出版的這些俄文圖書，由於出版數量少、銷售範圍窄及幾經戰亂與歲月流逝等原因，現在可見的已微乎其微。本節所論述的資料源於李興耕等《風雨浮萍——俄國僑民在中國》一書中「1900～1949 年俄僑在中國圖書目錄」，該目錄共記載了俄僑在中國出版的圖書 907 部，而在哈爾濱出版的既有 512 部，占其總量的 56%（主要集中在 1917 年以後）。由此可見，哈爾濱的俄僑文學曾一度獨領風騷，僅從此意義上講，哈爾濱爲在華俄僑的聚居中心，也並非是虛妄之言。

二、哈爾濱的俄僑作家與詩人

　　1917 年十月革命後，數量更多的俄羅斯僑民擁入哈爾濱，他們當中的一些人在國內就已經受到文學、詩歌、戲劇等方面的良好教育，其中不乏成名的作家、詩人、戲劇家、記者、編輯等。他們在生活稍事安頓後，或舞文宣洩鬱悶心緒或弄墨作爲糊口養家之法，很快就使哈爾濱成爲遠東的俄僑文學中心，而他們中的一些文學愛好者也從這裡走上成功之路，成爲在華俄國僑民文學的著述者。有的學者將 20 世紀 20 到 40 年代的哈爾濱俄僑作家與詩人分爲四代〔註9〕。下面對其中那些史料可見、著述頗豐者作一概述。

〔註 9〕李萌：《缺失的一環——在華俄國僑民文學》，第 49 頁，北京：北京大學出版社，2007 年版。

1、哈爾濱的第一代俄僑作家與詩人。哈爾濱第一代俄僑作家與詩人雖然多是在這裡成長起來的年輕人，但一直接受的是俄羅斯教育，由於他們熱愛文學，又勤奮寫作，所以走上了作家或詩人的成功之路。

費多爾‧卡梅什鈕克，哈爾濱詩壇著名詩人。他 1903 年尚在童年時即隨父母來到了哈爾濱，1914 年畢業於商業學校，隨後學習詩歌並開始其創作生涯。1918 年他的第一部詩集《痛苦的音樂》出版，並獲得廣泛的好評。在隨後的若干年裏，卡梅什鈕克仍在哈爾濱筆耕不輟，移居柏林後又有多部詩集出版。

謝爾蓋‧阿雷莫夫，在哈爾濱詩壇享有較高聲譽。1911 年他因反對沙皇而被流放西伯利亞，從那裡脫逃後隱居哈爾濱並匿名在《滿洲通報》、《喉舌》等刊物上發表作品，其代表作——1920 年在哈爾濱出版的《柔情展室》——曾轟動蘇聯。1921 年，他的第二部詩集《和平的呼聲》在哈爾濱出版，其中「工人強勁的巨手拽來了太陽，宇宙的獎牌上將鑄有列寧頭像」的詩句爲人們所傳頌。1922 年，他的第三部詩集《沒有閃電的豎琴》出版，亦得到好評。1926 年，謝爾蓋‧阿雷莫夫離開哈爾濱回國。

亞歷山德拉‧彼特洛芙娜‧帕爾考，哈爾濱著名的現實主義詩人。她於 1889 年生於俄國新切爾卡斯克城，後隨家移民哈爾濱。在哈爾濱，帕爾考經常有詩作發表。1921 年，她的以反拿破崙侵略戰爭爲題材的詩作《莫斯科在燃燒》發表在北京出版的《俄國評論》上，引起較大轟動。有人對其詩作評論道：「她的聲音喚醒了原來是一片文化荒漠的哈爾濱詩城。」在僑居哈爾濱的日子裏，帕爾考發表了許多詩作，如《哈爾濱的春天》、《洪水》、《離去》、不滅的火焰》、《獻給親愛的祖國》等。1945 年帕爾考返回祖國，1954 年在蘇聯去世。

古謝夫‧奧倫堡斯基，俄羅斯較有影響的現實主義作家。他在國內戰爭時曾在戰事最爲激烈的烏克蘭飽受戰爭之苦，後在莫斯科因主張「客觀地創作文學作品」遭到批判，於 1921 年流亡哈爾濱。但他在這裡生活的時間不長，翌年便移居美國。雖然如此，他還是在哈爾濱的《俄羅斯之聲》上發表文章，表明作爲作家的他離開祖國是「爲了獲得表達自己精神世界的自由」。他還經常參加文學藝術小組的集會，向他們介紹俄羅斯象徵主義詩人亞歷山大‧勃洛克，並發表劇本《在紅色莫斯科》、《血紅色的書》等作品。

斯基塔列茨，俄羅斯現實主義作家。他早在沙俄時期，就以著述俄國農村生活題材的作品而成名。1917 年後同情十月革命，受教育人民委員盧那察

爾斯基的派遣，參加一個作家小組到遠東去工作，1922 年爲上演他的話劇來到了哈爾濱。恐怕連他自己都沒有想到，這一來就僑居了 10 餘年之久，直至 1934 年才離開哈爾濱返回蘇聯。斯基塔列茨在哈爾濱期間，參加文學小組的集會，向文學愛好者介紹高爾基、勃洛克等。做過俄文雜誌《基傑日》和報紙《俄羅斯之聲》的撰稿人，也經常在親蘇報紙《生活新聞》、《傳聞》、《哈爾濱先驅報》及蘇聯刊物《紅色處女地》、《新世界》等報刊發表作品。同時，他還是一個高產作家，在僑居的日子裏，他相繼發表了《俄羅斯文學與革命》、《在地平線上》、《論馬雅可夫斯基》等文章，撰寫了《〈過去的影子〉論高爾基的〈克里姆·薩姆金的一生〉》、《〈新人〉論革拉特科夫的〈水泥〉》等書評及與托爾斯泰、契訶夫、柯羅連科、沙裏亞平、高爾基等人會見的回憶錄，中篇小說《階段》、長篇小說《鐐銬》與相當數量的短篇小說、詩歌、旅行筆記等。

維涅狄克特·馬爾特，俄羅斯詩人。1918 年後相繼在符拉迪沃斯托克與哈爾濱出版過詩集。1920 年，他來到哈爾濱，在這裡僑居 4 年。在哈爾濱，馬爾特把過去創作的和新創作的詩歌整理出版，如《三個太陽》、《被盜的死亡》、《老虎的杯子》、《海參崴／歌集／中國習作》、《月亮》、《失去了硬音符號的俄羅斯／藍色的鐘聲》、《奇想》、《在奇想的愛情十字路口上》、《在死亡的十字路口上》、《美好的城市》等。1924 年，返回蘇聯。

2、哈爾濱的第二代俄僑作家與詩人。哈爾濱的第二代俄僑作家與詩人是指那些離開俄國時都已屆成年，深受俄羅斯文化影響，其思想心靈深處已打上了無法抹去的民族烙印，作品也多以反映俄羅斯社會生活爲主，題材也多以親身經歷的第一次世界大戰、二月革命和十月革命及國內戰爭爲主，這些都使他們在哈爾濱的俄僑中擁有眾多的擁躉。

阿爾謝尼·涅斯梅洛夫，哈爾濱最著名的俄僑詩人、小說家。他 1889 年生於莫斯科的一個文官家庭，1908 年畢業於下諾夫哥羅德市阿拉克切耶夫武備中學，後入伍在沙俄軍隊中服役，參加過第一次世界大戰，國內戰爭期間轉入高爾察克部隊繼續自己的軍人生涯。涅斯梅洛夫是個文學愛好者，在逃亡哈爾濱前便有詩集和小說出版，但真正讓大家認識並熟悉卻是在他 1924 年後僑居哈爾濱期間的創作，這個城市是他步入文學殿堂的成功之地。涅斯梅洛夫又是一個高產作家，在哈爾濱僑居的 20 餘年裏，創作各種體裁的文學作品有：敘事詩《十二月黨人》（1925 年）、《越過海洋》（1931 年）、《涅龍的銀幣》（1935 年）、《戈奧爾基·謝梅納》（1936 年）、《大司祭之妻》（1939 年）、

《被饒恕的魔鬼》（1941 年）、《起義》（1942 年）、《尼娜·格拉寧娜》（1944 年）、《起義》（1942 年），詩集《血紅色的反光》（1929 年）、《離開了俄羅斯》（1931 年）、《只有那些人》（1936 年）、《小站》（1938 年）、《白色艦隊》（1942 年），長篇童話詩《他們是怎樣互相諒解的》（1940 年），1 部短篇小說集《戰爭故事》（1936 年），和散見於報刊的 100 餘篇短篇小說，1 部中篇小說《瘸子書商》（1935 年），還有 1 部未完成的長篇小說。他是哈爾濱為數不多的可以靠稿酬維持生活的俄羅斯僑民。為了生活，他可以不拘體裁與題材、傾向與派別，用他自己的話說：「現如今再沒有文藝的保護人，這難道是我們的過錯嗎？以前詩人為皇親國戚寫頌詩……現在已經沒有皇親國戚，所以頌詩就只好寫給小酒館的老闆，獻給肉鋪了。」〔註10〕但他不可能獨立於政治之外，政治理念總是控制著文學藝術家涅斯梅洛夫，為此他在哈爾濱參加了臭名昭著的俄羅斯法西斯黨，為其寫詩寫歌，成了這個派別的御用文人。因為這個緣故，二戰結束後蘇聯紅軍的「納卡夫德」（蘇聯內務部人民委員會的簡稱）小分隊在哈爾濱將他逮捕，押回蘇聯。1945 年底，他因病死於監獄。

阿列克謝·阿列克謝耶維奇·格雷佐夫（阿恰伊爾），哈爾濱文藝小組「青年丘拉耶夫卡」的創辦人，詩人、教育家。他出生於鄂木斯克阿恰伊爾鎮的一個哥薩克家庭，1914 年畢業於西伯利亞第一武備中學，1918 年加入了白衛軍。1919 年底，蘇俄紅軍攻佔了高爾察克的西伯利亞政府所在地鄂木斯克，格雷佐夫跟隨部隊撤往符拉迪沃斯托克，後於 1922 年來到哈爾濱。先在哈爾濱的美國基督教青年會開辦的中學做秘書工作，並開始以自己的家鄉「阿恰伊爾」為筆名發表作品。他在僑居哈爾濱期間，共出版過《第一本書》（1925 年）、《簡潔》（1937 年）、《艾蒿和太陽》（1938 年）、《小路》（1939 年）、《在金色的天空下》（1943 年）等 5 本詩集和沒有發表的敘事詩《看不見的花園》（1945 年）。其膾炙人口的代表作有《小鳥》、《憂愁》、《熾烈的晚霞沐浴在薄霧中》、《山路的微風是我快活的帶路人》等。此外，《邊界》雜誌還發表過他的一些小說。格雷佐夫在僑居哈爾濱期間所做的另一件大事，就是創辦了名為「青年丘拉耶夫卡」的文藝小組。這個組織成立於 1926 年，名稱源於西伯利亞作家格奧爾吉·格列邊希科夫的長篇小說《丘拉耶夫卡兄弟》中主人公的姓名。該團體每周活動 2 次，內容是報告會或文學晚會。在這個文藝小組

〔註10〕轉引自李萌：《缺失的一環——在華俄國僑民文學》，第 58 頁，北京：北京大學出版社，2007 年。

存在 10 餘年的時間裏，先後來此的著名學者與報告題目主要有：著名畫家、作家 H.K.寥里赫所作的《美拯救世界》和《關於謝爾蓋‧拉多涅日斯基》，著名俄羅斯語文學家 И. A. 普提亞托的《全世界文學的新方向》，著名記者 H. П. 韋謝洛夫斯基的《斯坦尼斯拉夫斯基的創作藝術》等。文藝小組成員的作品多發表在當時的俄文雜誌《邊界》上。爲了讓其成員有更多的作品發表，1932 年還創辦了自己的刊物《丘拉耶夫卡報》，使更多的人走上了作家與詩人的成功之路。1945 年 8 月，蘇聯紅軍佔領哈爾濱後，隨之跟進的「納卡夫德」小分隊將在病床上的格雷佐夫捕回蘇聯，1956 年獲釋後在新西伯利亞的學校裏教音樂，1960 年因病去世。

列昂尼德‧葉弗謝耶維奇‧葉辛，哈爾濱俄僑詩人。葉辛生於伏爾加河畔的下諾夫哥羅德，肄業於莫斯科大學，國內戰爭時期加入了白軍。高爾察克的西伯利亞政府潰敗後，他跟隨部隊從鄂木斯克逃往符拉迪沃斯托克，在那裡出版了記述這一「冰上長征」的詩集《穿越泰加林之旅》。1920 年 4 月遠東共和國成立，葉辛移居哈爾濱，以記者職業謀生並繼續詩歌創作，不斷地有作品在《邊界》雜誌上發表。1929 年與人合作的詩集《往事的影子》出版。也可能正是在往事如同影子一樣的纏繞下，葉辛在哈爾濱的日子鬱鬱寡歡，缺乏收入，加之酗酒，在貧病交加下辭世。涅斯梅洛夫曾將此情景描述爲：「死前幾天，葉辛在朝鮮人的一個小木屋裏被人發現並送往醫院，他就死在那裡。他死前最後幾星期所經歷的那種貧困是異常可怕的。」〔註11〕

符謝沃羅德‧尼卡諾洛維奇‧伊萬諾夫，哈爾濱俄僑詩人、作家、記者。他 1888 年出生於教師家庭，1912 年畢業於聖彼得堡大學，然後入伍並參加了第一次世界大戰，在此期間發表了他戰爭題材的系列短篇小說《卡西揚諾夫的愛情與軍務》等作品。1919 年他投奔鄂木斯克的高爾察克政府，出任該政府的出版局副局長一職。高爾察克政府垮臺後，伊萬諾夫也開始其流亡生活。與眾不同的是其流亡生活十分特別，25 年中屢次在哈爾濱、符拉迪沃斯托克、上海、濟南、天津、日本、哈巴羅夫斯克間移居，職業也是多樣化，做過自由撰稿人、報社編輯、公報主編、塔斯社記者、張宗昌部隊的軍事顧問、蘇聯遠東船隊的代理等相互不搭界的工作。既便如此，他對文學創作卻始終沒有放棄，在哈爾濱出版的長短篇著述有：《燃燒的靈魂》（1921 年）、《在內戰

〔註11〕 轉引自李萌：《缺失的一環——在華俄國僑民文學》，第 61 頁，北京：
　　　　 北京大學出版社，2007 年。

中》（1921 年）、《我們——俄羅斯國家體系的文化歷史基礎》（1926 年）、《流亡者之詩》（1926 年）、《列寧》（1928 年）、《食品之詩》（1928 年）、《1905 年——一個年輕靈魂的浪漫史》（1929 年）、《弗拉基米爾·索洛維約夫的哲學》（1931 年）、《霧中火》（1932 年）、《羅馬人安托尼的故事》（1932 年）、《一個人的事業》（1935 年）等。1945 年，伊萬諾夫自上海返回蘇聯，定居在哈巴羅夫斯克，繼續著自己的寫作。1971 年，伊萬諾夫在其 83 歲時去世。

　　哈爾濱此類俄僑作家、詩人太多，這裡所能做的是簡單介紹：

　　瓦西里·斯捷潘諾維奇·洛基諾夫，哈爾濱俄僑詩人、作家。他出生於西伯利亞的葉卡捷琳堡，1923 年來到哈爾濱，1929 年出版《短篇小說集》，1935 年出版名為《三摺畫之一》的詩集，1945 年病故於哈爾濱。

　　阿爾弗萊德·彼得羅維奇·海伊多克，哈爾濱俄僑小說家。他生於拉脫維亞，20 世紀 20 年代初來到哈爾濱，1928 年開始發表短篇小說，在後來的年代裏也不斷地有短篇小說問世。1940 年移居上海，1947 年回國。

　　瑪麗安娜·伊萬諾夫娜·科洛索娃，哈爾濱俄僑詩人。她生於俄國阿爾泰，20 世紀 20 年代初來到哈爾濱。她經常參加「青年丘拉耶夫卡」活動，並在《邊界》、《喉舌報》、《俄羅斯言論》等報刊上發表作品。相繼出版了《歌的大軍》（1929 年）、《上帝，救救俄羅斯！》（1930 年）、《我決不投降！》（1932 年）、《響應劍的召喚》（1934 年）等 4 本詩集，收集其詩作數百首。1935 年移居上海，後又移民智利，1964 年病逝於聖地亞哥。

　　3、哈爾濱的第三代俄僑作家與詩人。係指那些十月革命前不久生於俄羅斯並在童年或少年時代跟隨父母來到哈爾濱的那部分人。他們在這裡接受著母語教育，學習、掌握、運用俄羅斯文化創作出大批的文學作品。他們中的多數人都是「青年丘拉耶夫卡」的成員。

　　葉琳娜·涅捷爾斯卡婭，1912 年生於俄國的雅羅斯拉夫爾，自幼愛好詩歌，童年在哈爾濱受教育。1940 年和 1943 年相繼出版了《在門旁》、《白色小樹林》2 部詩集。

　　拉麗薩·安德森，1914 年生於哈巴羅夫斯克，1922 年來到哈爾濱，就讀於奧克薩科夫斯卡婭古典中學，熱愛文學，喜歡詩歌。1930 年，在其 16 歲的時候加入了「青年丘拉耶夫卡」；1933 年移居上海，並在那裡出版詩集《循著塵世的草地》。20 世紀 50 年代初移居法國。

　　尼古拉·別捷列茨，哈爾濱俄僑詩人。1906 年出生於意大利，是天主教

徒，後以捷克斯洛伐克公民的身份來到哈爾濱，在這裡讀完了古典中學和法學院。曾任「青年丘拉耶夫卡」下屬的文學小組主席，在哈爾濱的多種俄文報刊上發表詩作。1934 年移居上海，10 年後死於肺炎。

列茲尼科娃，哈爾濱俄僑詩人。1912 年生於伊爾庫茨克，9 歲時來到哈爾濱，1928 年畢業於哈爾濱古典中學，4 年後於哈爾濱法學院畢業，隨後去了《邊界》雜誌社工作，也開始了詩歌與長、短篇小說的寫作。1938 年，她的第一本詩集《大地之歌》在哈爾濱出版，隨後移居上海，在那裡出版了第 2 本詩集《你》。1948 年去了歐洲，最後在美國定居，1994 年去世。

彼得·拉皮肯，哈爾濱俄僑作家。1907 年生於拉脫維亞的里加；1916 年來到哈爾濱，先在安德爾斯男子古典中學讀書，不久又在東省鐵路儲才學校學習了漢語；1930 年畢業於哈爾濱東方文言商業專科學校遠東系；1935 年出版中國遊記《四個城市》，同年移居上海；隨後又移民美國。

弗拉基米爾·斯洛勃德奇科夫，哈爾濱俄僑詩人。1913 年生於薩馬拉，20 世紀 20 年代初來到哈爾濱，在這裡讀完中學後開始在《邊界》等刊物上發表詩歌。1935 年，為逃避日本人迫害移居上海。

麗季婭·哈因德洛娃，哈爾濱俄僑詩人。1910 年生於烏克蘭的敖德薩，1916 年來到哈爾濱，畢業於這裡的古典中學。1928 年起開始發表作品，相繼出版《階梯》（1939 年）、《翅膀》（1941 年）詩集。隨後移居上海。

瓦列里·別列列申，哈爾濱俄僑詩人。1913 年，生於伊爾庫茨克的一個鐵路工程師家庭。1920 年，別列列申在父母的婚姻已近破裂之時跟隨母親來到了哈爾濱，相繼在霍爾瓦特小學、中東鐵路商業學校、基督教青年會中學、哈爾濱法學院接受了初中高等教育。別列列申具有極高的寫作天賦，15 歲時就在哈爾濱俄文《喉舌報》的「少年讀者版」上發表詩歌，而發表於《邊界》上的詩作使其在俄僑中盡人皆知。在哈爾濱期間，先後出版了《在途中》（1937 年）、《善良的蜂巢》（1939 年）、《海上星辰》（1941）、《犧牲》（1944 年）4 部詩集和一本譯自英文的《老水手的傳說》長詩。20 世紀 40 年代初移居北平、上海，50 年代初移居巴西，1992 年病逝。一生著有 13 本詩集，一部長篇敘事詩，幾本譯自中文、英文、葡萄牙文的譯著，其作品得到包括俄羅斯在內的世界各國的認可。

鮑利斯·尤利斯基，哈爾濱俄僑作家。1912 年 1 月生於西伯利亞伊爾庫茨克的貴族家庭，9 歲時隨父母來到哈爾濱，先後在哈爾濱第一俄文中學和哈

爾濱綜合技術學院學習。尤利斯基很小時就開始寫作，其所在中學的校刊《哈哈鏡》經常登載他的文章，21 歲的他已經是哈爾濱的《邊界》、上海的《探照燈》、《鳳凰》等著名俄文雜誌的供稿人。尤利斯基以短篇小說創作見長，題材亦以自己在中國的經歷與身邊俄僑的生活為主，多表現為哈爾濱和中東鐵路沿線普通俄僑的日常生活。他創作的中、短篇小說近百篇，其中較著名的有《白色馬祖卡》、《別什卡烏上空的月亮》、《蔡夫人顯靈》、《龍的道路》、《綠色軍團》、《南行的火車》、《蘋果樹凋謝》、《泰加林童話》、《跳傘者》、《月牙兒》、《傻子的第二次死亡》等。1945 年蘇聯紅軍進入東北後，尤利斯基因曾參加過哈爾濱白俄青年組織「火槍手協會」、哈爾濱「俄羅斯法西斯黨」等，被以「從事反蘇活動罪」逮捕，押回蘇聯，在遠東馬加丹州監獄服 10 年徒刑。1950 年脫逃，從此下落不明。

什梅伊塞爾，哈爾濱俄僑作家。1909 年生於塞米巴拉金斯克，1925 年來到哈爾濱。參加「青年丘拉耶夫卡」文學小組。18 歲時開始發表作品，1927 年小說集《功勳》在哈爾濱出版，1945 年被蘇聯紅軍逮捕，20 世紀 50 年代中期獲釋。

4、哈爾濱的第四代俄僑作家與詩人。他們中的多數人都出生在哈爾濱，俄羅斯對於他們來說是既熟悉又陌生、既貼近又遙遠；即便如此，俄羅斯仍是他們文學創作不變的主題。1934 年「青年丘拉耶夫卡」的活動終止後，相繼又湧現出一批文學社團，如「君主聯盟文藝小組」、「阿·托爾斯泰伯爵文藝小組」、「皇親詩人康·羅文藝小組」、「尼·謝·列斯科夫文藝小組」、「亞·瓦·蘇沃洛夫元帥文藝小組」、「亞·瓦·高爾察克海軍上將文藝小組」、「工商業職員聯盟文藝小組」、「僑民事務局學校畢業生小組」、「事務局學校畢業生聯盟」、「業餘文藝活動小組」、「俄羅斯姑娘小組」、「神學者聖約翰兄弟會」、「北滿大學畢業生聯盟」等。這些社團的部分人由文學愛好者逐漸成長為作家、詩人。

尼古拉·蕭戈列夫，1910 年生於哈爾濱，曾在一家音樂學校學習鋼琴，是「青年丘拉耶夫卡」文學小組裏才華橫溢的詩人之一。19 歲時出版詩集《往事的閃光》。經常在歐洲的俄文刊物上發表作品。20 世紀 30 年代中期移居上海，1947 年回國，1975 年在斯維爾德洛夫死於心臟病。

法伊娜·德米特里耶娃，1913 年生於俄國駐哈爾濱總領事館的工作人員家庭，1940 年在哈爾濱出版詩集《信封上的花》，而其另一部詩集《藍色的鳥》中途夭折。

尼娜・札瓦德斯卡婭，1928 年生於哈爾濱的一個俄國醫生家庭，自幼聰穎好學，10 歲時便會幾種外語並學習詩歌理論。1943 年尼娜・札瓦德斯卡婭因患傷寒病去世，死後不久其詩集《光圈》在哈爾濱出版。

在 20 世紀 20 至 40 年代的 20 餘年中，哈爾濱俄僑創作了大量別具特色的文學作品，這主要與哈爾濱的俄羅斯文化環境有關。由於歷史的原因，在哈爾濱這塊土地上沒有俄羅斯帝國的文化專制，有相對寬鬆的文化氛圍、相應的文化傳媒、一定規模的讀者群，由於這些因素，俄僑文化人的創作熱情發揮到極致。這些應是哈爾濱俄僑文學豐富、有特色的主要原因。

三、俄羅斯僑民文學回歸祖國

20 世紀 50 年代，蘇聯對俄國境外文學問題曾有過一場論爭。文學評論家И.И.特霍爾熱夫斯基在 1950 年巴黎版的《俄羅斯文學》中提到，俄僑文學離開了俄國土壤將在異國的沙地上乾涸、消失。文學史學家格列勃・斯特魯維則認爲，文學合流的時機業已成熟，俄國境外文學是一度離開俄羅斯文學主流的一條支流，它有很大的潛力來充實俄羅斯文學；他隨後又說，國外文學作爲俄國文學史的一個特殊章節已屬翻過去的一頁，最精彩的篇章已經載入史冊。現在看來，顯然是後者充滿著歷史的厚重感。

實際上，在 20 世紀 60 年代的蘇聯與西方，一直有人在關注遠東的俄僑文學。他們相互聯繫、互通信息，努力地發掘、搶救這一文化遺產。在世界的不同地方，一些俄僑開始一點一滴地收集那些早年在哈爾濱發表並散落於世界各地的文學作品，用文論或重新出版原作的形式向人們講述那段歷史。

1968 年，俄羅斯詩人葉甫蓋尼・維特科夫斯基開始關注歷史上的哈爾濱俄僑文學；與一些著名的詩人、作家通訊後，他從私人手中收購涅斯梅洛夫作品，並於 1979 年以地下出版物的形式在莫斯科推出 2 卷本詩集。1982 年，哈爾濱俄僑女詩人葉麗札維塔・拉欽斯卡婭在舊金山出版了《候鳥》。1984 年，美國的俄羅斯僑民維克多・彼得羅夫在華盛頓出版了《松花江畔的城市》。1987 年，瓦列里・別列列申在阿姆斯特丹出版了《兩個小車站》。1987 年，美國的俄羅斯僑民艾馬努伊爾・施泰恩以《散文集》出版涅斯梅洛夫短篇小說 8 篇，隨後又重印了詩人在俄羅斯和中國的 12 部詩集。

澳大利亞接受了大量從哈爾濱去的俄羅斯僑民，也積極地收集這些僑民的文化遺產，於 1989 年在阿德萊德市出版了《來自東方的歌》詩集等。

俄羅斯國內的一些學者、作家也有作品問世，例如著名漢學家，俄羅斯科學院歷史學博士、國際信息化科學院院士格奧爾基・瓦西里耶維奇・梅里霍夫的《遙遠而又很近的滿洲》，E.塔斯金娜的《鮮爲人知的哈爾濱》，Г.西多羅夫的《一個小提琴手的回憶——哈爾濱的音樂生活》，O.博比內依的《告別哈爾濱的俄羅斯人》等。諸如此類的俄羅斯僑民作品還有很多，難以在這裡一一贅述。

20 世紀 80 年代末，蘇聯領導人戈爾巴喬夫開始推行「公開性」，社會言論與科學研究日趨活躍。1991 年，不同時期回國的哈爾濱俄僑在新西伯利亞出版了一本詩歌小說合集——《哈爾濱——俄羅斯之樹的一個枝丫》，收入了當年哈爾濱俄僑 11 位小說家和 27 位詩人的部分作品；1992 年莫斯科接連推出《在彼岸》、《憑藉詩歌回到俄羅斯》、《我們那時居住在另一個星球》、《在華俄僑詩歌》等幾部僑民文選與詩集。這些文學活動使哈爾濱的俄僑文學在經過漫長歲月之後回歸祖國。

1993 年 3 月，俄羅斯科學院俄國史研究所在莫斯科召開了一次「圓桌會議」，主題是「研究境外俄羅斯人歷史的任務」，參加者有俄羅斯科學院的學者、高等院校的教授、檔案館和圖書館的研究館員及各大媒體的資深記者。會後出版了名爲《關於研究境外俄羅斯人歷史的若干問題》的論文集，文集中收入了當年的哈爾濱俄僑、現在俄羅斯著名的漢學家、俄羅斯科學院歷史學博士、國際信息化科學院院士格奧爾基・瓦西里耶維奇・梅里霍夫的《境外俄羅斯人「東方分支」文化的國際意義》一文，著重介紹了俄羅斯僑民在中國的文化活動。由此，掀開了俄羅斯人研究「境外俄羅斯人歷史」的篇章。1995 年 12 月在莫斯科成立了「境外俄羅斯圖書館」（Библиотека Русская зарубежья），其宗旨即是收藏世界各地的俄僑出版物和手稿。爾後，俄國出版了《1917～1992 年俄羅斯境外雜誌聯合目錄》、《俄羅斯境外文學回歸祖國，1986～1990 年部分出版物索引》（第 1 卷第 1 冊）等。此舉引起各國研究者的關注。

值得一提的是，對「俄羅斯僑民文學回歸祖國」這一課題，中國的研究者們也傾注了大量精力，並取得了諸多喜人的成果，如黑龍江省社會科學院李述笑的《哈爾濱歷史編年》（哈爾濱市政府地方志辦公室，1986 年版）、黑龍江省檔案館紀鳳輝的《哈爾濱尋根》（哈爾濱出版社，1996 年）、中央編譯局的李興耕的《風雨浮萍——俄國僑民在中國》（中央編譯出版社，1997 年版）、黑龍江省社會科學院石方、劉爽、高凌的《哈爾濱俄僑史》（黑龍江人

民出版社，1998 年版）、已故黑龍江大學教授刁紹華的《中國（哈爾濱—上海）俄僑作家文獻存目》（哈爾濱，2001 年）、黑龍江省歌舞團劉欣欣、劉學清的《哈爾濱西洋音樂史》（人民音樂出版社，2002 年）、李萌的《缺失的一環——在華俄國僑民文學》（北京大學出版社，2007 年版，此書雖然晚出，但力透紙背，作者的功力與用心令人折服。我在第四節參考和引用其部分內容）等。

　　此外，還有一些是以圖片形式介紹哈爾濱俄僑遺址遺跡的出版物，如哈爾濱工業大學常懷生先生的《哈爾濱建築藝術》（黑龍江科學技術出版社，1900 年）、李述笑主編的《哈爾濱舊影》（人民美術出版社，2000 年）、曲偉、李述笑主編的《猶太人在哈爾濱》（社會科學文獻出版社，2006 年）、哈爾濱城市規劃局編譯的《凝固的樂章》（一、二冊）、《哈爾濱印象》（上、下冊）、《哈爾濱保護建築》、《哈爾濱歷史文化名城保護規劃成果集》、《國家歷史文化名城（哈爾濱卷）》等，都從不同角度對哈爾濱那段歷史做了充分的回顧，使讀者獲得有血有肉的認識。

第三節　舞蹈與戲劇

　　俄羅斯人性格奔放，喜愛藝術。中東鐵路俱樂部、商務俱樂部、秋林俱樂部等都有業餘文藝團體舉行鋼琴、小提琴、吉他等樂器演奏會及獨唱、合唱音樂會。1909 年 6 月，哈爾濱自治公議會舉辦了第一次音樂演奏會，為自發的業餘文藝團體發展成有組織的專業劇團創造了條件。

　　哈爾濱俄僑最大的音樂團體是俄國古老藝術研究會（ОИРСИ），創建時為業餘文藝團體，後來發展成為專業演劇團。這個劇團有 М・В・卡爾貝舍夫領導的三弦琴和手風琴樂隊和鐵路員工組成的合唱團，還有歌唱家雷波夫、合唱指揮沙拉波夫等。這個演劇團經常演出俄國著名歌唱家阿格列涅夫・斯拉維揚斯基的歌曲，附之以二重唱、合唱、獨唱及三弦琴演奏，俄羅斯氣息濃鬱，在俄僑中大受歡迎。

　　此外，還有一批規模和水平遜於俄國古老藝術研究會的專業及業餘音樂團體，例如：莫洛佐夫領導的音樂團體，其演員多為業餘愛好者，經常與專業演員同臺演出；賴斯基指揮的兒童合唱團，它為專業及業餘團體輸送了一批批的音樂人才；教堂唱詩班，「就其演唱技術而言，可以說是無與倫比」〔註12〕它是

〔註12〕　〔俄〕E.蘇馬洛科夫：《哈爾濱教區二十年》，俄文版，哈爾濱，1942 年。

哈爾濱俄僑音樂人才的儲備庫，專業樂團和業餘樂團常到唱詩班物色歌手。

　　20 世紀 20 年代，更多的俄羅斯音樂藝術家湧入哈爾濱，其中有特拉赫金貝爾格、鮑斯特列姆、金斯布爾格、希費爾布拉特、格伊戈涅爾、別林施捷因、施皮爾曼等大師級人物，他們的到來使哈爾濱的音樂戲劇生活極大地豐富起來。曾在哈爾濱上演的歌劇劇目有：《俄羅斯婚禮》（維拉‧奧梅利亞年科主演），《天鵝湖》（普列奧布拉任斯卡婭、舍夫柳金、羅戈夫斯卡婭、福金、克拉夫琴科等聯袂出演），科薩科夫的《雪姑娘》，格林卡的《為沙皇獻身》，柴可夫斯基的《女靴》、《葉甫蓋尼‧奧涅金》、《黑桃皇后》，比才的《卡門》，魯賓斯坦的《惡魔》，達爾戈梅斯基的《水仙女》等。著名的歌劇指揮卡普倫-弗拉基米爾斯基在僑居哈爾濱的 10 年裏活躍於中東鐵路俱樂部的歌劇舞臺上，成功地指揮過許多部大型歌劇演出。著名的俄僑音樂家、合唱指揮家馬申（Машин）在 1907～1924 年間任哈爾濱商業學校的音樂教師，他創辦音樂學校，並兼任哈爾濱俄僑合唱隊指揮，1925 年移居上海。著名聲樂家舒什林，8 歲時便以兒童歌手馳名於聖彼得堡，被時人稱之為「空中雲雀」，15 歲畢業於聖彼得堡皇家音樂學院，19 歲進聖彼得堡皇家音樂專科學校主攻聲樂而後成名，1924 年開始僑居哈爾濱，上演歌劇，曾赴日本、菲律賓等地演出，在遠東各大城市有極高的聲譽，1929 年底移居上海。遠東地區的著名俄人歌劇導演、優秀歌劇藝術表演家瓦林（Валин），藝名卡特赫（Катхе），1916 年就在喀山大劇院開始其藝術生涯，在俄國許多大城市演出並享有較高的聲譽。1931 年，他來到哈爾濱，在這裡組織了俄僑的輕歌劇團，培養出許多俄僑歌劇演員；幾年後，他帶著一些演員去了上海。

　　哈爾濱俄僑的話劇藝術在最初的幾年裏並沒有太大的發展，只是以滑稽劇、諷刺劇等短小節目為主。後來隨著大批俄人藝術家的流入，哈爾濱俄僑的話劇藝術進入了一個新的階段。在哈爾濱有了專演話劇的俄僑劇團，並經常上演契訶夫、易卜生、涅米洛維奇-丹欽柯、蘇德爾曼、奧斯特洛夫斯基等劇作家的優秀劇目。俄僑話劇團的演出不僅受到俄國僑民的歡迎，而且對哈爾濱的文化界產生了極大觸動。當時在哈爾濱做地下工作、後來擔任新中國馬恩列斯著作編譯局副局長的姜椿芳在回憶錄中寫道：

　　　　約在 1934 年夏秋之際，在街上看到海報，俄僑劇團將演出奧斯特洛夫斯基的《雷雨》（即 1937 年初在上海演出的《大雷雨》）。這個劇本我們讀過的，很發生興趣，決定買票去看。這戲由舒姆斯

基導演，在商市街的俄僑商市會堂演出。記得那次是由一個男青年扮演卡捷琳娜，導演舒姆斯基自演奇虹。這兩個人演的很成功，扮母親卡彭諾娃的，也演的相當好。演到最後一幕，當奇虹等人將投河而死的卡捷琳娜抬出的時候，向來畏葸無能的奇虹，也忍不住對嚴屬的母親發出抗議的聲音：「這是你……」在鴉雀無聲的場子裏，坐在我們一排的一個俄羅斯女子，激動地從坐椅上摔倒在地。這時劍嘯又激動又驚訝地站了起來。有人急忙把那位摔倒的婦女扶出劇場，有人揚手讓劍嘯坐下。劇場裏這一變化，又立即平息下來，觀眾繼續聚精會神地觀看舞臺上感人的那場戲。

我們和全場俄羅斯觀眾為演出所感動，我們猜想那個摔倒的婦女可能與卡捷琳娜有同樣的命運。兩個中國青年雜坐在俄人中間看戲，本來已經引起俄人的注意，我們和其他觀眾一起嚴肅地欣賞奧斯特洛夫斯基的這一著名話劇，再加上劍嘯激動地站起，更引起座旁人的注意。當戲演完，觀眾鼓掌的時候，我們也站起來熱烈鼓掌，竟有一位像知識分子的俄人走了過來，和打著黑色花領結、帶著眼鏡、藝術家模樣的劍嘯握手。雙方都默默地互相注視、點頭，表示無需用語言傳達內心的共鳴。

金劍嘯深深地愛上了奧斯特洛夫斯基的這部《雷雨》。他過去讀過這個劇本，現在又看過俄人自己的演出，就產生了要在中國舞臺上排演這個戲的願望。1935 年，他在當時黑龍江省會龍江（齊齊哈爾）組織白光劇團，決定排這個戲，並且先在《黑龍江日報》副刊上連載這個戲的譯文。

由於種種原因，這個戲沒有能夠排演。〔註 13〕

哈爾濱俄僑在繪畫藝術方面亦有成就，但最初在很大程度上局限於宗教繪畫的範疇。哈爾濱各大東正教教堂的棚壁上，都留有俄僑繪畫藝術家的作品，如聖尼古拉中央大教堂、聖索菲亞教堂、聖母帡幪教堂等內部設置的諸聖畫像及接受天使祝福的主復活聖像，均出自俄僑名家之手繪製。〔註 14〕

〔註13〕 姜椿芳：《藝術家金劍嘯》，載《金劍嘯詩文集》，第 110 頁，哈爾濱：黑龍江人民出版社，1981 年。

〔註14〕 朱世樸：《黑龍江省的東正教》，載《黑龍江宗教界憶往》，第 182 頁，哈爾濱：黑龍江人民出版社，1992 年。

在當時的俄僑學校裏都開設繪畫課，聘有專業人員講授素描、水彩畫、油畫、壁畫等技巧，由此培養出一批熱愛繪畫藝術的青年人。

十月革命後，一些有名望的俄人畫家僑居哈爾濱，在他們當中有一個叫米哈伊爾‧基奇金的著名畫家。他 1908 年畢業於莫斯科斯特羅戈諾夫美術學校，隨後又進入莫斯科繪畫雕塑建築學校深造，曾先後兩次獲得榮譽稱號。基奇金僑居哈爾濱期間，在南崗聖尼古拉教堂旁邊的一棟房子裏開辦了「荷花藝術學校」，從其招生廣告中可知其開設了素描、色彩畫、聲樂、話劇、芭蕾、鋼琴、小提琴、樂理、雕塑、朗誦、啞劇、藝術史等課程。在這所學校裏，彙集了一批頗具聲望的俄僑藝術家，例如，教授雕塑課的卡緬斯基是基奇金的同學，他於莫斯科繪畫雕塑建築藝術學校畢業後又去法國巴黎師從雕塑大家羅丹，專攻雕塑藝術；教授音樂的是拉札列夫夫婦，拉札列娃出身名門，其外祖父特列基亞科夫是莫斯科特列基亞科夫博物館的創始人，其父親齊洛季是俄國著名的鋼琴家和指揮家；教授藝術史的教師是貝爾納達茨和阿那斯塔斯耶夫；教授話劇課的是演員卡札科娃；教授輔導課的是著名教育家霍洛季洛夫。

1929 年，「荷花藝術學校」的創辦者基奇金攜妻即女畫家庫茲涅佐娃移居上海。在哈爾濱近 10 年的藝術繪畫教育中，他和他的同事們培養出了一批藝術家，世界上許多地方都有「荷花藝術學校」學子們的藝術創作，他們中間有俄國人、中國人、歐洲人等。「1989 年在俄羅斯的雅羅斯拉夫爾藝術博物館曾舉辦過一個特殊的畫展，作者幾乎全是『荷花』畫室培養出來的學生。藝術家的作品使參觀者沉浸在東方的意境中：陽光明媚的中國風光，中國的和尚、農民、商人肖像，還有人力車，一幅幅東方題材畫映入人們的眼簾。這個畫展的主辦人就是薇拉‧葉梅利亞諾芙娜‧庫茲涅佐娃。」〔註15〕

在哈爾濱俄僑歷史上，還僑居過科萬采夫、蘇伏羅赤夫、斯捷潘諾夫、格林貝爾格、克列緬捷夫、洛巴諾夫、斯米爾諾夫、維尤諾夫、捨施明采夫、巴諾夫、烏拉索維茨、波亞內舍夫、阿佐普采娃等一批藝術家。下面對他們作一簡介：

科萬采夫。1904 年，他畢業於莫斯科斯特羅戈諾夫美術學校，因學習成績優秀而多次受到獎勵。他因繪製了彌留之際的俄國大文豪列夫‧托爾斯泰

〔註15〕李興耕等：《風雨浮萍—俄國僑民在中國》，第 326 頁，北京：中央編譯出版社，1997 年。

的肖像而一舉成名。1916 至 1931 年，僑居哈爾濱的科萬采夫多次舉辦個人畫展，並到東北各大城市進行采風創作。1933 年，他移居上海，在那裡繼續從事繪畫藝術創作，並為許多中國知名人士畫肖像，終成為遠東地區著名的肖像畫家，其一生作品多達數千件。

蘇伏羅赤夫。他是一位追隨馬雅可夫斯基的未來派畫家。在僑居哈爾濱期間，他有自己的畫室並帶有學生，還經常與他的學生合辦畫展。他對中國人十分友好，已故的金劍嘯烈士當年在哈爾濱時常去他那裡，與之切磋繪畫技巧，並向其索取作品用於報刊宣傳。

斯捷潘諾夫。在哈爾濱俄僑中聲名顯赫。1915 年畢業於莫斯科繪畫雕塑建築藝術學校，「一戰」時在俄國軍隊中當過飛行員，戰後重操舊業、繼續進行美術創作。俄國十月革命後，移居哈爾濱，在基督教青年會中學教授美術課。為了生活，他還在很多劇院擔任舞美設計，尤以風景與肖像畫見長。他所創作的《松花江中的水罐》、《陰暗的早晨》等作品，給人留下深刻印象。1941 年哈爾濱舉辦斯捷潘諾夫從藝 25 週年個人畫展，其耀眼輝煌的畫作使之成為哈爾濱文化藝術界人人皆知的大家。

捨施明采夫。「荷花藝術學校」的開辦人之一。他出生於外貝加爾，十月革命後來到哈爾濱，在這裡僑居、創作近 20 年。他的繪畫作品大多取材於俄羅斯風光、中國大自然。哈爾濱的風土人情亦是其題材的一種，例如其僑居哈爾濱時期的作品《岸邊的駁船》、《船塢的小橋》、《哈爾濱水災》、《市立公園之春》等。1941 年移居上海，1954 年移民巴拉圭，1964 年移民美國。1978 年在美國去世。遵其遺囑，其 90 餘幅畫作運回故里，贈予庫爾干州立藝術博物館珍藏。

洛巴諾夫。哈爾濱俄僑美術家中的佼佼者。他的作品多是對中國廟宇與現實生活的寫生，如《極樂寺廟會》、《孔夫子廟的橋與拱門》、《道觀》及《四方臺林谷》、《莊稼人》、《乘冰爬犁》等。《乘冰爬犁》以獨特的視角與技法展示了冬季的松花江風光：「冰封的松花江上，淡藍色間有玫瑰色的天空透著絲絲寒意，長長的藍紫色的倒影映在冰面上，告訴人們已是薄暮時分。頭戴皮帽、身著半截皮襖、腳穿氈靴的冰爬犁主們手持長杆，耐心地等候乘客。兩個漂亮的俄羅斯姑娘跳下爬犁，向中央大街走去……」

克列緬捷夫。畢業於敖德薩美術學校，隨之又在聖彼得堡拜大師列賓學油畫，然後又去德國、匈牙利師從阿什貝、霍爾羅什教授學習，繪畫技術不斷提高。1914 年歸國後，相繼在鄂木斯克、符拉迪沃斯托克（海參崴）的藝

術院校任教。十月革命後來到哈爾濱，創辦了克列緬捷夫藝術學校。他把一生都投在教育事業上，培養出了許多優秀的學生。在一次青年美術家的畫展上展出了他 8 個學生的上百幅油畫，其中，拉烏特曼的《失寵的貴族》、珂貝什金娜的《八雜市》、佈雷切娃的《向日葵》、托克馬科夫的《農夫》等作品以技法高超、貼近生活，喚起了身處異鄉同胞心靈的共鳴。〔註16〕

俄僑藝術家們豐富了哈爾濱的文化藝術生活，使之朝著多元化方向發展；由於他們的藝術活動，俄羅斯的傳統藝術風格對這個城市產生了巨大的影響。

第四節　音　樂

哈爾濱歷史上因華洋雜處，曾出現過文化共生性現象，並因此呈現了多元化的文化形態；而這種多元化的文化形態是以中西文化交融爲特質的。這種中西文化交融的特質又表現在哈爾濱是西方文化傳入中國的重要窗口。哈爾濱俄僑音樂教育是哈爾濱特質文化的集中體現，也是中俄文化交流史的重要論題。

一、哈爾濱俄僑音樂生活史的分期

哈爾濱曾是中東鐵路樞紐，經日俄戰爭和第一次世界大戰，迅速形成爲中國東北北部的政治、經濟、文化中心，俄國十月革命及俄國國內戰爭後又成爲大批俄僑的避難地。據 1922 年 5 月統計，僅新市街（現南崗區主要部分）和埠頭區（現道里區中心區域）就有俄僑 185042 人。如果把老哈爾濱（現香坊）、馬家溝、偏臉子、正陽河、沙曼屯、王兆屯、顧鄉屯、八站、船塢等地計算在內，當年哈爾濱俄僑人口不會少於 20 萬人。如此眾多的俄僑人口成爲哈爾濱西洋音樂發展、音樂教育發達的社會基礎。如此特殊的歷史原因和地理位置，使哈爾濱成爲西方文化傳入中國的窗口，電影、音樂、芭蕾舞、戲劇、美術、文學、體育運動等許多西方文化最早或較早地經哈爾濱傳入中國。

與哈爾濱城市歷史發展階段大體相適應，哈爾濱俄僑音樂生活史可分爲以下幾個階段：

〔註16〕李宏軍、夏煥新：《俄羅斯人看哈爾濱》，第 50～52 頁，哈爾濱：哈爾濱出版社，2008 年。

第一階段，自 1898 年至 1920 年，可稱爲初始階段。這一階段是以俄國音樂家陸續來哈爾濱巡迴演出爲特徵的。據載，著名的小俄羅斯劇團以及維亞利采娃、皇家歌劇院瑪力烏斯、別吉巴、小提琴家科斯佳‧杜姆切夫、大提琴王子維爾什比洛維奇、男高音歌唱家索比諾夫、斯洛甫佐夫、茨岡歌手薇拉‧巴尼娜等均來哈進行過巡迴演出，受到熱烈歡迎。後來成爲沙皇尼古拉二世情婦的納斯嘉‧普列維茨卡婭在日俄戰爭期間也曾來哈登臺獻藝。此外，哈爾濱雖已創建了「花園夏日劇場」、「嘎瑪麗傑里劇場」、「普斯茅斯劇場」、「達尼洛夫劇院」等文化活動場所，但還沒有或很少有固定的稍有規模的音樂團體。1908 年，俄國外阿穆爾鐵道旅團管絃樂隊在當時的鐵路俱樂部露天劇場演出了交響樂，但隨著一戰爆發，便整編歸國；後雖有捷克兵團軍樂隊、烏因奇管樂隊演出，但基本上還是業餘愛好者沙龍和半專業性質的演出團體。1919 年「中東鐵路俱樂部交響樂團」的成立才成了俄僑音樂生活走向成熟的標誌。

第二階段，自 1921 年至 1932 年，包括了 20 年代和 30 年代初期。這是哈爾濱俄僑音樂生活最活躍、專業水平最高的階段，也是哈爾濱文化生活最繁榮的時期。聞名於世的小提琴家海菲茨、埃里曼、津巴利斯特等來哈演出以及發達的音樂教育是這一階段的主要的象徵。

第三階段，自 1932～1945 年東北淪陷時期。這是在日僞《藝文指導綱要》專制下的俄僑音樂生活發展受限、萎縮階段。日僞當局一方面爲適應其所謂「王道樂土」需要，組建了由俄國僑民事務局控制的哈爾濱交響樂團，成立了俄羅斯古典藝術研究會；另一方面又加緊對文藝團體的控制，限制其自由。30 年代中期，哈爾濱音樂專科學校、格拉祖諾夫高等音樂學校先後停辦，大批音樂人才外流。

第四階段，從 1946～1962 年，隨著中蘇關係友好、交惡的變化，這一階段成了哈爾濱俄僑音樂生活的最後階段。

二、俄僑音樂學校

哈爾濱俄僑音樂教育是本文探討的重點。鑒於以往的論著很少有相關內容的論述，筆者將對哈爾濱音樂教育的沿革、各時期俄僑音樂學校做些簡要介紹。

1、哈爾濱第一音樂學校。該校創辦於 1921 年 5 月，發起人爲 П.Н.馬申

（著名作曲家、指揮家，1925 年底移居上海）、C.M.塔夫吉利澤、Ю.К.普羅特尼茨卡婭和 Е.П.德魯任尼茨卡婭。校址初設於哈爾濱鐵路商務學堂樓內，1928 年遷奧科薩科夫斯卡雅中學，1941 年秋又遷至道里哈爾濱交響樂團址（大同路 24 號），後再遷道里商務街（現上遊街）商務俱樂部內。學校實行藝術委員會領導制。聖彼得堡音樂學院自由藝術家 Р.Г.卡爾波娃（1921～1927）、Л.Я.贊傑爾—日託娃（1927～1933）、В.Д.特拉赫金貝爾格（1933～1947）先後擔任藝術委員會主席。1938 年夏，根據 В.Д.特拉赫金貝爾格提議，鋼琴大師 В.Л.格爾施戈琳娜出任學校校長。學校學制 6 年，分為預備班、初級班、中級班和高級班，按照前俄國皇家音樂協會音樂學院課程開設了鋼琴、小提琴、大提琴、銅管、木管、聲樂專業，還有音樂史、樂理、和聲等基礎課。起初學校還開設過歌劇班、吹奏樂班和造型藝術班，後因故停辦。1947 年 3 月，哈爾濱第一音樂學校與其他學校合併改組。截至 1942 年統計，該校 20 年共培養了 200 多名學生。

2、格拉祖諾夫高等音樂學校。該校是以著名俄羅斯作曲家、指揮家、前俄國彼得堡音樂學院院長格拉祖諾夫的姓氏命名的，創辦於 1925 年 7 月，校址在道里炮隊街原猶太中學（現道里通江街朝鮮族第二中學）的東北角處，創辦人為著名小提琴家 У.М.格里德施京及其夫人、鋼琴家 В.Ц.迪龍。該校按前俄國音樂學院教學大綱授課，有一批高素質的音樂教育人才。任課教師中許多人是著名的音樂家，如鋼琴家 Л,Б.阿普傑卡列娃、小提琴家希費爾布拉特、大提琴家夏皮羅、聲樂教育家舒什林等。1936 年該校停辦。

3、哈爾濱音樂訓練班。哈爾濱音樂訓練班創辦於 1927 年 10 月，是由畢業於基輔音樂學院的自由藝術家 Г.Г.巴拉諾娃—波波娃和俄國東正教聖伊維爾教堂主教沃茲涅辛斯基（法名季米特里·拉甫羅夫）發起成立的，校址就設在聖伊維爾教堂附近的房舍內，後遷馬家溝教堂街與士課街交角處。音樂訓練班初設鋼琴、小提琴和聲樂 3 個班，後又增設了大提琴、合唱、教堂唱詩和合唱指揮 4 個班。至 1930 年學生達 110 人。各班同樣以前俄國音樂學院課程為教材，其師資隊伍是精幹的。1941 年 2 月，Г.Г.巴拉諾娃—波波娃移居美國，鋼琴家 Н.М.戈爾布諾娃出任校長。1947 年與第一音樂學校合併，成立蘇聯高等音樂學校。

4、哈爾濱音樂專科學校。創辦於 1929 年，校長是著名鋼琴家 Л.Б.阿普傑卡列娃（曾在格拉祖諾夫高等音樂學校教授鋼琴）。學校開設了鋼琴、小提

琴、大提琴和聲樂專業，有一支精幹的專業隊伍。著名歌唱家 C.A.巴圖琳娜、音樂指揮卡普倫─弗拉基米爾斯基等在此任教。著名的爵士樂隊指揮、吉尼斯世界紀錄保持者奧列格・隆德斯特列姆就是這所學校畢業的。1935 年蘇聯單方面將中東鐵路賣予日僑後，該校停辦，教師和學生大部分都回到蘇聯。Л.Б.阿普傑卡列娃被安排在莫斯科大劇院擔任鋼琴演奏。

5、哈爾濱蘇聯高等音樂學校。這所學校是 1947 年 3 月由原哈爾濱第一音樂學校和哈爾濱音樂訓練班合併改組、成立的。改組後，學校遷南崗義州街 36 號（現南崗果戈里大街省政府外事僑務辦辦公樓）內，校長由 B.Д.特拉赫金貝爾格擔任，其繼任者先後為 Ф.Е.奧克薩科夫斯基和 Г.M.希多羅夫。該校分初、中、高三個等級，初級音樂學校 7 年制，中級音樂專科學校 4 年制，高等音樂學校 5 年制。完全按蘇聯音樂學校教材教學。學校於 1956 年停辦（現澳大利亞巴拉萊卡樂團指揮維克多就是這所學校畢業的）。

6、商務俱樂部音樂訓練班。1958 年哈爾濱蘇聯僑民會在哈爾濱道里商務俱樂部（現哈爾濱科學宮）還創辦過一個音樂訓練班。一些當時仍留在哈爾濱的老音樂教育家以及各個時期音樂學校的學生擔任了訓練班的教師。校長是小提琴家 Ф.Б.布爾克拉別克。1962 年訓練班停辦。

7、俄僑私立音樂學校。在哈爾濱俄僑音樂教育史上，俄僑私立音樂學校佔有重要地位，發揮了重要作用。其中 Ф.Е.奧克薩科夫斯基鋼琴學校、Р.Г 卡爾波娃鋼琴學校、B.Л.格爾施戈琳娜鋼琴學校 A.B.葉戈洛娃聲樂學校、Г.A，阿恰伊爾─多普羅特沃爾斯卡雅音樂學校、Г.И.波果金小提琴學校等都很有知名度。私立音樂學校規模小，往往是以家庭為教學單位，機動靈活，單兵教練式地培養了很多音樂人才。

三、俄僑音樂教育的特點

對哈爾濱俄僑音樂學校教育的縱向描述，為我們橫向地研究其特點、地位、作用提供了素材和依據。綜上所述，我們認為哈爾濱歷史上的俄僑音樂教育有以下幾個特點：

1、哈爾濱俄僑音樂學校在全國是創辦最早、持續時間最長的音樂院校。哈爾濱第一音樂學校、格拉祖諾夫高等音樂學校和哈爾濱音樂訓練班是在我國創辦的第一批西洋音樂學校。它們比 1927 年開辦的上海國立音樂專科學校要早好幾年，而且上海國立音樂專科學校的許多骨幹教師多是從哈爾濱北雁

南飛的。1924 年 2 月在上海指揮第一次大型音樂會並引起轟動的 П.Н.馬申就是 1921 年創辦的哈爾濱第一音樂學校的發起人之一。哈爾濱商務俱樂部俄僑音樂訓練班 1958 年創辦，直至 1962 年才告結束。自 1921 年至 1962 年，哈爾濱俄僑音樂教育持續達 42 年之久。

2、高素質、高水平的師資隊伍是辦好這些音樂學校的重要條件。哈爾濱各時期的音樂學校都有許多有名望的專業教師，其中很多人畢業於彼得堡、基輔、莫斯科、柏林、巴黎、米蘭、萊比錫音樂學院，很多人獲有自由音樂家的稱號，而且具有多年從事音樂教育的實踐經驗。Н.А.希費爾布拉特和 В.Д.特拉赫金貝爾格都曾是彼得堡音樂學院奧爾大師班的學生；天才鋼琴家 В.Л.格爾施戈琳娜畢業於巴黎音樂學院，又到米蘭音樂學院從師深造，在意大利皇家音樂學院競賽中榮獲「鋼琴大師」級稱號；У.М.格里德施京和 В.Ц.迪龍曾在德國音樂學院學習或深造，來哈爾濱之前曾在莫斯科辦過「夏里亞賓音樂學校」；大提琴教育家施皮爾曼也是聖彼得堡音樂學院大提琴教授布蘭多科夫的學生；舒什林少年成名，彼得堡音樂學院畢業後曾在彼得堡國家歌劇院擔任主要獨唱演員；還有 Ф.Е.奧克薩剋夫斯基、Р.Г.卡爾波娃、Л.М.捷列霍夫等也都師出名門，有很深的造詣。名師出高徒，待高徒成爲名師時就又帶出一批高徒來。

3、科學的教程、嚴格的學制和考核是這些學校辦學成功的保證。哈爾濱各俄僑音樂學校大部分是按俄國皇家音樂學協會音樂學院的課程和教材授課的，完全是正規化的科班教育，學制較長，考核、考試相當嚴格。如哈爾濱第一音樂學校學制六年，分預備班、初、中、高級班，除專業課外，還必修音樂理論、第一和第二和聲學、音樂史等基礎課；自創辦至 40 年代初共招收各專業學生 200 多人，但最終能夠經嚴格的考試畢業並取得文憑的僅 38 人，其中鋼琴專業 25 人，提琴專業 8 人，聲樂專業 5 人。如此正規的教育、嚴格的要求保證了教學質量，提高了學校聲譽。

4、走出校門，重視實踐是上述音樂學校成功的寶貴經驗。哈爾濱第一音樂學校自 1922 年至 1930 年共舉辦了 18 場音樂會（其中包括紀念蕭邦、貝多芬、聖桑、巴赫、勃拉姆松、李斯特、柴可夫斯基等專場音樂會），自 1930 年至 1941 年組織了 88 場學校表演會。哈爾濱音樂訓練班自開辦到停辦，共舉辦了 40 場公開音樂會和 60 場內部音樂會。聞名遐邇的哈爾濱絃樂四重奏組都是由哈爾濱第一音樂學校教師組成的。他們是 В.Д.特拉赫金貝爾格、П.В.

拉緬斯基、Г.М.希德羅夫和 А.И.波果金。1936 年成立的哈爾濱交響樂團的演奏員主要來自這些音樂學院的師生。這種藝術實踐即提高了學生們的藝術水平，也為豐富哈爾濱的文化生活作出了貢獻。

5、名師出高徒、桃李滿天下是哈爾濱俄僑音樂學校成功的標誌。多年來，哈爾濱各類俄僑音樂學校培養了一大批音樂人才，其中很多人在世界各地成了優秀的音樂家。德國愛樂樂團首席小提琴赫爾穆特·斯特恩、韃靼斯坦共和國人民演員謝列布里亞科夫、美國鋼琴家瓦蓮金娜、阿巴札美國小提琴家托里亞·卡緬斯基、以色列愛樂樂團小提琴家嘉利·布羅文斯基、鋼琴家大衛·古特曼、朝鮮國立交響樂團首席小提琴演奏家白高山、韓國交響樂團榮譽指揮朴元植、我國著名作曲家西部歌王王洛賓等都曾是哈爾濱俄僑音樂學校的學生。30 年代至 50 年代，活躍在哈爾濱音樂舞臺上的很多藝術家（如 А.И.波果金、А.德茲加爾等）就是當地音樂學校培養起來的。日本著名指揮家朝比奈隆 40 年代曾在哈爾濱交響樂團見習指揮。哈爾濱解放初期，蘇聯高等音樂學校還為新中國培養了第一批管絃樂和聲樂人才。當時的東北魯藝音樂工作團、空軍政治部文工團、中國鐵路文工團等都派人來哈，從師於俄僑音樂家學藝。中國許多著名的指揮家、樂團首席、歌唱家，如秋里、尹升山、傅庚辰、汪雲才等都是從哈爾濱走向輝煌的。

綜上所述，我們不難看出哈爾濱俄僑音樂教育家在西洋音樂傳入中國過程中所處的地位和所起的作用。他們靠不懈的努力，誨人不倦的精神，堅守了文化藝術陣地，向中國人民介紹了蕭邦、李斯特、巴赫、柴可夫斯基，使中國人民瞭解了交響樂、奏鳴曲、幻想曲，培養了中國首批西洋音樂藝術家，提高了哈爾濱市民的音樂鑒賞力，豐富了哈爾濱的文化生活，促進了中俄兩國人民的理解和文化交流。「就活躍的音樂生活而言，當年的哈爾濱完全可以和其他著名的音樂中心相比。哈爾濱曾是真正的音樂城」2010 年聯合國授予哈爾濱音樂之城的稱號也是充分考慮了哈爾濱音樂城歷史的傳承。從這一意義上理解，說哈爾濱曾是西方文化傳入中國的窗口、著名的歷史文化名城是恰如其分的。

參考文獻

1. Рубеж. Харбин. 1929～1930.
2. Г.В.Мелихов. Российская эмиграция в Китае（1917～1924）. Москва. 1997.

3. Новости жизни. Юбилейный номер（1907～1927）.

4. С.И.Лазарева， О.И.Сергеев， Н.Л.Горкавенко. Российские женщины в Манчжурии（Очерки из истории эмиграции）. Владивосток. 1996.

5. Десять лет Маньчжудиго. Русское искусство в Маньчжурской империи. Харбин. 1942.

6. Политехник. Юбилейный сборник（1969～1979）.Сидней. 1979.

7. Л.Ф.Говердовская. Общественно-политическая и культурная деятельность русской эмиграции в Китае 1917～1931гг. Москва. 2000.

8. Г.В.Мелихов. Маньчжурия далекая и близкая. Москва. 1991.

9. Г.В.Мелихов. Белый Харбин. Москва. 2003.

1919 年「中東鐵路俱樂部交響樂團」的成立是俄僑音樂生活走向成熟的標誌。

哈爾濱第一音樂學校藝術委員會

格拉祖諾夫高等音樂學校師生

哈爾濱蘇聯高等音樂學校

第五節　美　術

　　哈爾濱市南崗區紅博廣場東側有一棟漂亮的二層黃色建築，老哈爾濱人稱其為「梅耶洛維奇」大樓。上個世紀 20 年代，它的頂層曾辦過一所俄僑「荷花藝術學校」。

　　筆者在 1925 年《哈爾濱─傅家甸商工與鐵路指南》一書中看到過該藝術學校刊登的一幅廣告，其招生的專業有：素描和色彩畫、聲樂、話劇、芭蕾、鋼琴、小提琴和樂理。另據葉蓮娜・塔斯金娜著《鮮為人知的哈爾濱》（俄文，1994 年莫斯科出版）中披露，不同時期該校還開設過雕塑、朗誦、啞劇和藝術史等專業。

　　在該校任教的教師大多是從事藝術教育多年並頗有影響的藝術家。十月革命一場風暴將他們刮到了哈爾濱。在這裡他們找到了充滿藝術靈感的「天堂」。米哈伊爾・基奇金是畢業□斯特羅加諾夫美術學校和莫斯科繪畫雕塑建築藝術學校的高材生，才華橫溢的肖象畫家，在此教授素描和色彩畫；雕塑課教師阿・卡緬斯基是米・基奇金在莫斯科繪畫雕塑建築藝術學校的校友，後來又到法國巴黎從師於著名雕塑家羅丹（或許您腦海裏立刻浮現了《思想者》的形象）深造過的天才雕塑家；音樂專業的各門課程主要由卡・拉札列娃及其丈夫勃・拉札列夫負責。卡・拉札列娃是聞名於世的莫斯科特列季亞科夫藝術博物館的創始人巴・米・特列季亞科夫的外孫女、俄羅斯著名鋼琴家和指揮家齊洛季的女兒。藝術史教師是阿・阿・別爾納爾達齊和瓦・米・阿納斯塔耶夫；話劇課教師是演員吉・伊・卡札科娃，造型藝術和雕塑課教師是著名教育家阿・霍洛季洛夫。

　　荷花藝術學校曾是相當有影響的哈爾濱藝術家、特別是美術家的苗圃。它培養的大批人才（包括中國學生）後來活躍於世界各地。

　　維克多・米哈依洛維奇・阿爾納烏托夫便是荷花藝術學校的學子，20 年代後期離哈去上海，1938 年移居美國，並加入共產黨。二戰期間，他積極地參加了援助蘇聯反法西斯運動，後定居墨西哥。1963 年返回前蘇聯，在日丹諾夫和彼得堡舉辦過個人畫展。臨終時他仍在懷念哈爾濱。

　　米・阿・基奇金的學生、夫人維拉・葉梅利亞諾夫娜・庫茲涅佐娃現居俄羅斯雅羅斯拉夫爾。1929 年她與丈夫由哈爾濱移居上海，1947 年返回祖國。他們在中國生活了 27 年，作品傳各地，桃李滿天下。1989 年，庫茲涅佐娃在雅羅斯拉夫爾藝術博物館舉辦了一個別開生面的東方題材的畫展。中國名山

大川之逶迤，小橋流水之恬靜，庭院園林之雋秀，農民車夫之樸質盡入眼廉，令人留連忘返……。這些精品的作者幾乎都是哈爾濱荷花藝術學校的師生。

在不同時期，哈爾濱還僑居了一批才能卓越的俄僑美術家，如：阿‧斯捷潘諾夫、格‧戈林貝爾格、阿‧克列緬季耶夫、米‧洛巴諾夫、尤‧斯米爾諾夫、伊‧維尤諾夫等。他們中大部分是畢業於彼得堡、莫斯科或奧德薩高等美術學校的學生。正是他們和他們勤奮敬業的精神，巧不可價的才華，精彩豐富的作品使哈爾濱在西洋美術傳入中國過程中發揮了重要的作用。

首先我們要介紹的是著名的阿‧尼‧克列緬季耶夫。此人畢業於奧得薩美術學校，後又在彼得堡從師大名鼎鼎的伊‧葉‧列賓學習油畫，然後又去慕尼黑、匈牙利深造，在阿什貝教授和霍爾羅什教授指導下繪畫水平不斷提高。他在彼得堡工作生活了 20 年，作品經常發表在《涅瓦》等畫刊上。1914年後當過鄂木斯克藝術學校校長，還在符拉迪沃斯托克師範大學任過教，十月革命後來哈，創辦畫室，從事美術教育工作，培養了一批又一批美術人才。阿‧克列緬季耶夫不僅是著名的油畫家，而且是傑出的美術教育家。他畢生培養了無數的學生，其中很多人成了著名畫家。他的兒子由哈爾濱去法國深造，在馬賽美術學院畢業時榮獲過金獎。我國著名作家、翻譯家、畫家、《世界文學》原主編高莽當年就是他的學生。

據《亞洲之光》（俄文）1944 年第 2 期載，阿‧克列緬季耶夫藝術學校舉辦了一次青年美術家畫展。參展的學生有：阿‧阿貝什金娜等 8 人，其中還有兩位中國學生宋和陳（遺憾的是我們無法知道他們的全名。如果他們仍健在，也許還在爲藝術孜孜以求）。畫展展出了上百幅油畫，其中托克馬科夫的《農夫》、拉烏特曼的《失寵的貴族》、佈雷切娃的《向日葵》和阿貝什金娜的《八雜市》等貼近生活，技法高超，深受好評。

提起阿‧葉‧斯捷潘諾夫，當年的哈爾濱文化界無人不曉。他 1894 年生於莫斯科，1915 年畢業於莫斯科繪畫雕塑建築藝術學校，第一次世界大戰爆發後，在俄國軍隊當過飛行員，戰後又選擇了他所鍾愛的藝術道路。十月革命後來哈，在哈爾濱基督教青年會中學教授美術課，並在很多劇院擔任舞臺美術設計師，是有名的風景畫家和肖象畫家。他的很多作品展現了松花江金色的沙灘、城郊的田園風光，表現了對大自然的熱愛和對第二故鄉的眷戀。他所創作的《松花江中的水罐》、《陰暗的早晨》等作品栩栩如生，呼之欲出，爲他贏的了普遍的讚譽。他所設計的舞臺布景與劇中角色共鳴，令觀眾過目不忘。1941

年 1 月 2 日哈爾濱舉辦了斯捷潘諾夫從藝 25 週年個人畫展，取得了巨大成功。1955 年他回到祖國，在新西伯利亞繼續其藝術生涯，1985 年逝世。

米・米・洛巴諾夫也是哈爾濱俄僑美術家中的佼佼者。他在中國生活了 25 年，創作了上百幅畫稿。他的作品有很多反映了哈爾濱建築藝術和中國的廟宇。他畫的《極樂寺廟會》、《孔夫子廟的橋與拱門》、《道觀》等體現了他對中國傳統文化的濃厚興趣，他寫生的《四方臺林谷》、《莊稼人》等展示了他豐厚的生活底蘊。哈爾濱的畫家幾乎沒有誰沒畫過母親河松花江。洛巴諾夫的畫表現了松花江的四季，其中《乘冰爬犁》成為其獨樹一幟的名作：冰封的松花江上，淡藍色間有玫瑰色的天空透著絲絲寒意，長長的藍紫色的倒影映在冰面上，告訴人們已是薄暮時分。頭戴皮帽，身著半截皮襖，腳穿氈靴的冰爬犁主們手持長竿，耐心地等候著乘客。兩個漂亮的俄羅斯姑娘跳下爬犁，向中央大街走去……。據有關報導，米・洛巴諾夫的絕大部分作品現在美國，被收藏家收藏。

捨施明采夫也應在哈爾濱西洋美術史上佔有重要地位。他生於外貝加爾，20 年代初來到哈爾濱，1941 年移居上海，然後在巴拉圭生活 10 年，又在美國度過 14 年逝去。他的作品大多抒發了他俄羅斯風光和中國山川的熱愛。哈爾濱不同造型、風格各異的教堂也是他的畫中經常表現的內容。他畫的《岸邊的駁船》、《船塢的小橋》、《哈爾濱水災》、《市立公園之春》等作品抒發了畫家對第二故鄉的熱愛。1978 年，遵其遺囑近百幅捨施明采夫的油畫從美國運回俄羅斯，贈予庫爾干州立藝術博物館。1992 年，該博物館還舉辦過他的個人畫展。著名畫家、雕塑家戈林貝爾格 1914 年從俄國尼古拉耶夫斯克來到哈爾濱，開辦了哈爾濱第一美術學校，也教授了很多學生。

此外，還有巴諾夫、波亞內舍夫、烏尤諾夫、霍洛季洛夫、阿佐甫采娃、烏拉索維慈等一大批俄僑畫家在不同時期活躍在哈爾濱美術界，嘔心瀝血地創作，誨人不倦地育人，豐富了哈爾濱的文化生活，並在西洋美術傳入中國的過程中起了橋樑的作用。

第六節　電　影

電影是什麼時候、怎樣傳入中國的？目前國內傳統的說法是，西班牙商人雷瑪斯 1908 年在上海虹口海寧路與乍浦路口搭建的虹口大戲院為中國第一

家電影院。此結論有待商榷。史料證明，中國的第一家電影院，甚至第二家、第三家電影院均建於哈爾濱。

19 世紀末至 20 世紀初，隨著中東鐵路的修築和經營，伴著列強在我國東北的勾結和角逐，外來文化以及先進的科學技術也較早的傳入了哈爾濱。

1899 年，即俄國中東鐵路建設工程局移駐哈爾濱的第二年，哈爾濱已經出現了第一臺立式鋼琴和第一張檯球桌；1903 年，即中東鐵路全線通車的當年，哈爾濱已經擁有了 178 部電話；在老佛爺對汽車這種怪物還大爲驚詫的時候，哈爾濱的街道上已經跑著法國的雷諾廠生產的小轎車（其時速可達 25 公里），而且在某種意義上它已經成爲哈爾濱最早期的「的士」……。

據載，早在 1905 年 12 月 25 日，潘捷列依蒙・瓦西里耶維奇・科勃采夫便在哈爾濱中國大街與石頭道街（現中央大街與西十二道街）交角處猶太商人薩姆索諾維奇的一座臨街的房子內開辦了第一家電影院—「科勃采夫法國電影院」。該影院址後來開辦了倫敦惠康呢絨莊，上個世紀 80 年代曾是龍江制鞋廠試銷部，現已無存。

「科勃采夫法國電影院」可容納百名觀眾。當時的每張門票售價 5 盧布，人滿爲患時加賣的站票也要 1 盧布。每天下午四點至晚七、八點鐘連續放映三場。正常情況下，電影院日平均收入可達 500 盧布，效益相當可觀。當時的影片很短，最長的一般也不超過 15 分鐘。

潘捷列依蒙・瓦西里耶維奇・科勃采夫 1864 年出生於俄國頓河畔的羅斯托夫，在阿爾馬維爾曾有自己的照相館和小型的電影院。日俄戰爭爆發後，人到中年的他作爲隨軍攝影師來到中國東北，戰後留居哈爾濱，開辦了不僅在東北，就是在全國也是第一家的電影院。1935 年 7 月 26 日逝於哈爾濱，在哈爾濱整整生活了 30 年。潘捷列依蒙・瓦西里耶維奇・科勃采夫不僅是精明的電影院的老闆，而且還是出色的照相師和電影攝影師，他被認爲是俄國紀實影片攝影的先驅。他曾拍攝了 1907 年哈爾濱在藥鋪街（現中醫街）舉辦自行車比賽的紀錄片，記錄下了 1909 年韓國義士安重根在哈爾濱火車站刺殺伊藤博文那震驚世界的一幕，還攝製了 1910～1911 年哈爾濱鼠疫那悲慘的景象和 1911 年俄國飛行機飛抵哈爾濱的新聞。他拍攝的很多影片曾在世界各國演映。

上述記載在僞滿洲國國務院辦公廳弘宣處 1939 年出版的《弘宣半月刊》中也得到了部分印證。

潘捷列依蒙・瓦西里耶維奇・科勃采夫的兒子尼古拉・潘捷列耶維奇・

科勃采夫也稱得上是哈爾濱歷史上的名人。據有關資料記載，小科勃采夫 1900
年 7 月 30 日出生於俄國頓河畔的羅斯托夫，後隨父親來到哈爾濱，1917 年中
學畢業後回到俄國鄂木斯克大學醫學系就讀。俄國國內戰爭爆發後，於 1920
年回到哈爾濱，成爲《霞光報》的出版人和主筆，1937 年 11 月始，領導了《時
代》編輯部。1945 年後回國，1974 年逝於蘇聯。

1906 年哈爾濱又辦起了三家電影院：

「節克坦斯電影院」，位於中國大街和西商市街（又稱外國三道街，現紅霞
街）街角處。其經理人爲揚格若戈爾。我們在能夠看到的最早的哈爾濱中文
報—1916 年的《遠東報》上多處發現「節克坦斯」電影院的廣告，從中得知該
影院每月都有歐美新片《生死關頭》、《一見緣》、《女英雄》、《人財兩空》等輪
換上映。當時的影片分爲節和段，由於時間原因，每場約上演 3～4 段。若逢長
片則分幾場連續演完。每場演出前往往還加演滑稽片或新聞片。1916 年時，坐
在哈爾濱的電影院裏就能看到第一次世界大戰新聞紀錄片，令人感歎。

1906 年開辦的還有「伊留季昂電影院」，位於中國大街和商務街（現上遊
街）交角處，其經理人爲 Л・С・芬克利施捷因（從其姓氏判斷，可能是猶太
人）。該影院開業式首映時，經理人別出心裁地在樓外點燃三千支蠟燭，燭光
閃爍，映紅了門庭，蔚爲壯觀。這種創意，如此手筆，就是在今天也令人歎
爲觀止。該影院直接從柏林和巴黎購進新片，逢週一和週四輪換上映，吸引
了無數中外觀眾。

同年創辦的還有一家「進步電影院」，爲格蘭德旅館附設之電影院，位於
南崗松花江街。1911 年該影院改稱爲「格蘭德－最高紀錄」。

1908 年，在南崗新買賣街（後稱義州界、奮鬥路，現果戈里大街）上開
辦了著名的「奧連特電影院」。該影院一度曾稱爲「熱烈喝彩—幻術」，上演
著色影片。查理・卓別林的早期作品《摩登時代》、《都市之光》等新片都曾
在此上演過。1912 年 6 月在一場大火中，影院付之一炬。1913 年 2 月 2 日重
建竣工、開業，改稱爲「奧連特」。如上所述，「奧連特」在哈爾濱電影院排
行中應該算老五，可它也與號稱全國第一的上海虹口大戲院同齡呢。

當時還有一家「格蘭德電影院」，位於麵包街和馬街（現紅專街和東風街）
區間中國大街 39 號的哈因德羅夫大樓的一層（約在現華梅西餐廳的位置）。其
創建年代不詳，但其創辦時間不會晚於奧連特。該影院的經理人爲頓－奧傑羅。
與它相鄰不遠的中國大街 31 號還有一個「列諾麥（**聲望的意思**）電影院」。

　　1909 年，在中國大街道里秋林公司原址還開辦過一座「**托爾斯泰電影院**」。

　　綜上可見，從 1905 年至 1909 年間哈爾濱已先後辦起了八家電影院，其中建於 1908 年前的就有六家！這一統計還不含傅家甸（道外），也不包括鐵路俱樂部（現鐵路文化宮）、商務俱樂部（現市科學宮）、花園劇場（現兆麟公園內）等非專門性的電影院。

　　順便提及，早在 1926 年哈爾濱便已經創辦了被稱為「遠東第一家」的俄文版電影週刊《齊格雜基》（曲折的意思）。該刊專門介紹電影藝術、演員軼事、歐美影訊等內容，並附有圖片和劇照。刊物出版人和主編為 А.Ф.留巴文。

　　最後，有必要專門介紹尤里‧勃利涅爾——從哈爾濱俄僑中產生的奧斯卡影帝。

　　走在洛杉磯好萊塢的星光大道上，可以在 2000 多顆鑲有好萊塢名人姓名的星形獎章中看到這個名字——尤里‧勃利涅爾。

尤里‧勃利涅爾

　　尤里‧勃利涅爾如迷的身世——

　　尤里‧勃利涅爾，舊譯尤爾‧伯連納，這可能是最初譯製影片時從英文譯過來的並不規範、但卻約定俗成了的姓名。眾多影迷或許看過《眞假公主》，為他扮演的前沙皇侍從武官波寧出神入化的表演所傾倒，為他和英格麗‧褒

曼珠聯璧合的演繹而讚歎；或許有人知道甚至崇拜英武帥氣、眼神炯炯的尤爾·伯連納，但很少有人知道他就是尤里·勃利涅爾，而且在哈爾濱度過了他難忘的青少年。

尤里·勃利涅爾生前很少談及自己的身世，他經常會狡黠地用一些信口胡謅的謊言嘲弄那些刨根問底的八卦記者，於是，他的眞實身世變得神秘莫測，關於他的出生年代、出生地、族裔、身世也變得說法不一，撲朔迷離。1985 年尤里辭世後，他的兒子出版了一冊關於他的傳記，才讓世人得以一窺其生活的眞相。但該傳記在很多問題上仍語焉不詳，留給人們許多疑團。

據查證，尤里·勃利涅爾全名爲尤里·鮑裏索維奇·勃利涅爾（Юлий Борисович Бринер），1915 年 7 月 11 日出生於俄國薩哈林州（中國稱庫頁島），其母親瑪羅希雅·布拉格維託娃是俄國籍猶太醫生的女兒，而父親鮑里斯·勃利涅爾則是瑞士籍蒙古裔工程師兼發明家。「尤里」則是由其祖父朱利斯·勃利涅爾爲他命名的。

其家境如何不詳，但他的幼年、童年不能算過得幸福。他父親鮑里斯·勃利涅爾不知什麼原因拋棄了家庭。根據目前掌握的資料，可推定爲 1920 年尤里·勃利涅爾的母親帶著他和他姊妹薇拉·勃利涅爾搬到符拉迪沃斯托克，不久又移居中國的哈爾濱。那時的哈爾濱成了俄國人逃避國內戰爭重要的東方聚集地。到 1922 年，哈爾濱已有俄國僑民 20 餘萬人。

坐落在花園街的哈爾濱基督教青年會中學

在哈爾濱基督教青年會中學的美好時光——

勃利涅爾一家什麼時候遷居哈爾濱，家住哪裏，在哪個小學讀的書？仍無從考據。所幸我們知道尤里・勃利涅爾和他妹妹薇拉・勃利涅爾在哈爾濱基督教青年會中學就讀。據筆者推斷，他入學時間應該在 1929 年。這一年他14 歲。

哈爾濱基督教青年會中學創辦於 1925 年，地處南崗花園街。該建築初看上去有些中規中矩，立面樸素簡潔，內部卻寬敞明亮，裝飾考究。該校師資雄厚，設施一流，有自己的合唱團和樂隊、圖書館、物理和化學實驗室、多功能的大廳等。校長初爲尼基福洛夫教授，後由海閣繼任。

該中學當年之所以聞名遐邇，還因爲它的國際化和實用性特點。這裡的師生既有俄國人，又有波蘭人、猶太人、格魯吉亞人、韃靼人、捷克人、德國人，還有中國人和朝鮮人。各國籍、各民族的師生們在此和睦相處，培育了寬容豁達、與人爲善的品德。除普通課程外，學校還辦起了完全用英語教學的三年制中等專業學校，開設了文學專業、教育學專業和商務學專業。

學校還發起創辦了許多有益的課外小組，如集郵、自然、地理、博物等，其中最有影響的是「青年丘拉耶夫卡」文學小組。該小組是 1926 年由該校教師、詩人 A.A.戈雷佐夫—阿恰伊爾發起創辦的，每周舉辦兩次活動：星期五稱爲「綠燈集會」，小組成員內部朗誦和討論作品；星期二爲公開集會，舉行報告會或文藝演出。該小組後來還出版了成員作品集，創辦了《青年丘拉耶夫卡》文學報。該小組及其文學報在哈爾濱文學史上佔有重要的一席之地。

活躍的體育生活也是基督教青年會中學有很高知名度的因素之一。學校不僅有籃球隊、排球隊、體操隊，還有乒乓球隊、拳擊隊等。三樓的大廳曾是基督教青年會中學的重要活動場所。大廳內雖稱不上金碧輝煌，但也裝飾典雅，品位不凡。它既是會議廳、報告廳、又是舞廳、體育館。

聰明機靈的尤里・勃利涅爾在基督教青年會中學如饑似渴地學習，五年的學業爲他奠定了非常好的文化基底。在這裡的他不僅熟練地掌握了英語，積極參加各項文體活動，學會了與各國各民族同學友好相處，還不時地在各種晚會、舞會、運動會上出現其矯健的身影，展露出其出眾的才華。

1932 年淪陷後的哈爾濱社會動盪、民不聊生。1934 年，19 歲的尤里完成了學業，隨母親移居法國巴黎，開始了新的征程，揚起了理想的風帆。

哈爾濱基督教青年會中學經常開展體育舞蹈運動

闖蕩歐美的傳奇藝術人生——

1934 年母親帶尤里來到了嚮往已久的巴黎，不久他考入巴黎大學。在學期間他曾擔任過世界最著名的時尚攝影師喬治·普拉特萊斯的裸體模特。以他爲模特的攝影作品讓人們聯想到古希臘時期的健美的男性裸體，具有超越時空的恒久魅力。同時，他還在一家俄國人開設的夜總會裏演奏吉他。他迷人的外表、傾心的演奏、嫻熟的技巧贏得了聽眾普遍的讚譽。於是，他逐漸地在巴黎結識了一些文藝界名人，並開始在劇院客串演出，還做過蕩秋韆的馬戲演員。他矯健的身軀、高雅的氣質、靈活的跳躍令人驚呼不已。在巴黎大學就學時，幸運的尤里被麥克爾·契訶夫發現並器重，收爲學生。這位麥克爾·契訶夫是俄羅斯戲劇文學巨匠安東·巴甫洛維奇·契訶夫的侄子，卓越的戲劇大師和教師、理論家，而且以二十世紀俄國最傑出的演員之一而聞名於世。名師出高徒。1940 年，尤里被契訶夫帶到美國。二戰爆發後，由於他能流利地說幾國語言，得以順利進入「美國之音」廣播電臺工作，擔任戰時播音員。同時，他也是廣播劇演員和導演。這爲他之後從事表演事業奠定了雄厚的基礎。

1941 年尤里在美國巡演的期間學習了戲劇表演。同年他在紐約第一次登臺演出莎士比亞名劇《第十二夜》。接下來，他拍了幾部電視劇，也在百老匯

舞臺上博得了不錯的評價，還和妻子女演員維吉尼亞・吉爾摩一起出現在第一個電視談話秀節目《先生和夫人》中，並且成了一名電視劇導演。

電影音樂劇《國王和我》的演出海報

　　奧斯卡影帝的漫漫路——

　　1949 年，尤里・勃利涅爾首次出現在銀幕上，在影片《紐約碼頭》中飾演一個反派角色。兩年後他被瑪麗・馬丁推薦，出演了那部讓他永遠影史留名的作品——漢默斯蒂的音樂劇《國王與我》（瑪麗・馬丁是美國著名女歌唱家，是 40 年代與 50 年代白老匯音樂劇界一顆傳奇式的明星，是最有魅力、最具活力和最受人喜愛的表演藝術家，音樂劇《音樂之聲》女主角的扮演者）。在劇中為了扮演暹羅王拉瑪四世，他剃了光頭，這禿頭成了他一生標誌性的

造型。他在劇中表現出了驚人的情感爆發力、音樂表現力，藉此角色獲得了托尼獎。該劇連演 1246 場，久演不衰，場場爆滿。他的二重唱「我們跳個舞，好嗎」至今仍是美國音樂劇史上最令人難忘的一曲。至此，尤里‧勃利涅爾蜚聲美國劇壇。1956 年，該劇改編為電影，尤里出演影片主角，獲年度奧斯卡最佳男主角獎。同年，由於在另外兩部影片《真假公主》、《十戒》中的優秀演技，被全美電影評議會授予最佳男演員獎，進入好萊塢明星行列，在 1957 年、1958 年連續兩年被列為好萊塢十大賣座明星之一。他主演的影片《七個好漢》、《卡拉馬佐夫兄弟》、《旅程》均廣為人知。接下來的幾年裏，他以一個外國人的形象征服了好萊塢，出演了埃及法老到西部槍手的各類角色。

60 年代早期，他定居瑞士，並把許多精力用於為聯合國拍攝有關兒童難民的紀錄片。1972 年他回到美國，並與英國女演員薩曼沙‧艾嘉一起出現在電視系列劇《安娜與暹羅王》裏，5 年後《國王與我》再度風行百老匯。1979 年，《國王與我》在倫敦的重演引起了轟動。他於 1985 年回到紐約表演該劇。1985 年 6 月，他獲得了一項特別的托尼獎，以表彰他在 4525 場《國王與我》中的演出。

尤里‧勃利涅爾與英格麗‧褒曼在《真假公主》中的劇照

　　1985 年 10 月 10 日尤里‧勃利涅爾在紐約市去世，享年 70 歲，死因是吸煙引發的肺癌。1985 年 1 月，也就是死前九個月，他接受了《早安美國》訪談，其中表達了他創作禁煙商業廣告的願望，這一片段被美國癌症協會製作成商業廣告，並於其身後播出，廣告中他雙眼直視攝影機並吟誦到：「現在，我走了，我告訴你：不要吸煙，你做什麼事都好，就是不要抽煙。」，令人十分震撼。

　　尤里‧勃利涅爾葬於魯茲聖米迦勒‧德‧伯斯‧烏比修道院的墓園裏，該地靠近法國維埃納省的普瓦捷。

　　尤里走了，他曾在松花江畔留下他的足跡。

第七節　學術研究

　　黑龍江地區的俄羅斯人中有許多受過高等教育的知識分子、教授、學者，他們對中國尤其是中國東北進行了深入的研究，成果頗多。過去，筆者曾和另一學者對這一特殊群體的學術研究進行專門論述。〔註 17〕。此文係在上述成果的基礎上所作的進一步闡述。

一、主要成果

　　哈爾濱俄僑學者第一批研究中國東北的著作、文章問世於 20 世紀初，至 20 世紀中葉，共撰寫出版了相關著作幾十部、論文數十篇，內容涉及各個領域。現僅就有代表性的著作、文章分類列舉如下〔註 18〕：

　　1. 有關東北民族的著述：H.A.巴伊科夫：Охотничьи племена Северной Маньчжурии.Вестник Маньчжурии.Харбин，1934.№7.（《北滿的狩獵部落》）；A.M.巴拉諾夫：Барга.〔взаимоотношения племен，заселявших баргу，с другими племенами〕.Вестник Маньчжурии.Харбин，1925.№8～10.（《呼倫貝爾——定居於呼倫貝爾的部落與其他部落的關係》）；A.B.科勒瑪佐夫： Кочевая Барга.〔Население，религия，легенды，занятия〕.Вестник Маньчжурии.Харбин，1928.№8.（《游牧的呼倫貝爾——人口、宗教、傳說、勞作》）；A.И.洛巴金：Орочи——Сородичи Маньчжур.Харбин，1925.（《鄂倫春人——滿族人的親戚》）.

〔註 17〕黃定天，彭傳勇：《論俄（蘇）的中國東北史研究》，《史學集刊》2007 年第 3 期。
〔註 18〕這些著作有數部被譯成中文。

2. 有關東北考古的著述：В.Я.托爾瑪切夫：Древности Маньчжурии：Развалины Бэй-чэна.Харбин：〔б. и.〕，1925.（《滿洲的古代：白城遺址》）；А.蘭德津：Тангутская надпись в мукдене.Вестник Азии.Харбин，1909.№1.（《奉天的唐古特銘文》；Е.И.季托夫、В.Я.托瑪切夫：Остатки неолитической культуры близ Хайлара.〔По данным разведок 1928г.〕Харбин，1928.（《海拉爾附近新石器時代文化遺跡》）.

3. 有關東北文化的著述：Н.П.阿弗托諾莫夫：Исторический обзор харбинских коммерческих училищ за 15 лет：（26 февраля 1906г.ст.ст.-11 марта 1921г.нов.ст.）.Харбин：Тип.Китайской вост.ж.д.，1921.（《15 年來哈爾濱商業學校概述》）；Юридический факультет ОРВП в г.Харбине，1 марта 1920-1 июля 1931.Харбин：Худож.тип.，1931.（《東省特別行政區哈爾濱法政大學》）；М.К.卡瑪洛娃：История Благовещенской церкви в Харбине.Харбин，1942.（《哈爾濱教堂史》）；И.Г.巴拉諾夫：Преподавание китайского языка в русской начальной и средней школе особого района вочточных провинций.Вестник Маньчжурии.Харбин，1929.№7～8.（《東省特別行政區俄國初等和中等學校漢語的教授》）； Н.波魯莫勒德維諾夫：Монастыри чжеримского сейма северо-восточной монголии.Вестник Азии.Харбин，1912.№11～12.（《東北蒙古哲里木盟的寺廟》.

4. 有關東北政治的著述：А.В.斯比岑：Административное устройство Маньчжурии. Харбин，1909.（《滿洲的行政體制》）； И.Г.巴拉諾夫：Административное устройство Северной Маньчжурии. Вестник Маньчжурии. Харбин，1926.№11～12.（《北滿的行政體制》）； А.Я.阿夫多辛科夫：Рабочие конфликты в южной Маньчжурии в 1929г.Вестник Маньчжурии.Харбин，1930.№9.（《1929 年南滿的工人衝突》）；П.沃洛德琴柯：городские и поселковые самоуправления в полосе отчуждения китайской восточной железной дороги за 15 лет. Экономический Вестник Маньчжурии. Харбин，1923.№23～24.（《15 年來中東鐵路附屬地帶的城市和鄉村自治》）.

5. 有關東北地理、人口的著述：Н.別茲維勒欣：Маньчжурия. Географический очерк.Харбин，1915.（《滿洲地理概述》）；А.В.戈列本西科夫：В Бутху и Мэргень по р.：Нонни：（Из путешествия по Хэйлунцзянской

провинции Маньчжурии）.Харбин：Русско- Китайско- Монгольская тип."Юань-дун-бао"，1910.（《滿洲黑龍江省旅行》）和 Очерк заселение китайского Приамурья. Вестник Азии. Харбин，1911.№7.（《中國黑龍江沿岸地區人口概述》;中東鐵路經濟調查局：Карта Маньчжурии. Харбин，1925.（《滿洲地圖》和 Карта путей сообщения Маньчжурии. Харбин，1933.（《滿洲交通地圖》）.

6. 有關東北對外關係的著述：Н.什泰因菲爾德：Мы и японцы в Маньчжурии. Харбин，1913.（《我們與日本人在滿洲》）和 Русское дело в Маньчжурии. Харбин，1910.（《俄國在滿洲的事業》）；Д.Д.闊茲明：К вопросу об иностранных инвестициях в Маньчжурии. Вестник Маньчжурии. Харбин，1933.№10～11.（《關於外國在滿洲的投資問題》）；А.И.郭勒申因：Японские банки в Маньчжурии. Вестник Маньчжурии. Харбин，1934.№10.（《日本銀行在滿洲》）；Л.И.柳比莫夫：Маньчжурский экспорт за 25 лет. Вестник Маньчжурии. Харбин，1932.№6～7.（《25 年來滿洲的出口》）；И.И.多姆布羅夫斯基：Импорт в Маньчжурию из САСШ за десятилетие 1924～1934гг. Вестник Маньчжурии. Харбин，1934.№10.（《近 10 年來美國向滿洲的出口》）；Н.А.謝特金茨基：Внешняя торговля Северной Маньчжурии〔1913～1925гг〕. Вестник Маньчжурии. Харбин，1927.№2.（《1913～1925 年北滿的對外貿易》）； В.Г.希什加諾娃：Импорт Северной Маньчжурии и роль в нем россии. Вестник Маньчжурии. Харбин，1925.№5～7.（《北滿的進口及俄國在其中的作用》）.

7. 有關東北經濟的著述：П.Н.梅尼希科夫：Китайские деньги в Маньчжури. Харбин，1910.（《滿洲的中國貨幣》）；П.С.季申科：Китайская Восточная железная дорога.1903～1913гг. Харбин，1914.（《中東鐵路（1903～1913）》）；А.П.博洛班：Земледелие и хлебопромышленность Северной Маньчжурии. Харбин，1909.（《北滿的農業與糧食加工業》）和 Цицикар. Экономическое обозрение.Харбин，1909.（《齊齊哈爾經濟評論》）；Л.И.柳比莫夫：Очерки по экономике Маньчжурии.Харбин，1934.（《滿洲經濟概要》）和 Чжалайорские копи.Харбин：Типография китайской восточной железной дороги，1927.（《札賚諾爾煤礦》）；Е.Х.尼魯斯：Исторический обзор Китайской Восточной железной дороги.Том 1.Харбин，1923.（《中東鐵路沿革史》第一卷）Е.雅什諾

夫：Китайское крестьянское хозяйство Северной Маньчжурии.Харбин，1926.（《北滿的中國農業》）和 Китайская колонизация Северной Маньчжурии и её перспективы. Харбин，1928.（《中國對北滿的墾殖及其前景》）；А.Е.傑拉西莫夫：Китайские налоги в Северной Маньчжурии.Харбин，1923.（《北滿的中國稅收》）В.蘇林：Северная Маньчжурия（экономический обзор）.Харбин，1925.（《北滿洲（經濟評論）》）、Промышленность Северной Маньчжурии и Харбина. Харбин，1928.（《北滿與哈爾濱的工業》）和 Лесное дело в Маньчжурии. Харбин，1930.（《東省林業》）；Б.П.托勒加舍夫：Угольные богатства Северной Маньчжурии：（Экономическая оценка）.Харбин：Тип. Кит. Вост.жел.дор.，1928.（《北滿的煤炭：經濟評價》）；Н.А.謝特尼茨基：Очерки финансов Маньчжурии. Харбин：Тип.Кит.вост.жел.дор.，1934.（《滿洲財政概述》）；Юбилейный сборник Харбинского биржевого комитета，1907～1932. Харбин：Харбинский биржевой комитет，1934.（《哈爾濱交易委員會紀念文集》）；Б.А.伊瓦什科維齊：Маньчжурский лес. Харбин，1915.（《滿洲森林》）；А.Е.戈拉西莫夫：Китайский труд.〔Условия труда в предприятиях Северной Маньчжурии〕. Харбин，1931.（《中國勞動——北滿企業的勞動條件》）；В. А. 卡瑪羅夫：Барга. Экономический очерк. Харбин，1928.（《呼倫貝爾經濟概述》）；中東鐵路經濟調查局：Маньчжурия. Экономико- географическое описание. Харбин，1934.（《滿洲經濟地理概述》）、Справочник по С.Маньчжурии и КВжд. Харбин，1927.（《北滿與東省鐵路》）、Северная Маньчжурия и Китайская Восточная железная дорога. Харбин，1922.（《北滿與中東鐵路》）和 Очерки хлебной торговли Северной Маньчжурии. Харбин：Тип.КВЖД，1930.（《北滿糧食貿易概述》）.

8. 有關東北的綜合性著述：П.Н.梅尼希科夫：Краткий исторический очерк Маньчжурии. Харбин，1917.（《滿洲歷史簡綱》）；И.А.多布拉羅夫斯基：Хэйлунцзянская провинция Маньчжурии. Харбин：Издание Управления Военного Комиссара Хэйлунцзянской провинции，1906.（《滿洲的黑龍江省》）；В.蘇林：Маньчжурия и ее перспективы. Харбин，1930.（《滿洲及其前景》）；偽滿協和會、俄僑事務局：Великая Маньчжурская Империя к десятилетнему юбилею. Харбин，1942.（《大滿洲帝國十週年紀念文集》）；П.Н.梅尼希科夫等：Северная Маньчжурия.Хэйлунцзянская провинция.

Харбин，1918.（《北滿·黑龍江省》）和 Северная Маньчжурия. Гиринская
провинция. Харбин，1916.（《北滿·吉林省》）.

二、主要特點

　　綜觀哈爾濱俄僑研究中國東北的主要成果、方法、觀點及具體情況，筆
者認爲具有以下主要特點：

　　第一，全面性。哈爾濱俄僑之中國東北研究的覆蓋面很廣，涉及到民族、
經濟發展、語言文化、考古、對外關係、地理人口、政治狀況等多個領域，
反映了中國東北的方方面面。

　　第二，注重使用第一手資料。由於哈爾濱俄僑都有過長期生活在中國東
北的經歷，親歷目驗了中國東北所發生的情況，並對所研究的問題進行了實
地調查，因此，他們掌握了第一手資料。這爲其研究中國東北提供了有利條
件，從而使哈爾濱俄僑研究中國東北的成果具有重要的史料價值和學術價值。

　　第三，歷史與現實相結合，尤其關注現實。無論是在一部著作中，還是
在一篇論文中，這種研究模式隨處可見。俄僑學者在闡述某一問題時，首先
要敘述這個問題產生的歷史、發展過程，然後切入到現實中來，以大量篇幅
分析近年來的發展情況，闡明未來的發展前景。

　　第四，諸多領域中以經濟問題爲主。上文已述，哈爾濱俄僑研究了中國東
北的方方面面，包含了各個領域。然而，哈爾濱俄僑的中國東北研究並非沒有
側重，在諸多領域中以經濟問題爲主。這在 1981 年蘇聯科學院遠東分院歷史、
考古與民族研究所出版的《17—20 世紀滿洲史書目》中就得到了明顯印證。在
這本 300 多頁的書目中，經濟部分就佔了篇幅的一半以上，而經濟部分的三分
之二又都是哈爾濱俄僑的著述。從其出版的著作看，三分之二以上都與經濟問
題直接相關；從其發表的論文看，至少一半以上也是關於經濟問題的。〔註 19〕

　　第五，研究的科學性與實用性並存。

　　研究的科學性主要體現在觀點和具體問題的論述上。在觀點上：首先，俄
僑學者毫不隱諱地指出了中國東北對俄國的重要性，如「阿穆爾沿岸地區離開
北滿就無法存在……」「不依靠我們在遠東的唯一糧食基地——滿洲……就無

〔註 19〕История Маньчжурии XVII-XX вв.：библиографический указатель.Кн.1，
　　　　Труды по истории Маньчжурии на русском языке （1781～1975 гг.）.：
　　　　Владивосток，1981.c.94～245.

法保衛我們的太平洋領土」〔註20〕，「在修建通向恰克圖和中國其他邊境的鐵路之前，滿洲是俄國與中國貿易和結算的平衡表，是有利於俄國的唯一中國市場。」、「滿洲是阿穆爾沿岸地區十分必要不可或缺的附屬物」〔註21〕，「滿洲是俄國獲取巨大利益的市場」、「我們的阿穆爾沿岸地區在經濟上對北滿具有很大的依賴性」〔註22〕。其次，關於東北鐵路的客觀評價，如「帝國主義在滿洲的鐵路侵略，首先應指出的有兩個國家：在北滿的俄國和南滿的日本。」、「南滿鐵路——滿洲實力最強的資本主義企業——是日本在滿洲侵略的基地」〔註23〕，「中東鐵路的鋪設不僅把滿洲內部各個區域聯繫在一起，而且也加強了滿洲與外界的聯繫。鐵路使大量移民來到了滿洲，並把移民的勞動產品運到外部市場。北滿因此開始快速地成為人煙稠密和富庶的地區。」〔註24〕在具體問題的論述上：俄僑學者通常根據事物的發展規律，科學劃分了某一問題的歷史分期及闡述其發展過程。以中東鐵路的商業運營問題為例，俄僑學者把中東鐵路商業運營過程劃分了五個時期：開始運營—短暫中斷—恢復正常運營時期（1903～1907）、一戰前的正常運營時期（1908～1913）、戰時運營時期（1914～1920）、俄亞銀行與中國協議共管時期（1921～1924）、中蘇共管時期（1924～1927）。在科學劃分歷史發展階段後，俄僑學者對每一個階段鐵路的貨物周轉、商業活動及財政狀況進行了詳細的闡述。〔註25〕

實用性主要體現在提出有利於維護俄國利益的對策、建議，以及開展研究是為了進一步推動俄國在東北的活動等等。上文已提到，鮑洛班在《滿洲的未來》一文中指出了俄國阿穆爾沿岸地區在經濟上對中國東北存在很大依賴性問題，但同時也提出了消除俄國阿穆爾沿岸地區對中國東北經濟依附的建議，即「將來大力發展本國的農業」〔註26〕。同樣，以中東鐵路管理局對

〔註20〕 Штейнфельд Н. Мы и японцы в Маньчжурии：.Харбин：тип. "Труд".1913.c.5.

〔註21〕 Штейнфельд Н. Русское дело в Маньчжурии：с 17 века до наших дней. Харбин：Рус.-кит.-монгол.тип.газ. "Юань-дун-бао".Харбин，1910. c.75、100.

〔註22〕 Болобан А. Будущее Маньчжурии.Вестник Азии.Харбин，Т.9.1911.c.139.

〔註23〕 С.Н.Зернов Железные дороги Маньчжурии.Вестник Маньчжурии.Харбин，1931.№1. c.15.

〔註24〕 В.Сурин. Маньчжурия и ее перспективы.Харбин，1930.c.14.

〔註25〕 Экономическое бюро КВЖД.Краткий обзор работы КВжд и крвя.Харбин：тип.КВЖД.1928／1929 c.11～12、12～38、83～99、100～106.

〔註26〕 Болобан А. Будущее Маньчжурии.Вестник Азии.Харбин，Т.9.1911.c.138.

中國東北的研究爲例，爲了推動鐵路運輸工作，首要的是瞭解東北的經濟狀況，因此，中東鐵路管理局不僅派遣代表對中國東北進行調查、出版調研報告，而且還專門成立經濟調查局對東北經濟進行統計研究。〔註27〕

　　最後，研究是有組織進行的。早在1908年，俄僑就在哈爾濱成立了俄國皇家東方學會哈爾濱分會，並於1909年公開發行了以研究中國問題爲主的機關刊物《亞細亞時報》；1912年，成立了滿洲農業協會、滿洲畜牧業協會，次年又公開發行了專門研究東北農業、畜牧業的刊物《北滿農業》；1922年，又成立了東省文物研究會，發行了專門研究考古等問題的刊物《東省文物研究會雜誌》。而中東鐵路管理局在俄僑中國學發展上更是大力推進，在20世紀20年代以前，除幫助其他研究機構開展研究活動，其商務代表也多次在我國邊疆地區進行實地調查，並撰寫調研報告出版；在20年代，中東鐵路管理局又專門成立了經濟調查局，除了出版關於中國經濟問題的著作，還公開發行了《滿洲經濟通訊》、《東省雜誌》、《經濟半月刊》，發表關於中國經濟問題的文章等等。正是由於俄僑的有序組織活動，哈爾濱俄僑中國學之厚重、充實也就不言而喻了。

三、歷史貢獻

　　哈爾濱俄僑的中國東北研究儘管只走過了短短半個世紀，但其歷史貢獻不容忽視，主要體現在以下三個方面：

　　首先，俄僑作爲研究中國東北的主體，在俄羅斯中國學史上留下濃墨重彩的一頁。

　　俄羅斯中國學從產生起，至今已有三百多年的歷史。從其研究內容看，中國東北研究是俄羅斯中國學的重要組成部分。〔註28〕因地緣因素，俄羅斯中國學家一直把它作爲潛心研究的重要對象。從其研究主體看，呈現出多元化的特點，外交官、軍官、傳教士團成員、旅行家、僑民、職業中國學家構成了其研究主體，對推動俄羅斯的中國東北研究做出了不可磨滅的貢獻。其中，哈爾濱俄僑更是一個特殊研究群體，其特殊性表現在以下兩個方面：他們長期生活在哈爾濱等地，親身經歷了中國東北所發生的重大事件；他們之

〔註27〕 Мелихов Г.В. Российская эмиграция в Китае（1917～1924 гг.）.-М.：
　　　　 Институт российской истории РАН，1997. c.140.

〔註28〕 見 Скачков П.Е. Очерки истории русского китаеведения.М.：Наука，1977.

中有許多受過高等教育的知識分子、教授和學者。

正是由於哈爾濱俄僑的特殊性，他們研究中國東北的著述才顯得備有價值。在這點上，早在 20 世紀 80 年代，俄羅斯學者就給予科學的評價：「E.E.雅什諾夫、А.П.鮑洛班、П.Н.梅尼希科夫及其他哈爾濱俄國東方學家研究滿洲史的著述在學術界得到了普遍認可」〔註29〕。從俄羅斯學者的評價中可看出，首先哈爾濱俄僑不僅推動了俄羅斯的中國東北研究，而且爲俄羅斯中國學的發展也起到了推動作用；其次哈爾濱俄僑研究中國東北的成果也爲後來俄羅斯學者進一步的中國東北研究留下了寶貴資料。

其次，俄僑的中國東北研究加深了俄國對中國東北的認識、瞭解，爲俄國在中國東北、整個東北亞的擴張提供了詳盡的情報。

從 17 世紀上半葉起，隨著俄國對中國東北的侵略，俄國開始了與中國東北的直接接觸，進而開始了對中國東北的認識、瞭解。但在 19 世紀中葉前的很長時間裏，俄國人（特別是俄國官方）對中國東北的認識、瞭解基本上還處於模糊朦朧階段。19 世紀中葉以後，爲了滿足進一步侵佔中國東北領土的需要，俄國政府除動用軍隊進行武裝偵察外，還支持一批官員（穆拉維耶夫）〔註30〕和學者（瓦西里耶夫等）〔註31〕以「考察」名義深入到黑龍江、烏蘇里江沿岸地區，收集整理各種關於中國東北的相關資料。可以說，經過「偵查」和「考察」，俄國掌握了大量資料。這不僅爲俄國通過《璦琿條約》、《北京條約》割占中國東北 100 多萬平方公里的土地提供了理論支撐，而且也使俄國對中國東北的認識、瞭解擺脫了模糊朦朧階段，開始進入了初步瞭解階段。此後，通過實踐上的交往，無論是俄國政府，還是俄國學者都認爲，中國東北對俄國具有不可替代的作用（無論是戰略上，還是經濟貿易上）。

〔註29〕 История Маньчжурии XVII～XX вв. : библиографический указатель. Кн.1，Труды по истории Маньчжурии на русском языке（1781～1975 гг.）. : Владивосток，1981.c.5.

〔註30〕 在 19 世紀 50 年代，東西伯利亞總督穆拉維耶夫親自領導成立了「俄國皇家地理協會西伯利亞分會」，曾於 1854 年率領船隊強行駛入當時屬於中國內河的黑龍江，在雅克薩城進行「考察」，對當地進行考古「發掘」。

〔註31〕 俄國科學院院士、俄國駐北京傳教士團第十二屆學員、著名漢學家，1857 年將含有大量東北地理資料的《盛京通志》從漢語譯爲俄文，名爲《滿洲志》，在聖彼得堡出版。

　　正因如此，19 世紀末 20 世紀初，在帝國主義瓜分世界的狂潮中，俄國衝鋒在前，把中國東北納入爲自己的勢力範圍。隨著俄國攫取中東鐵路修築權及其在中國東北的修築、運營，大批俄僑湧入中國東北尤其是哈爾濱，並且長期定居於此。這爲俄國深入認識、瞭解中國東北提供了有利條件。哈爾濱俄僑之中不乏許多學者、教授、知識分子，親歷目驗了中國東北的自然地理、風土人情、民族風貌、政治經濟狀況等等。上述方方面面都成爲了俄僑學者筆下的研究對象。

　　最後，俄僑的研究成果對我國學者深入研究中國東北提供了寶貴的資料。一方面，它們佐證了中文資料；另一方面它們彌補了中文資料的不足。所以，俄僑的學術成果對於我們研究中國東北、尤其是 1931 年以前的中國東北極爲珍貴。

第八節　俄羅斯人的出版物

　　報刊是大眾傳播的重要媒介，哈爾濱現代報刊業的興起是隨著中東鐵路的修築而發生發展起來的。僅就我國東北地區來說，哈爾濱的現代報刊發行應該說是最早的。隨著哈爾濱的開埠通商和經濟社會發展、各國勢力滲透及僑民增加，代表各自利益與政治傾向的各類報刊創辦日多。官辦的、民辦的、黨派辦的、個人與團體辦的，政治的、經濟的、文化的、民族與宗教的，中文的、俄文的、日文的、英文與波蘭文的林林總總，不一而足。至於 20 世紀 20 年代哈爾濱到底有多少外文報紙刊物，眾說紛紜，較爲權威的是 M.秋寧所編的《1927年前哈爾濱俄文和其他歐洲文字報刊目錄》，它如此記載：1927 年以前哈爾濱共發行 151 種報紙和 161 種雜誌，其中 102 種報紙和 142 種雜誌爲俄文。

一、俄文報刊

　　哈爾濱的俄文報紙是中東鐵路修築後開始出現並逐步發展起來的。1901年 8 月 14 日，《哈爾濱每日電訊廣告報》創刊，辦報人 Л·В·羅文斯基。該報是哈爾濱的第一張報紙，也是繼 1899 年旅順俄文《新境報》之後出現在我國東北的第二張報紙。羅文斯基生卒年不詳，只知他還與人辦有俄文《滿洲報》與《年輕的俄羅斯》，是俄國社會革命黨黨員，並與其姐姐一道積極參加該組織在哈爾濱進行的革命活動。1908 年 8 月因其活動暴露被捕，判刑後情

況不詳。

　　日俄戰爭後，俄國勢力龜縮北滿，過去在旅順的俄人報館也遷入哈爾濱繼續辦報發行，哈爾濱於是成為我國東北地區乃至全國俄文報紙出版發行的集中之地。俄國十月革命後，哈爾濱成為沙俄殘餘勢力與蘇俄工兵蘇維埃爭奪的一塊「飛地」，一些被稱為「紅黨」、宣傳革命的報紙與數量更多的、主張君主立憲的白俄報紙紛紛問世，20 世紀 20 年代新聞媒體的「紅白之爭」構成了哈爾濱報業的突出特點。由於中國地方政府嚴防蘇俄的革命輸出，故對「紅黨」報紙實行嚴格的限制與查封，因而白俄思潮一度佔有較大優勢。1920年下半年，瞿秋白赴蘇考察途經哈爾濱，曾對紛繁龐雜的俄文報業作了如下描述：「那一天我從前進報館出來到七道街江蘇小飯館吃了飯，沿著俄國人所謂中國大街回家，已是傍晚時分。走近一家俄國報館，看見許多中國賣報的，領著報後爭先恐後地到中國大街去搶生意做——搶著跑著，口裏亂喘，腳下跌滑也顧不得，逢著路人，喘吁吁叫著：買『Novoctizizni』《生活新聞報》呵！買『Vperiod』《前進報》呵！買『Zarya』《柴拉報》！買『Russky Golos』《俄國之聲報》呵！——為的是生活競爭。」〔註32〕

　　1901 年後的半個世紀裏，主要在二、三十年代，俄人在哈爾濱相繼出版俄文報紙約 150 餘種，下面依史料記載，揀其要者作一介紹。

1、《哈爾濱公報》（Харбинский Вестник）

　　1903 年 6 月 23 日俄文《哈爾濱公報》創刊，該報是由中東鐵路商務處主辦，商務處的負責人 К‧П‧拉札列夫是報紙的總編輯。報紙的主旨為「推進俄中兩國商業交流」，每周出刊 3 次，其餘時間向用戶提供商業電訊稿。1906年該報與中東鐵路商務處脫離，成為「獨立的工商社會性日報」，年均出刊 300期左右。隨著《哈爾濱公報》影響的日益擴大，報導內容亦不斷增多，1908年以後成為工商、經濟、文學和社會生活、新聞報導的綜合性報紙，並發表聲明重申該報以「著重對遠東的貿易、經濟和政治關係進行考察，致力於報導滿洲、俄國阿穆爾河沿岸和遠東各國俄國僑民的工商活動，特別注意遠東各鄰國的政治事件，並設立「小說專欄」等。1917 年俄國二月革命後，《哈爾濱公報》因其總編輯易人曾一度停刊。十月革命後，哈爾濱俄國工兵蘇維埃成立，為了適應這一新形勢，該報更名為《鐵路員工報》（Железнодорожник）

〔註32〕 《瞿秋白文集》，人民出版社，1954 年版，第 1 卷，第 54 頁。

復刊。但當帝國主義列強出兵西伯利亞之時，該報立即改弦更張再次易名爲《滿洲新聞》（Вестник Маньчжурии），在總編輯 И・А・多布羅洛夫斯基的領導下充當沙俄殘餘勢力反蘇的輿論工具，當時白匪政權的許多文告都是通過該報公佈的。1920 年後《滿洲新聞》終刊，總編輯 И・А・多布羅洛夫斯基感到前途無望，自殺於其寓所。

2、新生活報》（Новая жизнь）

《新生活報》於 1907 年 11 月 1 日在哈爾濱創刊，它是由同年初創辦的《東方通訊》（Вестик Востока）與《九級浪》（Девятый Валь）合併後出版的新報，其主辦者亦由原《九級浪》的負責人 З・M・克里奧林和原《東方通訊》的負責人 С・Р・捷爾尼亞夫斯基、Г・О・勃羅茲米爾列爾共同主持，由《新生活報》出版公司負責出版發行。1914 年 7 月該報更名爲《生活新聞》，但人們仍習慣地稱其爲《新生活報》。《新生活報》在創刊初期，即在「俄國通商大埠以及歐亞、日本長崎、北京、上海、天津、牛莊、漢城、南滿、西伯利亞等處，皆有訪員」，同時還聘請一些「大手筆」爲其撰寫時事評論。報紙內容「皆關於政治、經濟、學術」，每星期必出畫報。由於其在世界許多地方設有「訪員」，尤以消息靈通、準確見長。1917 年俄國十月革命後，該報開始逐漸傾向蘇俄，「報導內容實行與俄國布爾什維克相接近的立場」。20 世紀 20 年代，東北地方當局經常限制該報的出版，並以「登載傾向蘇聯，信仰共產之文字」、「妨害治安」爲名，多次對其實施短期停刊的處罰。1929 年「中東路事件」後，《生活新聞》被迫終刊。

3、《外阿穆爾人之餘》（Досуги Заамурча，亦稱《外阿穆爾人消閒報》）

《外阿穆爾人之餘》由哈爾濱社會革命黨地下軍事組織創刊於 1908 年 2 月 17 日，爲不定期報紙。該報在 1～4 期裏用二種形式印發，一種是軍事組織的，另一種是社會革命黨團體的。當《外阿穆爾人之餘》出至第 5 期時（1908 年 8 月），社會革命黨軍事組織成員任職於外阿穆爾軍區司令部的一個司書向其長官告密，使哈爾濱社會革命黨組織遭到嚴重破壞，報紙亦就此停刊。

4、《前進報》（Вперёд）

《前進報》由中東鐵路俄國職工聯合會創刊於 1920 年 2 月，報紙負責人係該會領導人果爾察郭夫斯基。中東鐵路俄國職工聯合會有 50 多個團體，共

有 1.5 萬會員，《前進報》是它的機關報。《前進報》宣傳「民主革命」、「工人做主人」的思想，與在哈爾濱的沙俄殘餘勢力爭奪輿論陣地。1920 年 11 月下旬，瞿秋白赴莫斯科在哈爾濱停留時，曾寫過：哈爾濱的俄國「舊黨機關報如《俄聲》及謝米諾夫派報館《光明》專和新黨機關報《前進》作對，差不多天天打筆墨官司」。同時，瞿秋白還記載了他與果爾察郭夫斯基的談話內容，果爾察郭夫斯基向瞿秋白「常常發出一種疑問，俄國勞動人民對於中國國民未嘗有絲毫的惡意，白黨在哈爾濱勾結日本人暗殺新黨的領袖，不但擾亂治安，而且他們一旦得勢，全滿洲都會成為日本的殖民地，我們同是東方被壓迫的民族，何以中國政府不知道果斷實行，還是這樣優容舊黨、養癰遺患呢！」〔註 33〕從瞿秋白的記載中可見《前進報》的辦報宗旨，亦正因此東省特別行政區特警處以宣揚過激為名，於 1921 年 4 月 18 日逮捕了《前進報》的部分人員，使其被迫終刊，前後計出刊 370 期。

5、《俄聲報》（Русский Голос，亦譯《俄國之聲報》，音譯《盧司吉格洛斯報》）

《俄聲報》於 1920 年 7 月在哈爾濱道里外國七道街創刊，總編輯 С‧В‧沃斯特羅金原是金礦主，曾任沙俄國會的兩屆議員，流亡哈爾濱後創辦了該報。在其報社內設有政治、經濟、社會各部，幾乎全部任用昔日的公爵、教授等為部門負責人。《俄聲報》在觀點上親日反蘇反共，幻想著依靠帝國主義列強的武裝干涉推翻蘇維埃政權。報紙上經常製造出反蘇言論，並以此來挑撥中蘇關係。如 1922 年 12 月，蘇聯在哈爾濱設立了外交代表處，該報專闢欄目，捏造種種蘇聯政府侵佔中東鐵路的新聞。1923 年 8 月 13 日蘇聯全權代表加拉罕抵哈，《俄聲報》15 日便載文辱加氏為「瘋狗」，並譏諷挑唆我國當局，為此東省特別區特警處傳訊其主筆並處以 30 元罰金。由於一度哈爾濱所處的社會環境是以沙俄殘餘勢力為主，該報的出版發行迎合了大部分流亡俄僑的心理需求，故其創刊後發行量即達到 1500 至 2000 份，不久又迅速增加到 2500 至 3000 份左右。但隨著中東鐵路的中蘇共管，停發了過去由路局給該報的津貼。1925 年底《俄聲報》館與印刷廠方面因債務引起法律訴訟，1926 年初報館聲明：「特區政治狀況現已變動，本報已無發刊之可能，故自元月三十一日停止發刊」。

〔註33〕瞿秋白：《餓鄉紀程》，人民文學出版社，1959 年版，第 36 頁。

6、《霞光報》（Заря）

《霞光報》於 1920 年 4 月 15 日在哈爾濱道里中國大街創刊，創辦人為 М・С・列姆比奇，是一份在哈爾濱出版時間較長、社會影響較大的報紙。列姆比奇在俄國國內時即在《霞光報》當記者，曾在「一戰」中多次隨軍採訪，寫出一些令讀者「擊節「的通訊報導。移居哈爾濱後仍以「霞光」之名開辦報館，並聘用畢業於聖彼得堡大學也從事記者專業的 Г・Н・什布科夫為報社主編。對於該報，我國著名的新聞學家戈公振在其《中國報學史》中寫道：「意譯《霞報》，每日發行二次，晨刊名曰《朝霞》，夕刊名曰《晚霞》。昔在哈爾濱最占勢力，在上海亦設有分館。今日白俄雖失勢，但以其消息靈通，議論精闢，故仍為俄人所愛讀……上海《霞報》為哈爾濱《霞報》之分支，亦以反對該國政府為事。」實際上，列姆比奇與什布科夫都是無黨派人士，他們反對俄國十月革命，與報紙創辦時白俄謝苗諾夫將軍給予 3 萬元的資助不無關係，故使其時有反蘇文章見諸報端。雖然該報堅持親日反蘇的辦報方針，但以此卻不能維繫生存，所以其刊登的多數文章還是儘量做到淡化政治色彩，以普通市民為對象，內容通俗，接近讀者生活。其夕刊以婦女、兒童、家庭生活為主，趣味性較濃，使之成為哈爾濱左翼黨人也愛讀的一份報紙，1925 年該報發行量達 7500 份。1932 年哈爾濱淪陷後，列姆比奇病逝，由俄籍猶太人 Е・С・高福曼主持《霞光報》，什布科夫繼續任主編。高福曼通過「選美」活動、向訂戶發儲蓄彩票等方法招徠讀者，使 1934 年的發行量攀升至 8000 餘份。但更為主要的是其骨幹人員投靠日偽，所以能幾次通過報業「整頓」得以維繫。如原中東鐵路經濟調查局局長，曾出任高爾察克政府財政部長的 М・И・米哈伊洛夫，便是《霞光報》的骨幹採編人員。該報在日偽收買中東鐵路、鼓吹「東亞共榮」、「反蘇親日」等方面十分賣力，因而其在 1942 年後仍能出刊發行，是除日本人主辦的《哈爾濱時報》外惟一的俄文報紙。

7、《傳聞報》（Рупор，亦譯《喉舌報》、音譯《魯波爾報》）

《傳聞報》於 1920 年 10 月在哈爾濱創刊，每期 4 大版，發行量在 1000 至 2000 份之間，主編為俄籍猶太人 Е・С・高福曼。社址在道里九道街與《霞光報》同在一所樓內，並使用同一印刷廠出刊，但政治傾向比《霞光報》更為鮮明，滿鐵情報機關曾將其稱為《霞光報》的別動隊。1930 年《傳聞報》社工作人員達 34 人，發行量亦有 5000 餘份，讀者多是俄僑婦女。為了進一步擴大發行，該報同《霞光報》一樣使用「選美」、「抽彩」手段吸引訂戶。

哈爾濱淪陷後，該報成為哈爾濱猶太人復興會的機關報，1938 年在日偽的報業「整頓」中停刊。

8、《論壇報》（Трибуна，音譯《特里布那報》）

《論壇報》於 1922 年 8 月 16 日在哈爾濱創刊，是中東鐵路俄國職工聯合會在《前進報》終刊後主辦的又一份報紙。在辦報 2 年多的時間裏，先後擔任總編輯的有 A・切秋林、И・Н・多姆布羅夫斯基、И・И・拉夫巴赫、В・Л・費得洛夫等人。該報初始時發行 800 份，後來升至 7000 餘份，是當時哈爾濱俄文刊物中一家「銷行極暢旺的報紙」，讀者基本上為蘇聯僑民，其中多數是中東鐵路員工。由於《論壇報》的宣傳宗旨是「民主大同」、「工人階級團結起來」等思想，被當時蘇聯駐哈爾濱總領事館總領事格蘭德稱為「代表蘇聯人民民意及力謀蘇中兩國親善之報館」。因此該報館也多次受到中國地方當局的處罰，1924 年的 5 至 9 月間被以「侵害宗教自由，偏袒鐵路員工與侮辱他人名譽，極力傳播過激主義等罪名，「被告誡三次，處罰二次，轉送法院一次」。1925 年 4 月 22 日，《論壇報》以中蘇關係為題，揭露「哈埠要人不乏與前俄帝制餘孽親善，藉保護政治犯之名，祖護白俄」。特別是在文章中點到新任中東鐵路中方督辦呂榮寰的名字，說他「利用其地位偏袒白俄」，結果使中國地方當局大為惱火。東省特別區特警處以「誹謗我中國三省官憲」，「任便登載過激主義之詞，如打倒資本家、戰勝資本主義，均成共產國」，「此種傳聞，最足驚訛中外人民之視聽」，「尤易危及治安」等種種名目，於 4 月 27 日宣佈該報「自明日起不應再行出版」。在對該報查封過程中，還將由《論壇報》人員編輯出版的《遠東生活報》（Дальневосточияя жизнь）查封。事後雖經蘇方多次抗議，但報紙終未得復刊。

9、《風聞報》（Молва，音譯《莫爾瓦報》）

《風聞報》於 1924 年 8 月 11 日在哈爾濱創刊，總編輯是原在《論壇報》的才華記者 Н・П・涅奇金。報紙初創時為週刊，1925 年改為 4 版日報，每期發行 900 餘份。該報抨擊哈爾濱的沙俄殘餘勢力，宣傳共產主義大同理想，是 1926 年以後「紅黨」在哈爾濱僅存的一份報紙。白俄《霞光報》、《傳聞報》等一直將其作為攻擊對象，東省特別區特警處亦經常光顧予以特別「關照」。1928 年 12 月 9 日，哈爾濱俄僑與電車司機發生衝突，一些俄僑為此進行抗議並以罷乘相威脅。《風聞報》發表評論說：司乘衝突主要原因是白俄

蔑視華人，視華人爲下等民族，並抨擊了白俄的罷乘行爲。《風聞報》亦遭到白俄媒體的攻擊，說其「鼓吹赤化而惑眾」，「赤黨藉此挑撥白俄與中國當局及華人發生惡感」等。1929 年「中東路事件」後，《風聞報》被東省特別區特警處查封。

10、《回聲報》（Эхо，音譯《愛赫報》）

《回聲報》於 1925 年 5 月 6 日在哈爾濱創刊。初始時爲晚報，自第 10 期起改爲日報，每日 8 版，發行量達 6000 餘份，主編爲 P・里特曼。戈公振在其《中國報學史》中記述該報爲「屬於紅黨，爲俄政府在東三省之機關報。注意俄人在東三省之生活，宣傳共產，不遺餘力。凡中東鐵路職員之隸白黨者，一律送閱不取費，以轉移其意志。」其中「不遺餘力，宣傳共產」是對該報眞實的評價，在其 1925 年 9 月 11 日刊登的一篇名爲《中國民眾的眞正敵人是誰》的文章中，明確指出是帝國主義列強和地主、軍閥及資本家。爲紀念俄國十月革命 8 週年，1925 年 11 月 7 日的《回聲報》增至 12 版，在其頭版上「繪以俄國工人高舉紅旗，後面各國工人隨旗前進」，紅旗上還寫著「全世界無產者聯合起來！蘇聯工人首先與中國工人聯合！」另有文字說：「友黨與我前進，若狗若豬行將就斃之資本主義，無論如何不能阻擋我們前進」等。爲此，東省特別區特警處曾多次提出警告並予以罰款懲戒。1926 年 11 月初，《回聲報》載文紀念十月革命 9 週年，特警處先勒令其停刊，繼之又以「宣傳赤化，違犯報例」的名義，將其查封。

上述所介紹在哈爾濱出版的俄文報紙，還不及其總數的十分之一。特別是在俄國十月革命後至哈爾濱淪陷的 10 餘年時間裏，各派勢力代表的俄文報紙「旋出旋停」，如同走馬燈般令人眼花繚亂。下面是根據史料整理出該時段在哈爾濱出版的俄文報紙一覽表〔註34〕，以饗讀者及供學界參考。

報紙名稱	期　刊	創刊年月	停刊年月	主辦者	說　明
哈爾濱每日電訊廣告報	日	1901.8.14	1906.11.28	羅文斯基	中斷二年
哈爾濱新聞	週三／日	1903.6.10	1917.12	拉札列夫	
新境報	日	1905	1912.1	阿爾捷米耶夫	
滿洲報		1905.12.4		羅文斯基	

〔註34〕黑龍江日報社新聞志編輯室：《新聞史料》，第 4 輯。

哈爾濱報	日	1906.1.22	1909.9	韋貝爾	
年輕的俄羅斯		1906.2	1906.4	羅文斯基	
軍事生活報		1906		俄國滿洲部隊後方司令部	
東方通訊		1907.1.27	1908.1	列文齊格列爾	
九級浪		1907.8.1	1908.1	克列奧林	
滿洲之聲		1907		普洛夫斯基	
思想報		1907.12	1908.2	阿列非耶夫	
黎明報		1908.2	1908.4	阿列非耶夫	
新生活報		1908.11		克列奧林、列文齊格列爾	
通報		1910	1911.3.12	哈爾濱抗鼠疫總局	小報
哈爾濱工商報	周	1910.3.13	1935	哈爾濱交易所	
滿洲報		1911		富謝	
北滿日報	日	1911		富謝	
東方報		1912.1	1913	帕列季卡	
哈爾濱廣告報	日	1912	1912.11.3	瓦西里耶夫	免費
哈爾濱日報	日	1913	1914.11	科特洛夫、謝洛科夫	約19期
時代新聞報	日	1914.9		安圖非耶夫	
生活新聞	日	1914	1929.6.18	克列奧林、列文齊格列爾	
遠東戈比報	日	1915		莫斯科維奇	
學生之友		1917.3.4		安德列斯	
通報	周	1917.5.1		哈爾濱市執行委員會	
勞動之聲	日	1917.5.1	1917.12.13	俄工人士兵代表委員會	
公報		1917.11		俄人民自由派哈分部	
鐵路員工報	日	1917.12		多布洛羅夫斯基	
學生之聲	周	1917		學生聯盟	

滿洲新聞	日	1918.1.1		多布洛羅夫斯基	
勞動之路	日	1918.7.14		齊漢斯基	
晚報	日	1918.7.19		科爾帕克奇	
滿洲報	日	1918.9.15	1919.3.12	羅文斯基	
口號報	日	1918.2	1918.11.21	奧爾洛夫斯基	
我們的時代		1918		凱琳	
世界報	日	1919.3.5		薩托夫斯基、勒熱夫斯基	
光明報	日	1919.3.5	1924.1	謝苗諾夫派辦	
公務小報	日	1919.7.8		蘇哈諾夫	
哈爾濱—辛布		1919	1919.4.15		
前進報	日	1920.3.21	1921.6.5	中東鐵路職工聯合會	
實事話語報	周	1920.3.23	1920.3.27	米海爾松	由伯力遷哈
霞光報	日	1920.4.15	1935	列姆比奇	
西伯利亞生活報		1920.5	1920.6		
俄國之聲	日	1920.7.1	1926.6.30	沃斯特羅金	
星期一報	周	1920.8.30	1921.7.4	薩托夫斯基、勒熱夫斯基	
軍事思想報	周	1920.9		《黎明》報社出版	
今日報	晚	1920.11.7	1921.1	瓦西里耶夫	
商務電報	周	1920.12.20	1926.8.2	奇里金	
函授班廣告報	日	1920	1922.11.1	巴拉諾夫	
晚間生活新聞	日	1921.3	1921.8	巴里索夫	
處女地	日	1921.4.10	1921.10.20	庫茲涅佐夫	
哈爾濱劇院評論	日	1921.5.24		里特曼	共 85 期
人民友誼報	日	1921.6.2	1921.8.4	《國際協報》社辦	
俄羅斯報	日	1921.6.14	1922.7.5	斯米爾諾夫	
婚姻報		1921.7	1921.8		

山隘報		1921.8		中東路共青團機關報	
世界報	日	1921	1922.11	奧卡瓦拉	
傳聲報	晚	1921.10.10	1938.2.10	高福曼	
故鄉報	週二	1921.11.2	1921.11.27	庫茲涅佐夫	
德爾.魏捷爾.米茲拉赫		1921.12.2	1922.10.6	比爾曼	
黨外之聲	週二	1922.2.23	1923	庫茲涅佐夫	
南方社會主義革命者報	日	1922.3.12	1922.4.19	全西伯利亞青年社會主義革命者機關報	
俄羅斯真理報	日	1922.4.24		布達科夫	
遠東時節報	日	1922.4.30	1922.8.6		
通報		1922.6.7		中東鐵路工人聯合會	
哈爾濱日報	日	1922.7.12		《俄羅斯報》辦	
我們的黎明	晚	1922.8.10	1922.12.30	庫茲涅佐夫	
論壇報	日	1922.8.16	1925.4.26	切秋林	
公報		1922.9		庫欽斯基	
遙遠的邊疆	日	1922.9.25	1923.1.8	班捷列耶夫	由伯力遷哈
大學生		1922.11.12	1924.3.16	德米特里耶夫	
商業通報	日	1922.12.7		哈爾濱中央商業諮詢事務所	1923年前免費
戈比報	晚	1922	1923.12.31	札盧德斯基	
羅斯報	日	1923.1.1		加里亞耶夫	
科學院生活報		1923.2		政法大學與高等醫護學校聯辦	

戈比報	日	1923.3.27	1926.8.6	奇里金	
事務鍾	日	1923.5		洛普斯	廣告報
道路報	日	1923.7.1			
經濟公報	周	1923.7.23	1923.10.17	西莫諾夫	
晨報	日	1923.8.17		卡紹斯基	
哈爾濱劇院生活	日	1923.9.1	1923.12.7		
婦女報	日	1923.9.11	1923.9.27	加爾基娜	
語言報	日	1923.4.10	1925.6.19	西莫諾	
晚霞報	日	1923.4.10	1925.7.22	列姆比奇	
殘廢人報	周	1924.3.14	1924.9.21	里亞比寧	
哈爾濱晚報	晚	1924.4.24	1935		
音樂會節目單		1924.5.31	1926.8.31	斯盧茨基	每年夏季辦
西伯利亞	晚	1924.6.25	1924.10.6	阿德祖瑪	
傳聞	周/日	1924.8.11	1929.1.5	涅奇金	
哈爾濱郵局	日	1924.10.7	1924.12.30	里特曼	
婚姻報	周	1923.10.31	1925.6.15	格里戈連科	
猶太生活報	周	1925.1.4	1935	考夫曼	
哈爾濱公報	晚	1925.1.23	1925.3.15	里亞比寧	
東方報	日	1925.3.17	1925.11.3	奧卡瓦拉	
遠東生活報	日	1925.4.28		瓦茲涅先斯基	僅1期
工人通報		1925.4			
新東方報	日	1925.5.1		戈洛別茨	
回聲報	日	1925.6	1926.11.11	里特曼	報紙式雜誌
遠東報		1925.9.7	1925.11.23	奧切列金	
滿洲俄中報		1925.12.10		奧切列金	僅1期

俄國語言報	日	1926.1.31	1935.9.22	斯帕斯基	
哈爾濱商務郵報	周	1926.10.4	1931.5.1	弗利特	英俄文
哈爾濱公報	日	1926.12.7	1935		
廣告		1927.1.1		布依維德	免費
醫學週報	周	1927.5.10	1931.10.31	米格吉索夫	
電影專刊	畫／日	1927.10.1	1928.5.6	維謝洛夫斯基	
晚報	日	1927.10.22	1927.12.22		
過去的夜晚	周	1928.1.16		《哈爾濱公報》出版	
技術、工業和商業報	周	1928.3.25	1929.12.22	《哈爾濱公報》附刊	
滿洲農業報	周	1929.11.30	1930	《哈爾濱公報》附刊	
哈爾濱傳令官	日	1930.1.1	1935.5.10	列姆克斯—西姆普松	英俄文
哈爾濱傳令官	畫／月	1930.1.1	1930.11.7	列姆克斯—西姆普松	免費
德國—滿洲通訊	日	1930.3.9	1935.10.5	克拉伊	
俄羅斯商業經紀人	日	1930.4.19	1936.6.11		免費
東方報	日、晚	1930.6.24	1932.2.21	沈齊希	
哈爾濱觀察家	日	1930.8.10	1930.9.20		俄英文
每周綜合性劇院廣告	周	1930.10.1	1930.11.15		
商業哈爾濱	畫／周	1931.4.6	1935.12.23	阿基莫夫	
滿洲生活報	日	1931.4.15		奧切列基姆	僅 1 期
晚報	日	1931.4.25	1931.4.28		英俄文
哈爾濱教育報	日	1931.11.1	1932.6.29	英文《哈爾濱觀察家》出版	
哈爾濱時報	日	1931.11.3	1945	佐美寬爾	

二、俄文雜誌

　　隨著中東鐵路的修築通車，來哈爾濱定居的俄國僑民越來越多，在這些人中除了鐵路員工、工商業主外，不乏教員、東方學家、傳教士以及其他一些文化人。久之，爲迎合宗教的傳播、學術成果的交流與民眾文化生活的需要，專業性雜誌開始出現。

　　早在 1899 年，北京東正教傳教士團即在哈爾濱開辦了一家印刷廠，〔註35〕爲了傳教出版少許的、非正式的中俄文刊物。1904 年 3 月 25 日，中國東正教協會機關刊物《中國東正教教會公報》（Известия Братства Православной Церкви в Китае）在哈爾濱正式出刊，除登載一些教會的文章和消息外，還發表少許非宗教的簡訊及中文報刊譯文。該刊物 3 期以後改由北京發行，並於 1907 年更名爲《中國福音》繼續出版。

　　1908 年 12 月，俄文《遠東鐵路生活》（Железнодорожная Жизнь на Дальнем Востоке）雜誌在哈爾濱創刊。該雜誌以哈爾濱及中東鐵路沿線的鐵路工人爲對象，刊載一些反映他們工作生活的文章，在當時出版物不多的情況下，文化生活寂寞的鐵路工人特別喜歡這一刊物。同年，一批不同時期畢業於聖彼得堡大學的學生和符拉迪沃斯托克東方學院的俄國漢學家，在哈爾濱由多勃羅洛夫斯基、基申科等人發起成立了「俄羅斯皇家東方學會哈爾濱分會」，後來創辦機關刊物《亞細亞時報》（Вестник Азии）（又譯爲《亞洲通報》）。1909 年 6 月首期《亞細亞時報》出版，由於其專業性強、讀者面窄，前 5 期只印了 500 份。從第 6 期起刊物印數增至 800 份，除部分零售外，用於贈閱或與其他學術機構交換。《亞細亞時報》刊載大量有關中國的文章，從 1909 年的第 1 期到 1926 年的第 53 期，計登載文章 280 篇，其中關於中國的文章 150 篇。特別是對北滿和呼倫貝爾地區的考古調查與發掘工作報告，成爲刊物的組稿重點。用該刊物編輯的話說：「在遠東尚無東方學問題期刊，缺少通曉俄國遠東、中國、日本、蒙古等社會生活專家的情況下，《時報》一直被當作很珍貴的專業性刊物。」〔註36〕

　　此後，哈爾濱的俄文雜誌逐漸地多了起來，相繼有《軍事生活週刊》（Военнообшественный Еженедельник，1910 年創刊）、《皇家東方學家協會

〔註35〕〔俄〕葉・塔斯金娜：《鮮爲人知的哈爾濱》，莫斯科，1994 年，俄文版，第 62 頁。

〔註36〕林軍：《帝俄在哈爾濱的東方學家協會》，載《北方文物》1987 年第 1 期。

哈爾濱分會通報》（Известия Харбинского Отдения Императорского Обшества Востоковедения，1910 年創刊）、《中國和日本》（Китай и Япония，1910 年創刊）、《亞洲俄羅斯教育》（Просветительдное Дело в Азиатской России，1913 年創刊）、《北滿農業》（Сельское Хозяйство в Северной Маньжурии，1913 年創刊）、《哈爾濱鐵路俱樂部通報》（Вестник Харбинского Железно Дорожного Собрания，1913 年創刊）、《氣象觀察》（Метеорологические Наблодеения，1914 年創刊）、《鈴》（Звонок，雙周畫刊，1915 年創刊）、《中學生之友》（Друг Гимназиста，1916 年創刊）、《中學生》（Гимназиста，1916 年創刊）、《文摘通報》（Реферапный Вестник，1916 年創刊）、《土地和意志》（Земля и Воля，1917 年創刊）、《我們的思想》（Наши Мысли，1917 年創刊）、《鬥爭》（Борьба，1917 年創刊）、《現代言論》（Живое Слово，1917 年創刊）等近 20 種。不過這些俄文刊物並不是創辦後都能夠堅持辦下去，有的是只出了一期或幾期後即停刊，所以截止 1917 年哈爾濱的俄文雜誌最多時也就在 10 種左右。據秋寧《東省文物研究會匯志·東省出版物源流考》一書的不完全統計，至 1917 年時哈爾濱俄文雜誌的出版狀況如下表：〔註37〕

年份	週刊	半月刊	月刊	其他	新辦雜誌數目	全年雜誌總數
1905	1	－	－	－	1	1
1906	－	－	－	－		1
1907	1	－	－	－	1	2
1908	1	－	1	2	2	3
1909				1	1	4
1910	－	－	－	1	1	5
1911						4
1912	－	－	－	－	－	4
1913	－	－	3	1	4	7
1914				1	1	6
1915	－	1		－	1	7
1916	1	－	－	2	3	10
1917	1		1	3	5	9

〔註37〕李興耕等：《風雨浮萍——俄國僑民在中國》，中央編譯出版社，1997 年版，第 365 頁。

1917 年十月革命後，大批俄國難民湧入哈爾濱，他們當中有許多知識分子以及專業的新聞工作者，一些人加入了不同的黨派組織，出版各類不同背景和不同立場的俄文雜誌爲不同階層鼓與呼，把原本就已十分活躍的新聞輿論推向了一個新高度。據《東省文物研究會匯志·東省出版物源流考》一書的統計，1918 至 1926 年間，哈爾濱俄文雜誌的出版情況如下表：

年份	週刊	半月刊	月刊	其他	新辦雜誌數目	全年雜誌總數
1918	1	—	—	1	2	5
1919	1	2	—	2	5	9
1920	5	2	4	3	14	17
1921	5	4	2	9	20	28
1922	6	1	2	8	17	35
1923	1	4	2	8	15	32
1924	4	2	—	5	11	23
1925	6	1	6	10	23	32
1926	2	4	2	2	10	24

通過上述統計可以看出，自第 1 份俄文雜誌在哈爾濱問世以後，20 餘年間俄僑計出版各類雜誌 137 種。特別是 1918 年後的短短 8 年間，新出版的俄文雜誌竟達 117 種之多，使這 8 年成爲哈爾濱俄僑出版物的全盛時期。「中東路事件」及隨後的哈爾濱淪陷，對這裡的俄僑衝擊很大，相當數量的俄國僑民陸續遷往中國內地天津、上海等都市與國外，哈爾濱的俄文雜誌也受到一定的影響。據滿鐵經濟調查所 1936 年 8 月內部出版的《哈爾濱市內發行露文定期刊行物總目錄》記載，1927 年初至 1935 年底計有廣告、號外、電訊等臨時出版物除外的俄文雜誌 106 種，與 1926 年相比還是有了較大幅度的減少。下面我們有所選擇地介紹幾種當年在哈爾濱出版時間較長且影響較大的俄文雜誌，以使大家管中窺豹式地對此有一大致瞭解。

1、《滿洲通報》（Вестник Маньчжурии）

《滿洲通報》於 1923 年由中東鐵路管理局創辦，初時名爲《滿洲經濟通報》，係週刊；1925 年更名爲《滿洲通報》，並改爲月刊。該雜誌爲了擴大影響，其重要文章出英文版，1926 年還出版過中文特刊。《滿洲通報》在中蘇共

管中東鐵路期間計出刊 106 期，刊載經濟問題、市場行情、鐵路員工生活及東北亞各國間的關係等方面內容的文章 5000 餘篇。主辦者努力使刊物「充分、及時、客觀地提供有關蘇聯的生活信息」，〔註38〕而這又是哈爾濱俄僑最爲關注的，因此它在我國東北地區的俄文出版物中享有較高的聲譽。

2、《聖賜糧食》（Хлеб Небесный）

《聖賜糧食》雜誌初由哈爾濱喀山聖母男子修道院創刊於 1926 年，修道院院長尤維納里曾任主編。1938 年東正教哈爾濱教區教務委員會接辦了這個刊物，教務委員會委員蘇馬洛科夫任主編。該雜誌的撰稿人除神職人員外，還有俄僑社會各界名人，因而有著較爲廣泛的影響。《聖賜糧食》是一宗教刊物，雖然發行量僅在 800 份左右，但卻遠及美國和歐洲的一些國家。它的發行人曾不無自豪地說：「可以直言不諱，《聖賜糧食》目前在全世界是惟一的（東正教）雜誌」。〔註39〕該雜誌 1945 年停刊。

3、《邊界》（Рубеж）

《邊界》雜誌原是哈爾濱「柴拉」出版社的一個商業性刊物，創辦於1926 年 8 月，1945 年 8 月停刊，計出版發行 800 餘期。該雜誌總部設在哈爾濱，在上海、天津有其分支機構，每逢週六各地同時出刊。自猶太人高福曼出任主編後，刊物越辦越活，詩作、小說、譯作、書評、新聞、傳記、生活專欄等輪換刊載，深受讀者喜愛。由於該雜誌有較好的聲譽，其作者群十分龐大，除自己的地方記者及羅馬、巴黎、舊金山等地的派駐記者外，世界各地的俄僑作家經常把其作品寄到編輯部，當年哈爾濱的俄僑文化人幾乎都把能在《邊界》上發表作品視爲快事。《邊界》週刊流傳幾達世界各個角落，一位僑居桑給巴爾的俄僑說：「當我差不多把祖國語言忘掉的時候，我從貝爾格萊德得到了你們哈爾濱的雜誌，我讀了一遍又一遍，很難向你們表達我獲得這五本雜誌時的興奮心情，它們向我敘述了我聰明的僑居東方的同胞是怎樣生活的。」〔註40〕當年僑居哈爾濱的葉蓮娜·塔斯金娜在《鮮爲人知的哈爾濱》一書中回憶起「每星期六中國王姓送報人送來

〔註38〕 〔俄〕B.C.米亞斯尼科夫：《俄僑在華出版物》，載《時間的聯繫並未中斷》，莫斯科，1993 年，俄文版，第 289 頁。

〔註39〕 《聖賜糧食》，1943 年第 11～12 期。

〔註40〕 〔俄〕葉·塔斯金娜：《鮮爲人知的哈爾濱》，莫斯科，1994 年，俄文版，第 69 頁。

嶄新的、散發著油墨香味的、色澤鮮豔的刊物」的情景，眷戀之心躍然紙上。《邊界》週刊除其作者群較強外，受讀者喜愛的另一個原因是其遠離政治，這在當時哈爾濱紛繁複雜的社會氛圍下是難能可貴的。但在日偽統治時期，《邊界》為了生存，亦開設了「偉大的日本」欄目以應付檢查，此時該刊的影響已無法與昔日相比。

4、《民族》（Нация）

《民族》雜誌是由俄羅斯法西斯黨於 1932 年在哈爾濱與上海創辦的半月刊，1933 年改為月刊，1934 年哈爾濱版停刊。《民族》雜誌主要是俄羅斯法西斯黨為籠絡僑民中的知識分子而辦，「其內容是隨意拼湊的大雜燴，包括辯論文章、迂腐的說教及蹩腳的詩歌，而大轟大嗡的文章佔據了刊物的大量版面」。《民族》的封面設計都是些派生品，輪番剽竊墨索里尼的新古典派畫像與《狂飆》的反猶作品，編輯們偶而也採用一些富於幻想的抄襲品。該刊有一個封面，把 1915 年法蘭西戰爭的一幅招貼畫（畫面上是一個齜牙咧嘴的法國兵高喊著「我們將戰勝他們」）修改成一個以卐字飾邊的俄國法西斯黨兵團戰士的畫像，他似乎正在追逐猶太籍人民委員。〔註 41〕當年俄國法西斯黨在哈爾濱出版的俄文雜誌除了《民族》之外，還有《俄羅斯民族社會運動通知報》、《為了祖國》、《亞洲之光》、《根源地》以及青年法西斯同盟的雙週刊《前衛》、俄羅斯婦女法西斯運動月刊《奮起》等多種，僑居哈爾濱的俄國法西斯黨黨魁康斯坦丁・弗拉季米洛維奇・羅紮耶夫斯基經常以法西洛夫為筆名發表反蘇文章，這些雜誌成為研究俄國法西斯黨在哈爾濱活動的重要史料。

根據《東省文物研究會匯志・東省出版物源流考》的記載，截止 1926 年在哈爾濱的俄僑出版雜誌 137 種（尚有 4 種雜誌因出版年代不詳而未含其中）。而《哈爾濱市內發行露文定期刊行物總目錄》記載，1927 年初至 1935年底計有俄文雜誌 106 種，如此哈爾濱相繼出版的俄文雜誌近 250 種之多，這個數字肯定包含同一雜誌重複計算的誤差。李興耕所著《風雨浮萍——俄國僑民在中國》一書中「俄僑在華出版的刊物目錄」顯示，俄僑在哈爾濱出版的俄文雜誌接近這個數字。〔註 42〕

〔註41〕劉萬鈞等編譯：《滿洲黑手黨——俄國納粹黑幕紀實》，黑龍江人民出版社，1993 年版，第 106 頁。

〔註42〕參見李興耕等：《風雨浮萍——俄國僑民在中國》，第 16～38 頁，北京：中央編譯出版社，1997 年版。

第九節　宗教活動

東正教即東方正教，又稱希臘正教，是基督教三大教派之一。10 世紀末，東正教由拜占庭帝國傳入俄國。15 世紀到 16 世紀，隨著俄羅斯統一的封建農奴制國家的形成，俄羅斯東正教會擺脫了君士坦丁堡的管轄，建立了獨立教會。1721 年，沙皇政府成立「東正教最高會議」。從此，東正教成爲俄國國教。

18 世紀，隨著雅克薩俄俘的歸化，俄國東正教傳入中國。19 世紀末，隨著中東鐵路的建築和經營，東正教傳入哈爾濱和中國東北。俄國十月革命後，流亡在哈爾濱的東正教主教、司祭們依附於塞爾維亞俄國東正教教廷，成立了「哈爾濱獨立教區」。日僞統治時期，哈爾濱獨立教區升爲遠東總主教區。1945 年 10 月，東正教哈爾濱教區加入莫斯科全俄正教會。1956 年 10 月，哈爾濱東正教會歸屬中華東正教會。

1898 年 6 月，中東鐵路工程局移駐哈爾濱後不久，俄國東正教司祭茹拉夫斯基便隨著中東鐵路護路隊第二批十個哥薩克騎兵連來到哈爾濱。同年 8 月，聖尼古拉教堂在香坊軍官街（後稱軍政街，現名香政街）設立。這是俄國東正教在哈爾濱，也是在我國東北的第一個司祭和第一所教堂。1899 年，中東鐵路工程局又在新市街（現南崗區主體部分）動工修建了聖尼古拉大教堂。1900 年，俄國東正教最高會議根據外貝加爾教區建議，決定將「與外貝加爾相毗鄰的北滿東正教教務劃歸外貝加爾管轄」。

1903 年，在中東鐵路全線通車之前，俄國東正教最高會議根據北京傳教士團和一些在「北滿」司祭們的要求，經俄國財政大臣維特和陸軍大臣庫羅巴特金同意，於 6 月 11 日命令將「北滿」東正教教務由外貝加爾教區移交北京傳教士團管轄。庫羅巴特金在同意上述決定的同時，還向俄國東正教最高會議提出建議：「僅將中國各省俄軍已撤離地區的神職人員劃歸北京教區，而將俄軍仍佔領地區的神職人員劃歸就近的俄國符拉迪沃斯托克教區更爲適宜」。同年 7 月 14 日，中東鐵路全線通車。根據中東鐵路管理局命令，鐵路沿線各教堂司祭等屬於中東鐵路供職人員，按月領取津帖。1907 年中東鐵路管理局民政處成立後，設立了專門機構管理沿線教務。

1907 年，隨著俄國烏蘇里鐵路與中東鐵路合併，哈爾濱與符拉迪沃斯托克聯繫日繁。沙皇尼古拉二世採納了庫羅巴特金的建議，於 8 月 21 日發佈了第 9014 號諭令：「自本年起，哈爾濱和中東鐵路沿線東正教事務由北京傳教士團劃歸俄國符拉迪沃斯托克教區管轄（隨軍教堂及北京傳教士團直屬的哈

爾濱聖母領報教堂等除外），列爲特別司祭管區」。在此後數十年間，符拉迪沃斯托克教區大主教葉甫謝尼多次來哈視察教務。

1917 年俄國十月革命勝利後，特別是 1920 年以高爾察克海軍上將爲首的鄂木斯克政府及其復辟運動潰敗後，俄國貴族、臨時政府官員、白衛軍官等亡命者及大批普通勞動者湧入哈爾濱。百餘名來自俄國各地的東正教神職人員（包括 4 個教區的主教、許多大司祭、司祭）也匯入這個流亡群中。1922 年，哈爾濱的俄僑多達 20 萬人。同年初，流亡在哈爾濱的原俄國奧連堡和圖爾蓋教區大主教麥佛季（舊譯米佛提、迷夫傑等）以及新上任不久的中東鐵路管理局局長沃斯特羅烏莫夫，以中東鐵路沿線僑居俄國東正教徒多達 30 萬人，而且與符拉迪沃斯托克教區完全失去聯繫爲由，向塞爾維亞俄國東正教流亡教廷提出了建立新教區的請求。3 月 29 日，塞爾維亞俄國流亡教廷發佈成立東正教哈爾濱臨時教區的命令（後來去掉了「臨時」二字），並任命麥佛季爲本教區第一任大主教。6 月 2 日，俄國東正教哈爾濱教區成立。9 月 27 日，東正教哈爾濱教區召開第一次代表大會。教區負責宗教事務的常設機構是教務委員會。它最初由五人組成（其中有兩名世俗人員），1924 年，根據教廷命令改由三人組成（其中一名世俗人員）。教區還設有監察委員會，最初由四人組成，1924 年改由六人組成，負責監察財務收支、財產使用和工廠生產。雖有教務委員會、監察委員會，大主教卻是教區內的唯一獨裁者。在教區第一屆代表大會上麥佛季就明確指出：「主教是教區的執牧人、統治者，教區的一切權力歸主教」。

麥佛季 1929 年升任都主教，1931 年 3 月逝去。4 月 1 日，塞爾維亞俄國流亡教廷任命大主教梅列基爲哈爾濱教區第二任首腦。梅列基原名米哈依·瓦西里耶維奇·札鮑列夫斯基，畢業於俄國喀山神學院，曾擔任托木克神品學校校長、外貝加爾和涅爾琴斯克（即尼布楚）教區主教，1920 年 8 月逃亡哈爾濱，次年應北京傳教士團邀請主持哈爾濱聖母領報教堂教務，1930 年升任大主教。在梅列基擔任教區首腦的十幾年間，東正教哈爾濱教區在日僑政權的支持下迅速發展。據統計，1932 年哈爾濱教區共有教堂 46 所。當年的俄文刊物《亞細亞》稱，「就是在國外的所有俄國東正教教堂也沒有如此之多」。到 1940 年該教區已轄有設堂區的教堂 50 所，未設堂區的教堂兩所，學校或機關附屬教堂 8 所，祈禱所 6 個，修道院 3 座，共有各種教階的神職人員 217 人。此時，哈爾濱教區的轄區已包括了中國境外的庫頁島、日本神戶、印度尼西亞萬隆和朝鮮等地。

1939 年 9 月 26 日，在哈爾濱教區紀念梅列基任教職 50 週年之際，塞爾維亞教廷將他晉升爲都主教，並任命他爲該教廷遠東地區代表，不久又任命他爲遠東總主教區牧首（當時塞爾維亞流亡教廷轄有西歐、北美和遠東三個總主教區，三個一般教區和一個直屬教區。哈爾濱是遠東總主教區牧首所在地），於是他成了所謂「東亞俄僑的統一者」。

1945 年 8 月，中國抗日戰爭勝利和蘇聯出兵東北震撼了俄國東正教哈爾濱教區。這時，長期流亡在哈的原俄國堪察加教區大主教涅斯托爾（1921 年來哈）和哈爾濱教區的兩個助理教務主教尤維納里、季米特里順應時事地發表聲明，宣佈與塞爾維亞流亡教廷斷絕關係，要求加入莫斯科全俄正教會。同年 10 月，莫斯科全俄正教會代表來哈，與涅斯托爾等人簽署了聯合聲明。東正教哈爾濱教區從此加入莫斯科全俄正教會。1956 年中華東正教會成立後，哈爾濱教區改稱中華東正教哈爾濱教會。

教堂是教區活動的陣地。東正教哈爾濱教區極盛時期共有教堂、祈禱所、修道院近 70 所。這裡我們僅將哈爾濱市內東正教堂做一簡要介紹。

香坊尼古拉教堂，位於軍官街，建於 1898 年 8 月，1926 年重建。它的第一任司祭是茹拉夫斯基，新教堂落成後司祭是格爾馬諾夫。這是哈爾濱、也是中國東北的第一座東正教教堂。

聖尼古拉大教堂，俗稱喇嘛臺，又稱中央寺院，原址在現紅博廣場，1899

年 10 月 13 日動工修建，1900 年 12 月 18 日舉行竣工祝聖儀式。該教堂是一座古典哥特式八面體木結構建築，以規模宏偉，造型美觀，建築精巧而聞名於世。其設計師是聖彼得堡的波德列夫斯基。起初稱聖尼古拉教堂，1908 年 2 月 29 日奉教廷令改稱聖尼古拉大教堂。1922 年哈爾濱教區成立後，成為主教所在地大教堂。1931 年麥佛季死後，屍骨就葬在這個教堂之下。1933 年 9 月，增修伊維爾小禮拜堂。歷任神職人員是司祭茹拉夫斯基、鮑格達諾夫、大司祭佩卡爾斯基、維克多羅夫和司祭福季。1966 年「文革」中被毀。

聖尼古拉教堂

　　聖母領報教堂，又譯聖母報喜教堂，位於警察街（現友誼路），是北京傳教士團哈爾濱代表部所在地。初建於 1903 年。1908 年 2 月，一場大火將原木結構教堂焚燒殆盡。5 月，又建一臨時教堂。1930 年 9 月 14 日，第三次修建磚混結構新教堂，1940 年 9 月 14 日舉行竣工祝聖儀式。該教堂爲圖斯塔諾夫斯基設計，呈拜占廷式風格，可容納 1200 人，被稱爲「遠東最宏偉、最壯觀的教堂」。

聖母報喜教堂

　　聖索菲亞教堂，位於道里水道街（現兆麟街）。它的前身是南崗懶漢屯一帶的俄軍第四東西伯利亞步兵旅的木結構隨軍教堂。

Софискій Соборъ Харбинъ. 院寺―キスィフソ 區頭埠省爾哈

　　1907 年 3 月由哈埠巨商契斯恰科夫出資將其移至水道街。1912 年 11 月，契斯恰科夫又出資重建磚石結構教堂。1923 年 10 月 14 日，索菲亞教堂第三次重建，1932 年 11 月 25 日落成。該教堂爲奧斯科爾科夫設計，可容 2000 人做禮拜。1934 年，哈爾濱符拉季米爾神學院曾設在這裡。

聖索菲亞教堂

　　1908 年，哈爾濱建了兩座伊維爾教堂：一座位於道里軍官街（現霽虹街），
是由俄國駐我國東北外阿穆爾軍區修建的，是為在義和團運動和日俄戰爭中
斃命的俄軍將士亡靈祈禱的教堂。該教堂氣勢磅礴，大小不一、錯落有致的

球形尖塔直聳雲天，十分壯觀。其首任住持爲隨軍司祭勃拉杜昌，助理教務主教季米特里、沃茲涅辛斯基、大主教涅斯托爾等也在這裡主持過聖事。它附設的「六翼天使」食堂和「亞斯里」孤兒院當年很有名氣。

伊維爾教堂

另一座伊維爾教堂座落在王兆屯懶漢街，1922 年被焚，後在鐵路用房臨時設堂，1946 年遷斯拉夫屯（現發電廠一帶）文景街。

同年修建的聖母安息教堂，又譯聖母昇天教堂，位於南崗東大直街俄僑新墓地內（現文化公園）。該教堂爲祭祀死者的教堂，造型別具一格，建築小巧精美，鐘樓與主體分離，且和諧而成一體。

聖母安息教堂

　　阿列克謝耶夫教堂，位於南崗教堂街，原爲俄軍設在公主嶺的隨軍教堂，日俄戰爭後遷至哈爾濱懶漢屯，後又遷阿列克謝耶夫村（小北屯），1912 年再遷馬家溝，建木結構教堂。教堂街因此而得名。現存的阿列克謝耶夫教堂是1930 年 10 月 12 日始籌建，1931 年 5 月動工，1935 年 10 月 6 日落成的。該教堂是由斯米爾諾夫設計、卡爾貝舍夫監督施工的。新老教堂曾長時間並存。1938 年，原木結構教堂成爲哈爾濱東正教神品學校校址。

阿列克謝耶夫教堂

　　聖母帡幪教堂，又譯聖母守護教堂，俗稱烏克蘭教堂，初建於 1922 年，位於南崗新買賣街（現奮鬥路）烏克蘭俱樂部內，1930 年遷東大街俄國人舊墓地（俗稱老毛子墳），6 月 1 日奠基，12 月 15 日舉行竣工祝聖儀式。該教堂的圖紙是日丹諾夫 1905 年爲聖母安息教堂設計的，當時未被採用，25 年後重見天日。建築呈拜占廷式風格，端莊渾厚。現爲中華東正教哈爾濱教會所在地。

聖母守護教堂

　　主易聖容教堂，建於 1920 年 3 月，位於懶漢屯木蘭街。該教堂爲磚木結構，規模不大。教堂住持是大司祭科切爾金。以都主教麥佛季名字命名的避難所就設在這裡。

　　述福音約翰教堂，建於 1923 年，位於馬家溝無線電街（後改稱文藝街），是「俄人之家」教養院（舊譯「俄房教養院」）附屬教堂。

　　聖先知約翰教堂，又稱莫斯科兵營教堂，建於 1923 年 7 月，位於北安埠街（後改稱北安街）。該教堂爲小型木構建築，型似艦船。1958 年遷皇山墓地。

聖先知約翰教堂

　　聖先知伊利亞教堂，1921 年 11 月創立，座落在道里工會街（後改稱工部街），是鐵路機械總廠職工利用鐵路板房改建的。

　　聖鮑利斯教堂，位於正陽河河圖街，1923 年始建，1927 年竣工。

　　聖尼古拉教堂，位於江北船塢臨江街，1923 年始建，1928 年竣工。

　　聖彼得保羅教堂位於新安埠安豐街，1923 年 1 月籌建，1924 年 2 月落成，同年 8 月舉行祝聖儀式。1942 年重建。

阿列克謝耶夫教堂，位於南崗曲線街，原為西大直街中東路商務學堂 1910 年創辦的附設教堂，1925 年遷此重建。

喀山聖母男子修道院，原為大司祭尤維納里根據大主教麥佛季的建議在松花江江心島上創建的，後因種種不便遷入市區。修士們在克特科維茨農場度過近一年的修士生活。1924 年 8 月，在鐵路地畝處處長關達基的幫助下，修道院在馬家溝定址奠基，動工修建，年底落成。它座落的街道遂被稱為十字街。後來又陸續擴建，修築鐘樓，接側祭壇，闢果樹林，設立醫院，規模不斷擴大，佔地達 5000 餘平方米，修士至 45 人，被塞爾維亞教廷授予一級修道院稱號。1936 年，修士大司祭尤維納里調北京傳教士團，修道院院長由前維也納教區主教瓦西里巴甫洛夫斯基繼任。

聖母符拉季米爾女子修道院，建於 1924 年，是女子修道院院長魯菲娜創辦的，起初設於民宅內，1927 年擇郵政街址建院。該院有教堂一座，是從霍爾瓦特中學遷入的；還有一所以基輔大公伊戈爾一世夫人奧爾加名字命名的孤兒院，共收養教育 200 多名女孩。1935 年魯菲娜去上海，院長由阿莉亞德娜繼任。其最後一任院長是奴涅希亞。

慈心院，1927 年建於馬家溝營部街，是堪察加彼得羅巴甫洛夫斯克教區大主教涅斯托爾創辦的。該院附設有聖母悲哀教堂尼古拉二世和塞爾維亞亞歷山大大公紀念教堂。1945 年哈爾濱教區歸屬莫斯科正教會後，這裡遂成為教務委員會所在地。

還有一所聖尼古拉教堂，1928 年建於哈爾濱監獄內。

綜上所述，哈爾濱共建有俄國東正教教堂 21 座，其中有 13 座建於 20 年代。東正教在哈爾濱得到如此迅速地發展，在世界宗教史上可能也是罕見的。

上個世紀 20 年代，哈爾濱有大批宗教刊物問世，從另一個側面反映了這一時期東正教在哈爾濱掀起的宗教狂熱。據統計，至 1927 年哈爾濱有宗教刊物 17 種，其中絕大多數是東正教刊物，如《信仰與生活》、《傳教士》、《基督之路》、《聖賜食糧》等。其中連續出版時間最長、影響最廣的當首推雙週刊《聖賜食糧》。該刊原係喀山聖母修道院於 1926 年 1 月創辦的，尤維納里和瓦西里先後擔任主編。1938 年 8 月教區教務委員會接辦，蘇馬洛科夫任主編。該刊發行遠及美國和歐洲許多國家。它的發行人曾不無自豪地說：「可以直言不諱，《聖賜食糧》目前在全世界是唯一的（東正教）雜誌」。

哈爾濱還有一個神學院，其影響絕不僅限於本市和我國東北，而是「遠

東宗教科學研究和教育活動的中心」。它的前身是聖伊維爾教堂 1928 年 2 月創辦的神學講習班。1934 年 8 月經僞滿洲國文教部第 195 號部令批准，在此基礎上開辦哈爾濱符拉季米爾學院。學院下設工業東方經濟和神學三個系，暫在原陀思妥耶夫斯基中學開課，大主教梅列基任名譽院長。後來工業和東方經濟系停辦，學院自然成了神學院。該學院不僅爲本教區培養高級神職人員，而且還幻想「爲將來從瀆神政權解放出來的俄國準備宗教人才」。

　　1938 年 2 月，哈爾濱教區還在馬家溝阿列克謝耶夫教堂辦了一所神品學校，其施教方針也不外乎是「爲未來之俄國培養忠實的兒子」。

　　東正教在哈爾濱傳入、傳播和哈爾濱教區的成立、興衰是一種歷史文化現象。筆者認爲，在政治上，俄國東正教哈爾濱教區在不同的歷史時期充當了沙皇俄國侵華的工具，成爲帝俄殘餘勢力和白衛軍反蘇復辟運動的精神支柱，淪爲日本軍國主義侵略中國和發動「大東亞聖戰」的鷹犬；在意識形態上，因爲其教徒主要是俄僑，以及語言障礙，它並未對中國人民產生重大影響；在文化上，它對中俄文化交流起了一定的促進作用，是西洋音樂、繪畫傳入中國的一條渠道，許多教堂建築被視爲哈爾濱建築藝術的精品；在社會生活中，它也辦了不少慈善事業，如開醫院、設孤兒院、辦救濟所等，做了些有益的工作。

第三章　黑龍江民眾對俄羅斯文化的認知和接受——以俄羅斯建築爲例

　　在本章中,「黑龍江地區」指的是黑龍江流域的一部分,包含當今黑龍江省全部和內蒙古自治區的東北角。

　　以筆者的調查,到目前爲止,還沒有人對俄式建築在黑龍江地區流播的過程作完整的闡述。已經有一些學者談及 20 世紀前 30 年的哈爾濱的歐洲建築的歷史,但是比較零散。多卷本《凝固的樂章》是闡述哈爾濱市俄式建築的重要著作,其「序言」對俄式建築在哈爾濱市的流播作了簡要的概述,但是其主體部分是圖片的薈萃,著者以圖片解說的形式逐個介紹被列爲保護建築的哈爾濱市的俄式建築遺存。有的研究成果以講座的形式存在於網路,還沒有正式發表。對文化大革命時期紅衛兵、「革命群眾」如何毀損索菲亞教堂等俄式建築,親歷者、見證人都有回憶文章問世。對鄧小平時代黑龍江地區俄式建築遺存的修復、保護及至新的俄式建築的興建,黑龍江媒體作了詳細的報導。

　　本文試圖綜合以上研究成果和相關信息,從建築史的角度考察 100 年來俄式建築在黑龍江地區的流播。

　　筆者認爲:100 多年來,俄式建築在黑龍江地區經歷了這樣一個歷史過程:廣泛流播,慘遭破壞,復興和新生。

第一節　俄羅斯建築流播於黑龍江地區的開端

　　俄式建築是伴隨著黑龍江地區的殖民地化傳入這個地區的。

　　中東鐵路幹線穿過黑龍江地區,給這個地區帶來了深刻的變化。鐵路的

建築和運營一方面導致黑龍江地區中國主權的喪失、中國資源被掠奪、中國人被奴役，另一方面促進了西方工業文明傳播到中國的這個偏遠地區，促進了這個地區的近代化。以哈爾濱這個由俄羅斯殖民者奠基的殖民地城市為例，在 20 世紀的前 30 年裏，這個城市生活著 20 多個國家（民族）的 20 多萬僑民，其人數一度高達全市總人口的 21.4%。17 個國家先後在這個城市設立過領事館。僑民們把各自的文化，包括建築，帶到這裡。在這個殖民地城市，中西文化薈萃。各種流派的歐洲建築藝術在這裡呈現：哥特式、拜占庭式、文藝復興式、巴洛克式、古典主義、新古典主義、折衷主義、新藝術運動……特別值得指出的是，哈爾濱市是新藝術運動建築的重要展示場所。19 世紀末哈爾濱誕生之時正是新藝術運動興盛於俄羅斯之時，俄羅斯人把這種建築風格傳入哈爾濱，而且這種建築風格在哈爾濱的興盛程度超過了在俄羅斯本土。在哈爾濱，新藝術運動風格的建築之興建不但規模大，而且延續的時間長。就新藝術運動建築的興盛程度來說，哈爾濱居於巴黎、南希（Nancy）之後，在世界上佔據第三位，並成為這種建築風格的終結地。[註1]

哈爾濱城市史表明：俄式建築的傳入與快速的城市建設同步進行。試以俄式建築中的教堂為例。19 世紀末，伴隨著中東鐵路的修築，東正教在黑龍江地區獲得了很大的空間。中東鐵路尚未開工，東正教神甫亞歷山大‧茹拉夫斯基就早早到達哈爾濱。1898 年 8 月 1 日，黑龍江地區第一座東正教堂「聖尼古拉教堂」在哈爾濱香坊建成。到 1917 年，哈爾濱共建了 8 個教堂。十月革命後，教堂的數量又有增加。1918～1924 年，哈爾濱新建教堂 9 座。中東鐵路沿線其他地方也建了不少教堂，截止 1937 年，共有 40 多座。中東鐵路沿線的宗教事務原由北京俄國傳教士團管轄。十月革命後，鑒於大批俄國難民湧入黑龍江地區，於 1922 年 4 月建立了獨立的哈爾濱教區，聶佛季任這個新教區的大主教。[註2]

以下選擇一些有代表性的建築遺存加以說明。

中東鐵路哈爾濱總工廠俱樂部。1898 開始興建，1902 年建成。建築風格為帶有俄羅斯風情的折衷主義。現為哈爾濱鐵路車輛廠文化宮。位於哈爾濱

〔註 1〕央視《走近科學》：《侯幼彬教授解說冰城石街》。
　　　　http://today.hit.edu.cn/articles/2004/5-8/15813.htm。2011 年 12 月 1 日訪問。
〔註 2〕黃定天譯，宋嗣喜校：《俄國東正教在哈爾濱及哈爾濱教區的建立》，《哈爾濱史志》1983 年第 2 期。

道里區經緯街。〔註3〕

圖片來源：http://image.baidu.com/

　　美國人私宅。建於 1902 年，磚混結構，門口有八根科林斯廊柱，後面則是圓柱形堡壘式樓體。浪漫主義風格建築。位於哈爾濱市道里區。現爲紅霞幼兒園。

圖片來源：http://image.baidu.com/

〔註 3〕對這些歷史建築的風格的認定和描述主要依據：哈爾濱市城市規劃局編：
　　　　《凝固的樂章》（一），中國建築工業出版社，北京：2005 年 1 月。

　　華俄道勝銀行。1902 年 5 月開工興建。建築風格——以文藝復興風格爲主的折衷主義。今爲黑龍江省文史館。位於哈爾濱市南崗區紅軍街。

照片來源：http://s14.sinaimg.cn/large/006WQGXGzy7hcXbfxM17d&690

　　中東鐵路管理局辦公大樓。1904 年建成，1906 年重修。主樓 3 層，配樓 2 層，立面長達 182.24 米，是當時哈爾濱最大的公共建築。哈爾濱早期新藝術運動風格建築的代表作。現爲哈爾濱鐵路局辦公樓，位於哈爾濱市南崗區東大直街。

圖片來源：http://bbs.fengniao.com/forum/1556458.html

　　莫斯科商場。建於 1906 年，為當時哈爾濱有名的百貨商店。新藝術風格。今為黑龍江省博物館。位於哈爾濱市南崗區紅軍街。

圖片來源：http://image.baidu.com/

　　中東鐵路中央電話局。1907 年峻工，哥特式建築。位於哈爾濱南崗區銀行街。

李隨安拍攝

　　秋林商行。由俄國巨商伊萬‧雅闊列維奇‧秋林創辦。1904 年 10 月始建，1908 年竣工；1910、1915 年兩次擴建兩翼；1927 年，第三次擴建。這一建築集合了多種建築風格，巴洛克特徵比較突出。今爲「秋林公司」。位於哈爾濱市南崗區大直街。

圖片來源：http://image.baidu.com/

　　亞細亞電影院，哈爾濱早期的豪華電影院之一。建於 1908 年，折衷主義風格。

李隨安拍攝

哈爾濱遊艇俱樂部。建於 1912 年。與江畔餐廳、公園餐廳構成一組俄式木結構建築的精品。屬於俄羅斯建築風格。現爲哈爾濱鐵路江上俱樂部。

圖片來源：昵圖網

馬迭爾賓館。1913 年建成，文藝復興時期新藝術派建築風格。位於哈爾濱市道里區中央大街。

圖片來源：http://image.baidu.com/

　　猶太商人斯基德爾斯基的私宅。建於 1914 年。其建築風格爲古典復興式。位於哈爾濱市頤園街。

李隨安拍攝

　　松浦洋行。1920 年建成，巴洛克風格。今爲哈爾濱市教育書店。位於哈爾濱市道里區中央大街。

圖片來源：http://image.baidu.com/

梅耶洛維奇大樓。建於 1921 年，文藝復興風格。哈爾濱藝術史上著名的荷花藝術學校就開辦在這棟建築裏。位於哈爾濱市南崗區大直街。

圖片來源：http://image.baidu.com/

香坊火車站。始建於 1925 年。磚木結構，單層。俄羅斯風格。仿照 1898 年建成的巴黎火車站（現爲奧賽博物館）建成。位於哈爾濱市香坊區通站街。

圖片來源：http://image.baidu.com/

　　索菲亞教堂始建於 1907 年 3 月。1923 年 9 月，在現址重建，1932 年竣工。高 53.35 米，佔地面積 721 平方米。遠東地區最大的東正教堂，典型的拜占庭式建築。現為哈爾濱建築藝術館。

圖片來源：http://image.baidu.com/

　　俄式建築在黑龍江地區的流播不只是外國人的功勞，中國人對這種建築的仿建也促進了這一進程。

　　黑龍江居民對俄式建築感到好奇，學習和仿造之，把這種建築藝術與本土的傳統建築加以融合，創造出一種具有中國特點的歐洲建築。一個日本建築史專家將之命名為「中華巴洛克」。中華巴洛克是一種中西合璧的建築，滲入了中國建築的元素：一方面，模仿俄式建築的尖塔、穹頂和大立柱等造型，同時在這些建築中附加中國傳統特色的構件和飾物，並在整個建築的內側保持中國的傳統形式，如木迴廊、木格、雀替。這樣，該建築從外觀來看是歐洲的樣式；如果進入內部，它與傳統的中國四合院無甚差異。用建築學的語言可以這樣表述：這種建築具有中西合璧的折中主義的裝飾藝術風格。中華巴洛克是中歐建築文化交流的優秀成果。

　　哈爾濱工業大學建築學院專家劉松福具體地分析了中華巴洛克式建築如何將中西建築樣式結合在一起：「在裝飾上大致有三方面特徵。一是中國建築的斗拱、臺階和欄杆與西方建築的柱式、山花等構件交織在一起。如純化醫院西洋的柱式加上中國的斗拱，並把西方古典柱子做變形處理。柱式是西洋的，但裝飾是中國的，這在西洋建築上都是沒有的。其二，浮雕裝飾採用植物花卉，表達吉祥富貴，多子多孫的文化內涵。如葡萄、石榴象徵多子（籽）多孫，牡丹、梅花、荷花和海棠等象徵富貴吉祥，裝有多種植物的大花籃象徵五穀豐登。一處中華巴洛克式建築甚至在牆體浮雕中採用一個樹根長出兩枝樹枝，一邊結石榴，一邊結桃，這充分反映當時老百姓希望家裏多子多孫、人丁興旺和延年益壽的樸實願望。第三，使用象徵福祿壽喜的動物圖案，如蝙蝠、鹿和仙鶴等。」

　　有一處女兒牆牆垛上的浮雕圖案是一隻梅花鹿站在一棵松樹下，這象徵著富祿延年。有些裝飾甚至直接使用銅錢，以此表達對財富的期盼之情。〔註4〕

純化醫院　圖片來源：http://image.baidu.com/

〔註4〕中華巴洛克的建築風格，《哈爾濱道外區》。
　　　　http://bbs.travel.163.com/bbs/xizang/116908615.html。2010年12月4日訪問。

　　純化醫院是中華巴洛克的一個典型。不只是劉松福注意到了它，哈爾濱工業大學建築學院的另一位專家馬輝以純化醫院爲例，對中華巴洛克的特徵作了細緻的解說：「中華巴洛克建築最大的特點在色彩強烈、裝飾富麗與雕刻細緻。俄式建築風格下，裝飾和雕花的紋樣卻全部取材於中國傳統民俗，用蝙蝠、牡丹、如意和銅錢等民間文化元素，傳達出中國的福、祿、吉祥之意。這裡是位於南頭道街上的純化醫院。您看我身後醫院入口處，蝙蝠和祥雲圖案在入口正上方的額坊中栩栩如生。再向上方看，精雕細琢的菊花浮雕將純化醫院的牌匾團團包圍。」〔註5〕

中華巴洛克的外觀、立面　　圖片來源：http://image.baidu.com/

〔註 5〕張露露，宋宇，柳凱豐：《零距離信息站：說說中華巴洛克》。http://www.hrbtv.net/news/news_dsljl/107261114240CJF.html。2010 年 12 月 6 日訪問。

中華巴洛克的外觀、立面

圖片來源：http://bbs.travel.163.com/bbs/xizang/116908615.html

中華巴洛克的外觀、立面

圖片來源：http://bbs.travel.163.com/bbs/xizang/116908615.html

中華巴洛克的外觀、立面

圖片來源：http://bbs.travel.163.com/bbs/xizang/116908615.html

中華巴洛克的院落

圖片來源：http://image.baidu.com/

中華巴洛克的外觀、立面

圖片來源：http://bbs.travel.163.com/bbs/xizang/116908615.html

　　聯合國人居範例獎的評選專家和國際建築藝術專家給予中華巴洛克很高的評價；它證明了歐洲文化對黑龍江居民的影響和黑龍江居民對待歐洲文化的積極態度和學習能力。

在本時期，中國人對俄式建築除了仿照，還進行了完全的移植，亦即建設地地道道的俄式建築。

馬忠駿，黑龍江鐵路管理局交涉局總辦，後來擔任是東省特別區市政管理局局長。他曾花鉅資為自己修建了歐洲中世紀古堡式的豪華宅第。現在，它是哈爾濱著名賓館——和平村賓館——的核心建築。

馬公館正面　李隨安拍攝

馬公館背面　李隨安拍攝

對黑龍江人建造巴洛克、興建俄式建築可以作出這樣的解釋：

1．黑龍江地區開發較晚，傳統文化在這裡比較淡薄，對中國人的束縛較弱，這一局面有利於外國文化在這裡傳播。

2．黑龍江地區的居民多爲移民，他們不像內地居民那麼守舊，比較容易接受外來文化。

3．俄式建築是歐洲文明的成果之一，對中國人有強烈的吸引力。首先，歐洲建築具有獨特的外觀、別樣的異國情調，亦即通常所說的「洋氣」。對於中國人來說，這是一種全新的建築，不論是從外形，而是從內部結構，都與中國的傳統建築大不相同。其次，這種建築不只是外觀獨特，還具有中國傳統建築不具備的實用優點：（1）採光好。歐洲建築由於大量使用玻璃，有較大的窗戶，所以裏面明亮，居住舒適。中國傳統建築材料中缺乏玻璃，所以中國房屋在採光方面存在缺陷。（2）有先進的供暖設施，建築內安置水管、散熱器，室外鍋爐燒熱水，再以水泵驅動，使之循環，達到散熱效應，這樣即使在寒冬房屋也溫暖如春。在高寒地區，這一優點特別重要。這樣的設施比中國傳統建築科學、合理。（3）有清潔、衛生的衛生設施。在這個方面，中國建築顯得非常落後。俄式建築的外觀特徵和實用功能折服了中國人，喚起了他們的仿造欲望。

4．商業方面的考量也是重要的因素

興建中華巴洛克的中國商賈希望在街區興建特別樣式的建築，佔據街區的中心地位，吸引顧客前來購物。無疑，這一動機也是商家仿造俄式建築的原因。

馬忠駿營造一棟純粹的歐洲建築有特殊的原因。較之同時代的許多中國官員，他的思想比較開明，例如，他送自己的女兒去俄羅斯人的學校接受西方教育。愛女淑婉懂數學，能說俄語，會彈琴，會畫畫，能隨琴聲起舞，舉止也有一定程度的西化。馬忠駿說她「歲甲寅，侍余來哈爾濱，習俄國語，凡勾股琴曲舞蹈之屬皆能之，吾國經史書畫抑又頗涉其藩籬焉。」〔註6〕

馬忠駿的朋友鍾廣生對淑婉有這樣的描述：「嘗肄西塾，精圖算、音樂，從翁宦遊濱江久，漸摩歐俗，乃嫻俄語，與妹淑貞共爲天魔之舞，按琴而趨，莫不中節。」「凌波微步，見者驚爲天人。」〔註7〕馬忠駿的另一個朋友陳瀏

〔註 6〕馬忠駿：《五女淑婉壙誌》，《遁園雜俎·文集》卷二。
〔註 7〕鍾廣生：《馬室女淑婉壙銘》，《遁園雜俎·文集》卷二。

稱讚淑婉的才藝和容貌：「涉獵算經，亥步勾股之玄妙；諳嫻繪事，雪枝露葉之離披。引商刻羽之音，上抗下墜之節，靡不得心應手。窈窕多姿……」〔註8〕具有開明的思想，能接受西方文化，這是馬忠駿興建歐洲古堡式的宅第的思想基礎。由於擔任黑龍江鐵路管理局交涉局總辦、東省特別區市政管理局局長，馬忠駿常年與外國人打交道，出入外國人的豪宅，他除了產生對歐洲建築的好奇和羨慕，也會有追求與外國達官要人「比一比」的衝動。考慮到馬忠駿的強烈的民族自尊心，這一推測是是可以成立的。他的古堡建成後，外國人發出讚歎，稱之為「皇宮」。這樣，他的心願得到滿足。殖民地時期的中國官員以這樣的特殊方式，亦即興建一棟引人注目的歐式宅第，追求與外國人的地位平等、心理平衡。

在本時期，外國人是在黑龍江地區傳播俄式建築的主體，中國人處於次要地位。這是黑龍江地區的殖民地－半殖民地的狀況決定的。

第二節　新中國初期興建俄羅斯建築的短暫熱潮

黑龍江地區興建歐洲建築的第一波在 20 年代末期開始衰退。日本侵佔黑龍江地區後，歐洲僑民（主要是俄羅斯僑民）大量外遷，俄式建築的興建廖廖無幾，其中以索菲亞教堂、聖母報喜教堂最為有名。

1949 年 10 月 1 日，中華人民共和國成立，中國和蘇聯建立了同盟關係，兩國開始了長達 10 多年的友好時期。當時，中國興起了「學習蘇聯」的運動，以巨大的規模引進蘇聯的文化，其中包括建築藝術。在這一時代背景下，黑龍江地區出現了一次興建俄式建築的熱潮。

由於黑龍江省與蘇聯毗鄰，境內生活著一定數量的俄羅斯僑民，而且，當時蘇聯援建中國的 156 個項目有 23 個安排在黑龍江省，所以這個省的「中蘇友好」氣氛比內地省份要濃厚，興建的俄式建築也比其他省份多。儘管如此，由於當時財力有限，這一次的興建規模不大，既不能與 20 世紀的前 30 年相比，也無法與鄧小平時代相比。

這個時期所建的俄式建築、蘇式建築主要有哈爾濱工業大學主樓、工人文化宮、青年宮。

〔註 8〕陳濟：《海城馬家女兒墳刻石》，《遁園雜俎・文集》卷二。

哈爾濱工業大學雄偉的主樓於 1959 年 8 月動工，1965 年建成，主樓地上十三層，地下一層，總高 75.61m，總建築面積為 17923 平方米。主樓內設有大廳、禮堂、會議室、貴賓室，功能齊全。主樓採用框架結構，屬於前蘇聯社會主義民族建築風格，吸收並折中了歐洲多種建築風格，高大、莊嚴，有刺破蒼穹的氣勢。主樓東側和西側分別建成機械樓（1954 年）和電機樓（1955），兩棟大樓皆為折中主義建築風格，造型及規模基本一致。3 棟樓形成一個完整的氣勢恢宏的建築群。〔註9〕

圖片來源：http://www.chinaasc.org/project/Show_article3A.aspx？
id=573Date--2010.07.09。2010 年 12 月 14 日訪問。

普遍認為，哈爾濱工業大學主樓模仿了莫斯科大學的主樓，前者是後者的中國簡易版、微縮版。這樣的仿建反映了當時的「學習蘇聯」的時代精神，是中蘇友誼的體現。

〔註 9〕建築創作大獎入圍作品——哈爾濱工業大學主樓。
http://www.chinaasc.org/project/Show_article3A.aspx？id=573。
2010 年 12 月 14 日訪問。

　　哈爾濱市工人文化宮建成於 1957 年 11 月，建築風格爲俄羅斯化的巴洛克，主體結構 3 層，內部格局根據文化藝術功能而設計，有音樂廳、劇場、排練廳、講演廳、圖書館、棋牌室等。工人文化宮是當時哈爾濱最大的公共文化活動場所，也是當時全國最大的工人文化宮。自建成到 1990 年代初，工人文化宮一直是哈爾濱大型文化活動的場所。日本松山芭蕾舞團、德國柏林警察樂團、蘇聯韃靼歌舞團等世界知名的文藝團體也曾在這裡演出。〔註10〕

圖片來源：http://image.baidu.com/

　　哈爾濱市青年宮位於松花江邊斯大林公園內，於 1961 年 5 月 4 日建成，爲磚混結構，現代主義風格。

梅慶吉拍攝

〔註10〕哈爾濱工人文化宮的今昔。
　　　　http://z943631.blog.163.com/blog/static/16626521320106210563973/。
　　　　2010 年 12 月 2 日訪問。

　　哈爾濱量具刃具廠是當時蘇聯援建的項目之一。該廠的這棟樓採用了折衷主義的建築風格。

李隨安拍攝

　　在黑龍江省之外，北京、上海、廣州、長沙、武漢等大城市興建了一批名為「中蘇友好大廈」、「中蘇友誼宮」的俄式建築、蘇式建築。它們具有象徵意義──象徵兩國人民之友誼之崇高，象徵中蘇兩國關係之堅如磐石。它們保存至今，給中國人以強烈的視角衝擊力。

　　這批建築中最有名的是北京的蘇聯展覽館和上海的中蘇友好大廈。蘇聯建築師參加了這兩大廈的設計和施工。

　　蘇聯展覽館（現為北京展覽館）的外型模仿了聖彼得堡的海軍部大廈（於1806 年－1823 年修建），主體結構為俄羅斯古典主義建築風格，外部裝飾兼用羅馬式、哥特式造型元素。

　　中蘇友好大廈（今上海展覽中心）為俄羅斯古典主義風格。即使現在，它仍然以獨特的風格在高樓林立的上海引人注目。它被評為「1949～1989 上海十佳建築」和「建國 50 週年十大金獎經典建築」。

圖片來源：http://image.baidu.com

圖片來源：http://www.360doc.com/content/10/0403/15/48325_21432655.shtml

　　1950 年代，在社會主義大家庭內，蘇聯具有極高的威望，中國和其他國家仿造俄式建築、蘇式建築是普遍的現象。哈爾濱工業大學的主樓克隆了莫斯科的羅蒙諾索夫國立大學的主樓，羅馬尼亞的《火星報》（羅共機關報）大樓（現在更名為「自由新聞大廈」，Casa PreseiLibere）、波蘭的華沙科學文化宮也是如此。熱衷於蘇聯建築藝術、仿造蘇聯的著名的俄羅斯建築、蘇聯建築，這表達出中國對蘇聯的友好和對蘇聯模式的追隨。

　　與早期不同的是，1950 年代黑龍江地區歐洲風格建築的興建者的主體已非早期的歐洲人—殖民者。黑龍江人興建俄式建築、蘇聯建築是在中國人完全掌握國家主權的語境下作出的選擇。

　　除了這一社會環境、時代背景，還應該看到俄式建築在黑龍江地區的傳統影響力。半個世紀前，俄式建築、俄式建築已經開始流播於此，出現在中國民眾的視野中，中國人已經在視覺和心理上適應、接納了這一帶有異域風情的建築樣式。所以，新中國時期黑龍江省興建一批俄式建築，民眾完全能夠接納。

第三節　文化大革命時期對俄羅斯建築的漠視和破壞

　　20 世紀 60 年代中期，中國開始了長達 10 年的文化大革命。具有諷刺意味的是，這場政治風暴雖然被命名爲「文化大革命」，但是實際上卻是一場文化大破壞，遭到破壞的不只是外國文化遺產，中國文化遺產同樣慘遭噩運。

　　這個時期，中國社會存在一種極端思想（大陸通常稱之爲「極左」思想），它表現爲對人類歷史文化遺產、對知識分子持敵視態度。極端思想導致極端行爲：全國各地迫害知識分子，破壞名勝古蹟，燒毀圖書。山東省曲阜的孔子陵園遭到破壞，孔子的墳墓被挖掘。紅衛兵還計劃拆毀中國歷代皇帝的皇宮——故宮，由於周恩來派部隊保護，才幸免於難。〔註 11〕

　　在這樣的社會環境裏，對外國文化遺產的認知出現嚴重錯誤，中國境內的俄式建築遺存被視爲殖民地的標誌、民族恥辱的象徵。

　　1960 年代初中蘇關係破裂，之後兩國進行了近 20 年的對抗，其間還還發生邊境武裝衝突。在這樣的形勢下，歐洲建築中的俄式建築承擔了新的罪過：「沙皇俄國」、「蘇修」的象徵，沙俄侵華的證據。由於形成了這樣的偏見，紅衛兵必欲毀之而後快，哈爾濱有名的尼古拉教堂、聖母報喜教堂因此而在劫難逃。

　　哈爾濱聖·尼古拉教堂是以聖徒尼古拉命名的，1900 年建成，設計師是東正教教會建築師鮑達雷夫斯基，教堂正門上部的聖母像及教堂內部的壁畫由俄國畫家古爾希奇文克繪製，教堂內部的聖物、聖像及大銅鐘是從莫斯科運來的，大銅鐘於 1866 年由俄羅斯秋明市的家族工廠製造。到哈爾濱，所用的木料是從加拿大運送來的紅松，位於地勢較高的秦家崗上，與哈爾濱火車站相望，在哈爾濱，這個教堂是東正教教堂的經典作品，是地標性的建築。

　　黑龍江省新聞圖片社攝影記者宋揮是紅衛兵拆毀這座教堂的目擊者，他敘述了當時的情況：

　　　　1966 年 8 月 23 日上午，當時我和我們新聞圖片社的萬繼躍隨同阿爾巴尼亞排球隊來哈訪問比賽採訪，我省由孫西岐副省長陪同。連比三場都輸給了我們。我們便組織工聯隊，他們終於贏了我們一場。比賽在南崗燈光球場（與尼古拉大教堂東北隔街相望）結束後，十一

〔註 11〕　「文革」時破四舊，爲何故宮沒受衝擊？　2011 年 09 月 02 日 10：20 來源：《黨的文獻》。http://history.people.com.cn/GB/205396/15572764.html。2012 年 2 月 6 日訪問。

點種左右，我們在國際旅行社二樓窗臺望去，只見喇嘛臺（即聖·尼古拉大教堂）人山人海，有二男一女還爬上了塔頂，在那裡呼喊口號，慷慨演講，喇嘛臺四周懸掛著許多長條標語，大意是搗毀帝國主義侵華標誌、搗毀封資修的黑窩之類。參加搗毀的主要是中學生，也有一些大學生，還有許多工人。具體是哪裏的學生、工人，不清楚。每個人戴著袖標。阿爾巴尼亞客人興致很濃，團長就下樓觀看。當時學生們向他圍來，問他是否支持我們的革命行動？團長表示支持，並發表了現在看來得體、當時風光的談話。於是，我走近了喇嘛臺，並拿著相機拍照。這時，上來一名大高個，後來我打聽他是哈工大機械系二年級學生李×華，擔心我是特務，要槍我的相機。因為，前不久，有一名丹麥客人，不支持他們，他們就把他的膠卷全部曝光，並將他攆了出去。我亮出記者證，告訴他，我是隨同阿爾巴尼亞客人的攝影記者，這是一份珍貴歷史資料，應該留下來，好紀念這次革命行動。李便答應我拍照。並且，給了我一種特別的禮遇：前面四人，後面四人，領著我進入喇嘛臺。我進到裏面，學生們正忙著在裏面砸東西，燒毀經卷什麼的。裏面煙氣、塵土嗆人，令人窒息。我的鏡頭便對準他們。我上上下下，用「路來」相機一共拍了兩卷（每卷12張，6×6）。這些片子洗出來後，先後借給李×華，還有體育學院一位戴眼鏡的小陳看過。我從裏面出來，聽説上塔頂的三個人下不來，由孫西歧告訴公安局長，派消防梯將他們接下來。……經過一天的勞頓，到晚上 12 點，隨著一聲巨響，整個塔坍塌下來。外面的情況是萬繼躍拍的，直到清場。整個拆毀由蘇廣銘（哈車輛廠工人、全國勞模）擔任總指揮，聽説還有一些勞模也參加了。〔註12〕

哈爾濱鐵路職工董吉祥那時剛上初中，聽人們嚷嚷「拆喇嘛臺啦！」他也去觀看。當時是上午八九點鐘左右，事先還有個儀式，由主持人宣佈，請蘇廣銘講話，然後呼口號，之後開始拆毀。參與者還有不少工人。採取了很多安全措施，怕砸了人，還用繩子圍著。有很多人維持秩序。不能隨便出入。〔註13〕

〔註12〕董時：《尼古拉教堂被毀紀實》，《老照片》第四輯，第 50～54 頁，濟南：山東畫報出版社，1997 年 10 月。

〔註13〕電視片：《發現之旅·消失的建築》，攝影師宋揮、萬繼耀的講述。

圖片來源：http://image.baidu.com

紅衛兵拆除尼古拉教堂　萬繼耀拍攝

http://jilu.cntv.cn/humhis/xiaoshidejianzhu/classpage/video/20100420/100004.shtml 。
2011 年 3 月 1 日訪問。范正美：《秋夢追思》第十章《追夢之思》，北京：高等
教育出版社，2007 年 2 月。董時：《尼古拉教堂被毀紀實》，《老照片》第
四輯，第 50～54 頁，濟南：山東畫報出版社，1997 年 10 月。

紅衛兵拆除尼古拉教堂　萬繼耀拍攝

尼古拉教堂遭到的噩運幾年後落到聖母報喜教堂（Харбинский благовещенский храм）的身上。聖母報喜教堂是拜占庭風格的俄羅斯東正教教堂，位於道里區警察街（今友誼路）、中國大街（今中央大街）交叉處。始建於1900年，落成於1903年5月。1918年2月23日遭火災。1918～1919年重建。1930年，開始第二次重建，1941年竣工。氣勢恢宏，建築精美，被稱爲遠東地區最宏偉、最壯觀的教堂，可容1200人做禮拜。1970年，它被拆毀。據說教堂建築得非常堅固，用炸藥反覆炸了幾次都沒有完全炸毀，餘下的部分被包進哈爾濱建築設計院的大樓。〔註14〕

紅衛兵拆除尼古拉教堂　萬繼耀拍攝

〔註14〕哈爾濱中央書店──哈爾濱教堂建築藝術圖片展。
　　　　http://shequ.kongfz.com/225766.html 。2011年3月1日訪問。
　　　　哈爾濱布拉格維申斯卡婭教堂。
　　　　http://blog.sina.com.cn/s/blog_4dee14e30100okni.html。
　　　　2011年3月1日訪問。

圖片來源：http://blog.sina.com.cn/s/blog_4dee14e30100okni.html。

2011 年 3 月 4 日訪問。

　　聖伊維爾教堂逃過了拆毀的噩運，但是弄到嚴重的破壞。它是典型的俄羅斯拉夫（波）式球形尖塔教堂。該教堂建築呈希臘十字式格局，具有突出的俄羅斯拜占庭風格，5 個「洋蔥頭」昂揚挺拔，鐵護簷爲新藝術運動風格，簷下半圓形連券、門窗、拱券均爲羅馬風格。尤爲獨特的是鐘樓上方，洋蔥頭基座的修飾與半圓形羅馬風格拱券重迭相連，美觀而又別具魅力。孤兒院是其現存的唯一附屬建築，造型精美，細部豐富，建築入口處的馬賽克鑲嵌畫色彩鮮明如昔。

　　1927 年，在主教季米特里和基輔音樂學院自由藝術家芭拉諾娃波波娃的倡導下，在聖伊維爾教堂創辦了哈爾濱音樂訓練班，開設了鋼琴、小提琴和聲樂班，培養了一大批音樂人材。

　　聖伊維爾教堂該建築在「文革」期間遭到嚴重破壞，主體建築上 6 個「洋蔥頭」式的圓頂被拆除，附屬建築除孤兒院外均不存在。文化大革命以來，它被破爛的棚子包圍，目前內部和外牆已破損嚴重。〔註15〕

〔註15〕哈爾濱擬恢復百年聖伊維爾教堂並將闢建廣場。
　　　　http://heilongjiang.dbw.cn/system/2005/03/25/050006981.shtml。
　　　　2011 年 3 月 1 日訪問。

聖伊維爾教堂。圖片來源：http://shequ.kongfz.com/225766.html

頂部被拆除之後的聖伊維爾教堂。圖片來源：http://image.baidu.com

頂部被拆除之後的聖伊維爾教堂。圖片來源：http://image.baidu.com

　　索菲亞教堂雖然沒有被拆除，但是遭到嚴重破壞，一度被當作倉庫使用，被亂七八糟的建築包圍。

　　教育書店（即松浦洋行）是一座精美的建築。其主入口上方有兩座精美的大理石雕像，他們是古西臘神話中的兩個人物，是擎天之神，男的叫亞特拉斯，女的叫加里亞契德。在文化大革命中這兩座大理石雕像被嚴重破壞。

　　不僅黑龍江地區的俄羅斯建築遭此劫難，遼寧省旅順的蘇軍烈士陵園也遭到破壞，墓地裏安葬的是在朝鮮戰爭中與中國軍隊並肩作戰的蘇聯飛行員。中蘇對峙時期，這成了中國人渲泄對蘇聯不滿的一種方式。〔註16〕

　　文化大革命是一個特殊時期。在這個時期，俄式建築的興建在黑龍江地區停頓了，殖民地時期的俄羅斯建築遺存被漠視、敵視和破壞。

〔註16〕　個中美蘇心照不宣、嚴守了 50 年的秘密。來源網站：呼倫貝爾日報
　　　　　http://news.yorkbbs.ca/world/2010-07/399028.html。
　　　　　2011 年 3 月 1 日訪問。

第四節　改革開放以後俄羅斯建築的復興

　　文化大革命結束後，中國進入了新的歷史時期。以鄧小平為核心的改革派引導了思想解放運動，推行「改革開放」政策。中國社會發生嬗變，中國人的思想觀念、價值觀發生了相應的變化，文化大革命時期的極端思想——「極左」思想——被完全摒棄，中國人對殖民地的歷史進行了新的研究，對「殖民主義」的功過有了理性的認知。中國學術界在 1990 年代曾經進行了「殖民主義的雙重使命」討論。這在毛澤東時代是不可思議的。

　　在改革開放的歷史時期，黑龍江人對沙皇俄國在黑龍江地區的殖民主義活動有了新的判定。以沙皇俄國在中國東北修築的中東鐵路為例，黑龍江人認為：一方面，中東鐵路是沙皇俄國侵略中國的產物，是近現代中國屈辱歷史的標誌；另一方面，中東鐵路的修築和運營在客觀上加快了黑龍江地區乃至整個東北的開放和開發，促進了黑龍江地區的近代化。

　　此時的黑龍江人對殖民地時期的歐洲建築遺存不再抱過去曾有的敏感和敵意。哈爾濱城市史專家李述笑提出這樣的觀點：哈爾濱的歐洲建築遺存是殖民地歷史的見證，而不是殖民地歷史的罪證。這句話以直白的方式表述就是：殖民者有罪，但是殖民者留下的歐洲建築無罪。

　　李述笑的觀點反映了改革開放後黑龍江人對於殖民地時期歐洲建築遺存的主流觀點。

　　當然，如果殖民地時期的某一建築表達了殖民者對殖民地人民的敵意和污辱，那麼，獲得民族獨立的人民將之拆毀就是理所當然的了。日本在漢城建造的總督府被韓國人拆毀就是這樣一個例子。

　　改革開放時期黑龍江人思想觀念的一個巨大進步是：認識到歐洲建築遺存的美學價值，認識到這些遺存是寶貴的人類文化遺產。欣賞美、追尋美是人類的本能。文革時期漠視和破壞歐洲建築遺存，不一定說明那時黑龍江人沒有審美的精神需求，只不過是這一精神需求被狂熱的意識形態壓抑和扭曲。文化大革命結束後，中國人漸漸恢復了正常的審美心理。所以出現了這樣的鮮明對照：在文化大革命時期，紅衛兵投向這些建築的目光是敵視、仇視，鄧小平時代的黑龍江人投去的目光是欣賞和讚美。

　　哈爾濱青年劉鼎中在談及家鄉的尼古拉教堂在文革期間被毀之後寫道：「在政治運動時期，我們普通老百姓沒有能力、也沒有足夠意識保護哈爾濱的歷史文化遺產，我們後人都很難過，也都很遺憾，但是今天僅存的一些殘

磚片瓦，我們一定要珍惜，我們不會再讓歷史的悲劇重演了。」他的話能代表新一代對歷史文化遺產的態度。〔註17〕

這個時期，出現了對歐洲建築遺存懷著熾熱情感的黑龍江人。他們有的製作歐洲教堂的模型，有的出版了歐洲建築的攝影作品集，有的在自己的博客中放置大量歐洲建築遺存的照片。他們以各種方式表達對歐洲建築的熱愛和讚美。

從黑龍江大眾的心理層面來說，「俄式建築是美的」已是共識。筆者沒有發現任何否定「俄式建築是美的」的例子。由於這個時期中國不再存在 1950年代～1970 年代官方在推銷正反兩種蘇聯形象及相關事物時的說教和強制，可見黑龍江人對歐洲建築的肯定和接受完全是自願的。〔註18〕

黑龍江民眾的這一心理爲俄式建築在這一邊境地區的復興和新生提供了社會基礎。

黑龍江人的這一行爲讓我們回憶起 18 世紀歐洲的中國熱。當時，中國的社會制度、文化產品（如《趙氏孤兒》）、樓臺亭閣等都引起了歐洲人的興趣。這股熱浪也播及俄羅斯，那時聖彼得堡出現了中國亭子。

還應該看到，改革開放背景下的黑龍江人對外國文化持積極吸收的態度，他們不只是珍愛歐洲建築遺存，而且對歐美日本的現代科技、電影等都以巨大的熱情和可觀的規模引入。在加入 WTO 之後，中國與世界日益融合在一起，黑龍江人和中國其他地區的同胞一樣表現出對對外國文化的巨大興趣和學習能力。

最後，必須指出：商業考量是黑龍江地區歐洲建築復興和新生的巨大推力。

作爲一個與俄羅斯相鄰的區域，黑龍江地區獨一無二的旅遊資源就是其他省份沒有的歐洲建築遺存。黑龍江人希望以「歐洲風情」、「俄羅斯情調」凸顯自己的地域特色，提升家鄉的知名度，形成對國內外遊客的吸引力，以此發展旅遊業。黑龍江地區的第一大城市哈爾濱、邊境城市滿洲里在這個方面表現得尤爲明顯。這兩個城市爲了促進旅遊業，千方百計地強化自己的異

〔註17〕爲了那殘留的紀念——作爲一個「冰城人」的鄭重作答
　　　　http://blog.sina.com.cn/s/blog_5d52bf180100ghnh.html。
　　　　2011 年 3 月 9 日訪問。
〔註18〕除了俄式建築，黑龍江人還接受了俄羅斯風格的麵包、糖果等。在接受的同時，黑龍江人還開發出新品種。俄羅斯風格的飲食在黑龍江地區的流播，可以作爲俄式建築的流播的參照。

國情調，具體的做法就是高度重視修繕和保護歷史遺留下來的遺產——歐洲建築遺存，同時興建新的歐洲建築。

多種因素推動了俄式建築的在黑龍江地區的復興和新生，復興和新生的方式有 3 種。

1、修繕和保護舊的歐洲建築

這項工作全部由官方主持。修繕、保護不只是針對某一單個的歐洲建築，有時候也針對歐洲建築較多的整條街道、整個小區，通過修繕和改造，使之獲得新的生命，放射歐洲風情。

這裡以哈爾濱市為例加以闡述。30 多年來，為保護和利用哈爾濱市的歐洲建築遺產，哈爾濱市政府確立了這樣的理念：「不僅保護歷史建築，而且保護其環境」；「不僅要保護歷史街區，而且要保護城市格局脈絡和城市特色風貌。」所做的工作主要有四個方面：1·制定名城保護法規，依法維護歷史文化遺產。1997 年 1 月 2 日，經市政府批准，《哈爾濱市保護建築街道街坊和地區管理辦法》付諸實施；2001 年，頒佈了《哈爾濱市保護建築和保護地區條例》。2·明確了保護範圍，先後三次經市政府批準確定了 247 棟保護建築和14 個保護街區，實行掛牌保護。3·編制了一系列具體的規劃，如名城保護總體規劃，中央大街一期、二期綜合整治規劃，索菲亞教堂廣場一期、二期、三期改造規劃設計等，共 200 多項規劃，有效地指導了相應的工程。

具體的維修、保護工作可以分成 3 個階段：從 1984 年到 1996 年，主要是對歷史文化遺址、保護建築的單體著手進行普查、調研，修繕和保護；從1996 年到 2001 年，主要是對中央大街兩側、道外靖宇二道街、聖索菲亞教堂廣場等歷史文化遺址、保護建築的周邊環境進行綜合整治，拆除了十年動亂期間形成的大量私建、濫建的建築物，再現了城市的歷史風貌；從 2002 年至今，主要是整片地進行修繕和保護，中央大街步街街區、太陽島俄羅斯小鎮、猶太教建築街區等得到了很好的整治。〔註19〕

哈爾濱市保護和維修俄式建築遺存的成就當以索菲亞教堂、中央大街的整治為典型。哈爾濱市政府花費鉅資修繕索菲亞教堂，拆除周圍的樓房，以它為核心建起了一個具有異域特色的著名旅遊景點。

〔註19〕 俞濱洋：《從哈爾濱歷史文化名城保護與城市復興看花園街歷史街區的規劃與
發展》http://www.upp.gov.cn/view/ghdt/article/013127.html。
2011 年 3 月 1 日訪問。

索菲亞教堂景區夜景　圖片來源：http://image.baidu.com/

中央大街　圖片來源：http://image.baidu.com/

中央大街夜景　圖片來源：http://image.baidu.com/

　　哈爾濱有兩條街道因俄式建築較多而被改造成俄羅斯風情街道。其一為中央大街（殖民地時期稱「中國大街」），這條街道因俄式建築集中而被稱為哈爾濱的「阿爾巴特街」（莫斯科著名的古老街道），現在，它被整治成全國一流的獨具魅力的步行街。

　　哈爾濱南崗區的奮鬥路在殖民地時期分為兩段──新商務街、果戈里街，兩側薈萃了一系列俄式建築，20 世紀 90 年代，哈爾濱市政府將之加以整治、改建，命名為「果戈里大街」，現在，此街成為知名的「俄羅斯風情一條街」。

　　在黑龍江地區的其他城市，也注意修繕遺留至今的俄羅斯舊建築，建立俄羅斯風情區。陸路口岸城市滿洲里保留了一條有歷史意義的街道，那裡彙集了有百年歷史的木克楞房以及用石材建成的俄式樓房。〔註20〕

　　不只是純粹的俄式建築得到修繕和保護，中西合璧的中華巴洛克也得到這樣的關愛。

〔註20〕信步滿洲里　一座乾淨漂亮的城市。
　　　　http://www.nmg.xinhuanet.com/nmgwq/2008-04/09/content_12912434.htm。
　　　　2011 年 3 月 1 日訪問。

修繕巴洛克建築

圖片來源：http://hlj.xinhuanet.com/news/2011-08/01/c_131022334_2.htm

2011 年 6 月 5 日訪問。

修繕完畢的中華巴洛克

圖片來源：http://hlj.xinhuanet.com/news/2011-07/08/c_13973573.htm

2011 年 6 月 5 日訪問。

2007 年，哈爾濱市將「中華巴洛克街區」的保護和修繕列爲重點工程項目，開始對中華巴洛克建築群進行修復。這年，中華巴洛克保護更新項目一期工程啓動，投資 2 億多元人民幣，涉及的街區約 2‧6 公頃。在修繕舊建築立面的同時，拆除了不屬於中華巴洛克風格、且嚴重破壞街區整體風貌的建築，建了與整個街區風格相協調的新建築。中華巴洛克保護更新項目一期工程完工後的區域，被確定爲中華巴洛克建築博物館和精品旅遊景區，以展示中華巴洛克建築藝術和規模。〔註 21〕

2010 年 6 月，中華巴洛克保護更新項目二期工程啓動，這個區域由景陽街、靖宇街、南四道街和南勳街圍合而成，面積爲 9.73 萬平方米，規劃建築面積 16.66 萬平方米，其中，保護修繕建築面積 4.85 萬平方米，新建建築面積 7.94 萬平方米。經勘測，中華巴洛克建築砌磚的沙漿強度爲零，磚的強度嚴重下降。建築裏面做連接用的木梁腐敗程度也很嚴重，而且，這些建築中都沒有上下水管道，院子裏存在雜亂無章的建築。經過專家的論證，得出了這樣的修繕保護方案：保留沿街的立面，用型鋼作支固以後，再對建築的裏面進行拆除、更換、修建，木梁全部換掉，院子裏的房子全部拆除，安上上下水管道、燃氣管線。〔註 22〕

據報導，對舊有建築的加固成爲整個工程中最難的部分。加固工程中，爲確保這些老建築原汁原味，工程保留了部分老建築的單體牆，這些牆體早已年久失修，要想使用必需加固，但這種加固有別於重新建設，需要工人們先用槽鋼對原有牆體進行加固，再用新砌的牆體與之契合。通過這樣的努力，確保了它的原汁原味和安全。〔註 23〕

2、興建俄式建築，包括重建那些被拆毀的俄式建築

近 20 年，黑龍江地區對歐洲建築的熱情不只是表現在修繕和保護上，還表現在大規模的興建上。

100 多年前，亦即 20 世紀初期，興建歐洲風格建築的黑龍江人極爲少見，

〔註 21〕 王建威：《哈爾濱「中華巴洛克」建築被保護更新》
　　　　 http://news.qq.com/a/20080813/001349.htm。2011 年 3 月 1 日訪問。
〔註 22〕 中華巴洛克歷史文化保護街區：百年街區的涅槃
　　　　 http://hlj.xinhuanet.com/news/2011-08/01/c_131022334_2.htm。
　　　　 2011 年 3 月 1 日訪問。
〔註 23〕 戰高溫保質量 中華巴洛克晝夜施工忙
　　　　 http://hlj.xinhuanet.com/wq/2011-07/26/c_131009933.htm。
　　　　 2011 年 3 月 1 日訪問。

馬忠駿是其中之一。當時，黑龍江人對俄式建築基本上是仿造，亦即建築中西合璧的「中華巴洛克」。而從 20 世紀末開始，黑龍江人以遠遠超過當年的規模興建地地道道的俄式建築。毫不誇張地說，黑龍江地區近 10 多年出現了興建俄式建築的熱潮。〔註24〕

滿洲里木材交易中心

圖片來源：http://www.manzhouli.gov.cn/bcly/

2011 年 6 月 5 日訪問。

〔註24〕 中國其他地區也存在仿建俄式建築的現象。安徽某地的政府辦公樓「克隆」自美國的白宮。上海的安亭鎮於 2006 年建造完工了一個典型的中等規模的包豪斯風格的德國城鎮，鎮裏甚至豎起一座仿製的「歌德和席勒」噴泉雕像。廣東省正在「複製」奧地利的「世界文化遺產」小鎮──浪漫的哈爾施塔特。小鎮鎮長亞歷山大‧索茨對出現中國版的哈爾施塔特感到不快，已經向聯合國教科文組織「求救」。聯合國教科文組織的官員說，進行這樣的複製，原則上應該得到主人的同意。詳見：http://world.people.com.cn/GB/14946613.html。

滿洲里婚禮宮

圖片來源：http://www.manzhouli.gov.cn/bcly/　2011 年 6 月 5 日訪問。

滿洲里義烏商貿城

圖片來源：http://forum.home.news.cn/thread/66929624/1.html。

2011 年 6 月 5 日訪問。

政府和私人在興建俄式建築方面都取得驕人的成績。

建設俄式建築的主角當然是政府。一些重要的政府大樓、公用建築都設計成歐洲建築的形制。大城市在這個方面獨領風騷，中等城市、小城市、鎮、村緊跟其後。俄式建築在整個黑龍江地區如雨後春筍！

邊境城市滿洲里自 20 世紀 90 年代以來，一步步地實現了整個城市的俄羅斯化。城市規劃和建築設計有意識地凸顯和強化俄羅斯情調，俄式建築接二連三地拔地而起，店鋪、餐廳、銀行的招牌一律書寫中文、俄文，走進這個城市，會有身在俄羅斯的感覺，那些別致的俄式建築令人讚歎不已！

亞布力南站　　圖片來源：http://image.baidu.com

亞布力滑雪旅遊度假區是國家 AAAA 級景區，位於黑龍江省尚志市亞布力鎮東南 20 公里，距哈爾濱市 197 公里。亞布力南站建成於 2007 年，是爲了迎接哈爾濱 24 屆大冬會而修建，中國第一個滑雪場火車站。

爲拍攝電視劇《這裡的黎明靜悄悄……》，在黑河郊區建造了一個地地道道的俄羅斯村落。電視劇拍完後，這裡成爲一個旅遊景點，其俄羅斯風情吸引了外地遊客。

圖片來源：http://image.baidu.com

圖片來源：http://image.baidu.com/

圖片來源：http://image.baidu.com/

圖片來源：http://image.baidu.com/

　　在俄式建築的興建熱潮中，地方政府起了主導與引領作用，個人也有出色的表現。殖民地時期，有能力興建純粹的歐洲建築的黑龍江人鳳毛麟角；到了20世紀末、21世紀初，黑龍江地區出現了掌握巨額財富的階層，他們中的一些人把自己的資金投入到俄式建築的興建上。在這些人中，黃祖祥最為引人注目，他投資興建的伏爾加莊園在中俄兩國獲得越來越大的聲譽。

伏爾加莊園圖片來源：昵圖網

　　與政府相比，個人在興建俄式建築時更加注重細節和質量。整個伏爾加莊園的規劃、具體建築的設計、施工的監督，都由俄羅斯建築師負責。園區建起了數十座精美別致的建築，構成俄羅斯古典建築的全景，美輪美奐，充分展示了俄羅斯古典建築的美。將伏爾加莊園稱為俄羅斯古典風格建築的微型博物館，是恰如其分的。

　　特別值得稱道的是，黃祖祥在伏爾加莊園中興建了一些已經湮滅的俄羅斯經典建築，它們或在俄羅斯祖國消失已久，或毀於紅衛兵暴徒之手，或毀於火災。由於黃祖祥的努力，它們重新出現在哈爾濱郊區！

莊園的大門

圖片來源：http://blog.sina.com.cn/s/blog_49ba2b9401017m19.html

攝影師藝名「七色地圖」。2011 年 5 月 8 日訪問。

　　伏爾加莊園的大門仿照俄羅斯伊爾庫茨克郊區的城堡大門建造，後者已不復存在。

　　莊園的接待中心復原了建於 1896 年、毀於 1925 年的俄羅斯尼日尼－諾夫哥羅德市黃麻織布廠的展廳。這個城市是蘇聯作家高爾基的家鄉。

接待中心左前方是尼古拉教堂

圖片來源：http://blog.sina.com.cn/s/blog_49ba2b9401017m19.html

攝影師藝名「七色地圖」。2011 年 5 月 9 日訪問。

　　「米尼阿久爾」餐廳。俄語「米尼阿久爾」意爲「精美的藝術品」。米尼阿久爾咖啡茶食店建於 1926 年，位於道里區中央大街。後來，該店在太陽島開設了一家分號，也就是「太陽島江上餐廳」。1997 年 2 月 4 日，一場火災使太陽島江上餐廳消失了。爲復原這座精美的古典建築，黃祖祥派人前去圖書館、檔案室查閱資料，向社會徵集了數百張餐廳內外的照片，另外聘請中俄兩國建築專家完全按照當初建築原貌進行設計，最終將這座建築復原在伏爾加莊園。〔註25〕

〔註25〕彭博，徐建東：《哈市香坊「伏爾加莊園」　重現俄羅斯經典建築》
　　　　http://house.focus.cn/newshtml/680494.html。攝影師藝名「七色地圖」。2011 年
　　　　5 月 5 日訪問。

「米尼阿久爾」餐廳

圖片來源：http://blog.sina.com.cn/s/blog_49ba2b9401017m19.html。

攝影師藝名「七色地圖」。2011 年 5 月 24 日訪問。

巴甫洛夫城堡　　圖片來源：

http://bbs.bingchengwang.com/forum.php？mod=viewthread&tid=12675583&highlight=

攝影師藝名「教書匠」。2011 年 5 月 20 日訪問。

巴甫洛夫城堡在自己的祖國歷經滄桑，如今，它被克隆在伏爾加莊園，一方面展示俄羅斯建築之美，一方面展示俄羅斯飲食文化——工人現場製作紅酒、香腸、大列巴、格瓦斯、伏特加等俄羅斯美食美酒。

莊園裏還建有「伏爾加賓館」。它的原作於 1896 年建於俄羅斯，毀於 1925 年。如今，消失了 80 多年的俄羅斯建築在伏爾加莊園「復活」了。

最令人讚歎的是，在伏爾加莊園裏以 1：1 的比例重新建起了當年被紅衛兵摧毀的哈爾濱聖尼古拉教堂。爲了復建該建築，在建設初期就邀請俄羅斯歷史建築保護協會主席、俄羅斯功勳設計師、哈巴羅夫斯克工業大學建築學博士尼古拉‧彼得羅維奇‧克拉金博士進行主導設計。克拉金博士在此之前曾參與過多個俄羅斯歷史建築的修復工作。

新建的尼古拉教堂

圖片來源：http://img3.fengniao.com/album/upload/174/34688/6937562.jpg

2011 年 3 月 19 日訪問。

　　克拉金博士說，原尼古拉教堂的設計方案在當時的俄國首都聖彼得堡市完成，教堂內部的聖物、聖像及大鐘是從莫斯科運到哈爾濱的，精雕細刻的部分由中國能工巧匠傾力完成。黃祖祥力求新建的尼古拉教堂與原先的尼古拉教堂完全相同，「每一寸都和原貌一模一樣」。為了達到這個目標，第一，依照原尼古拉教堂使用的松木，從俄羅斯進口相同品種的松木；第二，根據原尼古拉教堂的外觀設計圖紙，嚴格按照原有比例，聘請能工巧匠精心雕刻。第三，拿著復原的設計圖紙，在俄羅斯訂製了教堂內的大鐘、聖像、燭臺等絕大部分物品，就連裏面一些桌椅的樣式、顏色都與原尼古拉教堂高度一致。不僅如此，就連什麼地方用釘子、什麼地方不用，外牆裝飾圖案的尺寸、造型等細節，都力爭完全與原先的尼古拉教堂一樣。〔註26〕

　　克拉金博士和中國同行們為在中國土地上恢復俄羅斯古建築付出了很多心血。如今成果聳立在眼前，他感到無比欣慰，但也不無遺憾。他總是在莊園裏漫步，默默地端詳這些建築，思考著什麼。有一天，他對高莽說：「聖尼古拉教堂的瓦蓋顏色太淡，與天色混同了。」可見，他希望這座建築物盡善盡美。〔註27〕

　　目前，伏爾加莊園仍然在建設之中。它已經不完全是黃祖祥的個人財產，而是整個社會的財富。

3、把中國舊建築包裝成歐洲建築，在中國新建築上加入歐式元素

　　俄式建築在黑龍江地區的復興還表現在：黑龍江人在中國舊建築上附加「俄式建築」的元素，亦即附加俄式建築風格的點綴，如「洋蔥頭」。這與100年前中國建造「中華巴洛克」異曲同工。

　　2008年，哈爾濱市首次對樓體進行大規模的整修裝飾，其目標為營造「歐陸風情」，追求和製造城市的「洋氣」，讓哈爾濱繼續享有「東方小巴黎」和「東方莫斯科」的歷史美譽。

　　哈爾濱市城市環境綜合整治辦公室負責人說：哈市舊樓體立面改造以城市總體規劃為基礎，原則是與城市風格相統一，符合歷史文化名城特點。按照哈市整體風格，舊建築改造定位為歐陸風情，改造中匯聚了巴洛克、折衷主義及現代等多種歐式風格，色調則是與哈市城市主色調米黃色相協調的黃

〔註26〕 彭博，徐建東：《哈市香坊「伏爾加莊園」 重現俄羅斯經典建築》
　　　　 http://house.focus.cn/newshtml/680494.html。2011年3月17日訪問。
〔註27〕 高莽：《中國有個「伏爾加莊園」》
　　　　 http://www.cass.net.cn/show_news.asp？ID=281239。2011年3月20日訪問。

白顏色，力爭讓改造後的老建築成爲城市的新亮點，也讓哈爾濱市呈現統一的歐陸風貌。老建築「穿衣戴帽」，確切地說，是對這類樓房進行歐洲風格的包裝，具體的方式是：對景觀節點上的重點樓體實施「平改坡」和立面整飾；對樓體實施立面整飾，進行簷口處理，裝點歐式符號。〔註28〕

改造前的市政賓館

────────────

〔註28〕哈市投入 6 億「裝扮」舊建築，「穿衣戴帽」定位洋派
http://news.qq.com/a/20081119/000667.htm。2011 年 5 月 7 日訪問。

改造後的市政賓館

哈爾濱公路大橋的橋頭堡也被改造成具有歐洲風格的建築！〔註29〕

〔註29〕10 個半月環境整治顯效 冰城立面改造「洋」風撲面
http://www.hljdaily.com.cn/fouxw_sn/2008-11/18/content_233268.htm。
2011 年 4 月 14 日訪問。

改造前的公路大橋橋頭堡

　　經過整修裝飾，原先那些陳舊平常的樓房一下子穿上了歐洲外衣，外觀爲之一變，成爲獨特風景。以秋林公司爲核心的小區是個典型，改造之後成爲一個充滿歐洲風情的景區。

改造後的公路大橋橋頭堡

松花江公路大橋橋頭的市政賓館原先並不引人注目，但是進行歐洲風格

的包裝後別有一番韻味。

花園街是哈爾濱的一條重要街道，黑龍江省省委就坐落在這條街上。2011年，哈爾濱市對這條街道兩旁的建築進行改造，注入俄式建築的風格，以符合花園街整體性歐陸風情的地域特色。改造工程完成後，哈爾濱再添一個歐陸風情街區。

哈爾濱人的具體做法是：

其一，依據該建築特點，一至三層採用大理石飾面，玻璃窗連通落地設計，強化歐式一層段落的商業功能。按原建築三組陽臺體量增加豎向柱式作縱向劃分，柱頂部設置三組三角形簷口，用建築語言將超長建築劃分成若干相對獨立陣列體塊。連體窗間採用綠色鋁單板鑲嵌，突出建築商用功能。

其二該建築群三棟樓體按統一的簡歐風格設計，地勢東高西低局部地下室暴露，一層段落設計同樣採用地下室、一層二層相連通的手法，牆面採用帶有橫向肌理的淺灰色塗料，彰顯穩重，增加了一層店面的商業氣氛，第二段落縱向延長窗套口線，利用建築符號調整窗口比例，形成較純正的簡歐風格過渡段。屋面平改坡採用深色海洋藍玻纖瓦為裝飾面，頂部利用陽台山花進一步豐富了建築天際線。

花園街部分建築改造效果如下圖所示：

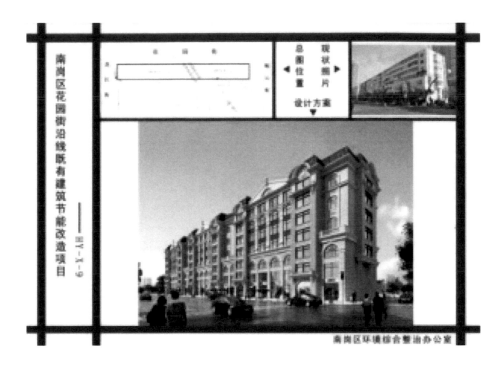

圖片來源：http://roll.sohu.com/20110609/n309694524.shtml。2011 年 6 月 3 日訪問。

　　2010 年，哈爾濱的主幹大道之一中山路（俄羅斯殖民時期爲「霍爾瓦特大街」，日本侵佔時期改稱「土肥原路」）也進行了改造，這條街兩邊的許多建築被包裝成歐洲風格的樣式，連候車亭也設計成歐洲式樣。

　　黑龍江人還在新建的建築中加入歐式元素，亦即添加俄式建築中常見的造型，如廊柱、「洋蔥頭」；牆面則塗成暖色調，一些收費站、售貨亭、賣報亭被設計成歐洲城堡的樣子，這在中國其他地區是罕見的。這些現象說明歐洲建築風格在黑龍江地區流播之深入。

　　哈爾濱政府專門頒發了《哈爾濱城市建築風格控制性規劃》和《哈爾濱市城市色彩規劃》，對城市的改造和建設加以指導和約束，旨在保護哈市的建築風格特點和彰顯城市主色調，充分展示與延續「東方莫斯科」、「東方小巴黎」風韻，體現北方歷史名城風範。所謂「對哈爾濱建築風格的控制」，是指：老城區要延續歐陸風情的歷史文脈，在老城區新建的樓宇也需要嚴格遵循這一原則。例如，在尚志大街與經緯街街口、友誼路與高誼街街口新建的兩棟高層建築既有現代風格的玻璃幕牆，也有古典的柱式等元素體現在立面上，洋溢著「歐式風情」。

　　如果新建樓房處在確定的建築風格保護區中，那就必須延續歐式風情。具體來說，新建築應該在立面的裝飾上充分利用建築符號的語言，體現歐式風情的古典特色，如增加歐式穹頂、古典裝飾來延續哈爾濱建築特色的歷史文脈。

　　哈爾濱西郊崛起的新區——群力新區——整體地追求歐式風格。在其他新區和居民小區的新建建築建設中，哈爾濱規劃部門始終建議建設者延續歐陸風情的建築風格。〔註30〕

　　在目前的哈爾濱，新建樓房頂端樹立盔形穹頂和哥特式尖頂成為普遍的現象，由此形成了哈爾濱的完美的天際線。

〔註30〕哈市著手建築風格控制　新建樓房延續歐陸風情
　　　　http://house.focus.cn/news/2008-11-19/567788.html。　2011 年 4 月 9 日訪問。

城市裏的候車亭、報亭、一些移動式的小築也被設計成歐洲建築的式樣，它們
玲瓏可愛，對城市起了裝飾作用。

哈爾濱街頭的移動式小亭。

結 語

100 多年來，俄式建築在黑龍江地區的流播和新生從一個側面反映了近現代中國人接受外來文化的曲折過程。

總的來說，黑龍江人對俄式建築持欣賞、讚美、學習的態度。不過，由於俄式建築流播於黑龍江地區的第一個階段與這個地區的殖民地化同步進行，並且由殖民者、外國移民主導，因此，黑龍江人在文化大革命這一特殊歷史時期表現了對待俄式建築遺存的非理性態度，通過漠視、敵視甚至毀壞俄式建築遺存來表達對殖民者的憤恨，以極端的方式釋放因為遭受過殖民者壓迫而形成的悲情。這反映了殖民地歷史在中國人心理上造成了持久的陰影。

鄧小平主導改革開放之後，黑龍江人的心態趨於正常，對外國文化不再懷疑和敵視，對中外文化交流持積極、主動的態度。在這樣的背景下，黑龍江人對俄式建築遺存進行了重新認知，進行了妥善的修繕和保護，並以越來越強烈的熱情興建俄式建築（主要是古典風格），使黑龍江地區在 20 世紀末、21 世紀初出現了興建俄式建築的巨大規模。相比之下，中國傳統風格的建築在興建上相對乏力，甚至呈現淡出的態勢。這一結果導致黑龍江地區城市外表的歐洲化和俄羅斯化，而這正是黑龍江人的目標。

與早期相比，這個時期推動俄式建築在黑龍江地區流播的主體由歐洲人變成了中國人，不過有極少數歐洲人參與了俄式建築興建的浪潮，例如，俄羅斯、芬蘭的建築師應中國人的邀請參與了設計和監理。

黑龍江地區出現興建俄式建築的熱潮反映了中國人在加入 WTO 之後積極融入世界、熱情學習外國文化的時代精神和精神面貌。只要回憶 19 世紀中國人對火車的頑固態度，我們就應該給予這個時期的黑龍江人的開放心態和學習能力以高度的評價。

近現代外國文化潛移默化地影響了黑龍江人，豐富了黑龍江地區的文化。本文提供了一個證明。

哈爾濱工業大學建築專家侯幼彬認為：在中國近代建築史裏，殖民主義者帶來的建築本身是近代化的東西，屬於工業文明。相比之下，中國原有的建築屬於農業文明。從這個意義上說，殖民主義者帶來的俄式建築屬於建築史上的一個發展，處於比較高的發展階段。

的確如此，比較中國的故宮和法國的凡爾塞宮，就其建築材料、設計理念、形制加以比較，可以得出明顯的結論：前者屬於農業文明，後者屬於工

業文明。不過，不能得出這樣的結論，即農業文明背景下的建築藝術不及工業文明背景下的建築藝術。事實上，每一個時代的建築藝術都具有獨特的、不可替代的美學價值。

　　俄式建築在黑龍江地區的流播也存在一些問題。

　　就俄式建築遺存的保護來說，一方面取得了巨大成績，但是另一方面也存在一股暗流：文化素養不夠的官員、追逐利潤的商人漠視經過劫難後已經殘留不多的歐洲風格的歷史建築（如荷蘭領事館），而將之拆毀，在原址興建新樓。這些歷史建築一般位於繁華的街道上，具有極大的地產價值，所以成為覬覦的目標。在中國大陸，存在官商勾結、官商一體的黑幕，他們處於強勢地位，建築專家、民間愛好者的呼聲常被漠視、打壓。哈爾濱一個記者為保護俄式建築遺存曾到工地試圖阻止拆毀，但是遭到肉體傷害。哈爾濱的這一社會現象在其他城市也同樣存在，它是一個全國性的問題，這反映了歷史進程的複雜性。

　　就創新來說，黑龍江人做得很不夠。俄式建築流播於黑龍江地區之後出現微小的變異。建築專家以哈爾濱工業大學主樓為例子，分析道：「一般而言，俄羅斯建築風格偏於古典，吸收並折中了歐洲多種建築風格，以高大、莊嚴、神秘的氣勢取勝。這一建築風格進入中國後，被簡約化、世俗化，雖然神秘感及裝飾性降低，但仍然寬大、厚重、均衡、莊嚴，刺破蒼穹的氣勢猶存。」〔註31〕興建工人文化宮時也出現這樣的現象。

　　俄式建築風格傳入中國黑龍江地區後之所以被簡約化、世俗化，是因為中歐文化傳統的不同。中國是一個東方國家，宗教的影響力在這個國家不像在歐洲國家那樣強大。俄式建築與宗教存在關聯，帶有相當濃厚的宗教氣氛（教堂可謂典型）。中國沒有這種宗教背景，所以中國建築師們當然覺得沒有必要在自己的建築上附加那些表達宗教思想的附件和元素。

〔註31〕哈爾濱工業大學主樓
　　　　http://paper.jyb.cn/zgjyb/html/2009-07/13/content_14387.htm。
　　　　2011 年 3 月 1 日訪問。

結　論

　　俄羅斯人出現於黑龍江地區是沙皇俄國對黑龍江地區侵略擴張和推行殖民主義政策的結果。這是考察黑龍江地區俄羅斯人的經濟文化活動的基礎。

　　關於沙皇俄國對黑龍江地區的侵略擴張和殖民主義政策，大量的歷史事實已經對此作了充分的證明。僅以 19 世紀末沙皇俄國修築中東鐵路爲例，就足以說明其侵略野心。沙俄之所以決定讓其西伯利亞大鐵路橫穿中國東北、直抵符拉迪沃斯托克（海參崴），目的之一是企圖把中國東北變成其勢力範圍；有了這條橫穿中國東北的鐵路，沙俄就有了對中國施加影響的強有力的工具；在與其他列強爭奪中國東北時，沙俄就處於有利地位〔註1〕。19 世紀末、20 世紀初的沙俄重臣、西伯利亞大鐵路的眞正締造者維特（С.Ю.Витте）說得更加直白：「從政治及戰略方面來看，這條鐵路……使俄國能在任何時候通過最短的道路把自己的武裝力量運到符拉迪沃斯托克，並集中於滿洲、黃海海岸和中國京城的近距離處。」〔註2〕

　　在回顧上述國難痛史的時候，我們應該理性地看到，體現沙皇俄國殖民主義意志的俄羅斯人群體在侵害黑龍江地區中國主權、掠奪中國財富的同時，其經濟文化活動在一定程度上促進了這個地區的開放和開發。以哈爾濱爲例，它本是一個不知名的漁村，伴隨著中東鐵路的開通，它迅速發展成爲一個現代化的大城市！

〔註 1〕〔蘇聯〕鮑里斯·羅曼諾夫著，陶文釗等翻譯，《俄國在滿洲》，第 93 頁，
　　　　北京：商務印書館，1980 年。
〔註 2〕轉引自中國社會科學院近代史研究所：《帝國主義侵華史》，第 2 卷，第 32 頁，
　　　　北京：人民出版社，1992 年。

　　作爲被侵略、被殖民的民族，承認侵略者、殖民主義者在侵略、殖民自己的時候在客觀上促進了自己的社會轉型、社會開放和社會進步，這是非常尷尬、非常痛苦的，很多人出於民族自尊、民族情感，不願直面這一切，但是我們認爲：在痛定思痛之餘，有必要以理性的態度評價這一切。1990 年代中國歷史學界曾討論過「殖民主義的雙重使命」問題。本課題的學術團隊是這個觀點的踐行者。

　　在這裡，有必要引入「惡的歷史作用」這一概念。馬克思曾在《不列顛在印度的統治》一文中對「惡的歷史作用」作了精彩的論述：

　　　　的確，英國在印度斯坦造成社會革命完全是被極卑鄙的利益驅使的，在謀取這些利益的方式上也很愚鈍。但是問題不在這裡。問題在於，如果亞洲的社會狀況沒有一個根本的革命，人類能不能完成自己的使命。如果不能，那麼，英國不管是幹出了多大的罪行，它在造成這個革命的時候畢竟是充當了歷史的不自覺的工具。這麼說來，無論古老世界崩潰的情景對我們個人的感情是怎樣難受，但是從歷史觀點來看，我們有權同歌德一起高唱：

　　　　既然痛苦是快樂的源泉，

　　　　那又何必因痛苦而傷心？

　　　　難道不是有無數的生靈，

　　　　曾遭到帖木兒的蹂躪？〔註3〕

　　借助馬克思的這段經典論述，我們獲得了考察俄羅斯人在黑龍江地區的經濟文化活動的新的價值尺度，從而得出這樣的結論：雖然帝俄殖民者在黑龍江地區建城市、修鐵路、開工廠、辦學校等等都是爲了自己卑劣的利益，但在客觀上彰顯了「惡的歷史作用」，亦即在實施侵略擴張政策、損害中國的主權、掠奪中國的富源的同時，也進行了多方面的文化建設，傳播了先進的俄羅斯文化，促進了黑龍江地區的開放和進步。

〔註 3〕馬克思：《不列顛在印度的統治》，《馬克思恩格斯選集》第一卷，第 760～766 頁，北京：人民出版社，1995 年。

附錄一　黑龍江省現存俄僑文獻檔案問題淺議

　　由於 1896 年中俄兩國簽訂的《中俄密約》，沙皇俄國獲得中國東省鐵路修造權，並通過《中俄合辦東省鐵路公司合同》開始具體操作。1898 年 4 月俄國工程技術人員進入哈爾濱，開始了哈爾濱長達近半個世紀作爲俄僑中心的城市歷史。由於這個歷史原因，在哈爾濱歷史上形成了一部分與俄國本土文化密切相關，但又具有移民文化特徵的俄僑文化遺跡。這其中包括俄僑所修建的私人和工商業建築，各種企業和公共建築、文化出版物和社會組織及私人檔案，以及俄國僑民攜帶出俄國的歷史文獻檔案，以及少量的藝術收藏品。

　　這些具有文化特徵的物質遺存，大部分基本上在各個歷史年代中流失和損毀，少部分保留至今。保留在哈爾濱的已經很少很少，亟待搶救和發掘。在俄羅斯，這部分遺存統稱爲「俄羅斯境外文化遺產」，有時又被稱作「俄羅斯僑民文化遺存」。

　　在這一次由省委宣傳部組織的「黑龍江省歷史文化資源保護挖掘與利用」大型調研中，省文化廳與省博物館提出了館藏的「俄文老檔」的保護與利用問題，應當說是非常及時的。

　　根據省博物館專家的介紹，省博物館保存的這一部分「俄文老檔」，應當是哈爾濱歷史上形成的俄文歷史文獻資料的一部分。目前它的來源還需要認證，文獻資料的性質還沒有進行開發研究。但是目前的保存條件非常簡陋，由於年代比較久遠，這些文檔，特別是報刊雜誌部分的紙張已經非常陳舊，基本上不適於直接查閱。必須經過技術性的保護（複印和數字化處理），然後

會同專家認證、編目，最後才可以應用於研究的目的。

根據省博物館專家提供的說法，目前俄文書刊有 4159 件，主要是上世紀 20 年代至 30 年代，最晚可到 40 年代的俄文印刷出版物，包括各類圖書、雜誌和報刊。根據這個介紹，省博物館館藏這部分俄文檔案，屬於「俄僑文化遺存」中的正式出版物部分。我們建議將其定名為「俄僑歷史文獻檔案」，簡稱「俄僑文檔」。「俄僑文檔」是「俄羅斯境外文化遺存」的一部分。實際上在哈爾濱，除了「文檔」還有建築這一部分，我們這裡只談「文檔」。

一、省博物館的「俄僑文檔」在同類文獻資料中佔據一個什麼樣的位置？

實際上，「俄僑歷史文獻檔案」包含好幾個部分，主要是四個部分。

第一是白軍和俄僑從俄國帶出的歷史文獻；

第二是在哈爾濱期間形成的各種官方和半官方及民間組織的歷史檔案資料；

第三是俄國僑民在哈爾濱期間出版的各種報刊雜誌圖書著作等；

第四是俄僑（包括著名的俄國社會活動家、政客、白軍軍官、俄國貴族、著名知識分子、藝術家和演藝人員）的私人文獻檔案，包括照片、私人回憶錄、日記、通信等文件。

具體到哈爾濱的俄僑歷史文獻檔案也應包括這幾個部分，但是目前，似乎除了省博物館的這一部分書刊報紙之外，僅存的就只有省檔案局的一部分檔案資料，其性質目前還沒有得到專家認定。那麼，在近半個世紀所形成的大量俄僑歷史文獻檔案都到哪裏去了？根據我們所掌握的線索來判斷，一是在上世紀 20 年代開始就被移居到歐美的俄僑、以及歐洲美國的文化機構大肆收購；二是在各特殊歷史階段（日偽、反右、破四舊、文革）被損毀；三是從 30 年代起哈爾濱俄僑離開中國後攜帶出境；四蘇軍出兵東北時有意搜刮並運出到蘇聯；五是在建國後從我省和哈市繼續向京、滬、吉等地的流失。

據我們目前所掌握的資料來看，歷史上哈爾濱的俄僑歷史文獻檔案曾經包括：

一是中東鐵路局的圖書檔案資料，這部分資料主要是當時出版的國內外圖書，特別是俄文圖書佔據了很大一部分。著名的全國最完整的沙俄時期東清鐵路局收藏的「亞細亞文庫」，在五十年代先是被哈爾濱工業大學收走，後來賣給了吉林大學，目前是吉林大學的最重要館藏之一。

　　第二部分是俄文歷史檔案，特別是 1934 年日據時期，成立的俄國僑民事務檔案。這是由日本佔領當局出面組織，由俄羅斯人直接管理的在滿洲俄羅斯僑民的私人檔案。此外還有其他俄羅斯僑民各種民間組織的檔案。現在其中的大部分已經在 1945 年蘇軍出兵東北後專程搜羅運回蘇聯，目前保存在哈巴羅夫斯克國家檔案館。1945 年的這個工作組由薇拉.切爾尼雪娃任組長，當時的一個重要任務，就是找到自 20 世紀初由白色分子從俄羅斯運出的歷史文獻，包括白軍檔案、政府機關文件、企業和個人檔案資料。但是沒有找到。據瞭解這部分資料大部分被外國組織購買並且在 20 年代左右就被運出了中國。在中國是否還有遺存，目前還不好說。就是有也很有可能是很零散的東西了。俄國僑民事務局檔案當時保存在哈爾濱。目前省檔案局和哈爾濱市公安局還保存有部分俄文檔案，應當屬於這一部分文獻資料。

　　在僑民事務檔案資料中除了總部，還包括哥薩克聯盟檔案（謝苗諾夫白匪幫）、哈爾濱住宅和土地所有者聯盟檔案、俄羅斯殘廢軍人援助協會檔案等。

　　這部分檔案，目前分十個檔案分部來保存，加上總部共分十一部：
遠東哥薩克聯盟 1934～1941，（35 宗）；
滿洲帝國俄羅斯僑民事務檔案（1932、1934～1945，1-371 宗；2-220 宗）；
協和會滿洲帝國各民族統一協會，（1938～1943，22 宗）；
協和會濱江本部特別處，1937～1945，（42 宗）；
滿洲帝國托鄂根區俄僑移民委員會。1942～1945，（29 宗）；
哈爾濱土地房宅所有者協會，1927～1944，（29 宗）；
滿洲帝國俄國僑民事務檔案，1935～1943，（40 宗）；
哈爾濱援助俄羅斯流亡者委員會，1923～1942，（165 宗）；
滿洲國的遠東軍人聯盟的邊防區，1935～1937，1940。（9 宗）；
哈爾濱軍政長官總局，1919，（1 宗）；
哈爾濱殘疾人勞動事務局，1931～1940（1 宗）。

　　這些檔案一部分被蘇軍在 1945 年運走，另一部分應當是保存在省檔案館。

　　第三部分就是整個 20 世紀上半葉（到 1945 年）出版的俄文哈爾濱書刊資料。省博物館的資料似乎屬於這一部分，這個看到後就可以認定。

　　根據我國學者（石方、劉爽、高凌，2003）的統計，在哈爾濱從 20 世紀初到 1926 年間出版的雜誌有 137 種。晚一些的統計從 1927 年到 1935 年之間雜誌有 106 種。除去重複統計，掌握的數據是 224 種雜誌。從 1901 年到 1946 年累計出版的報紙 138 種。俄僑在中國共出版圖書 907 部，在哈爾濱出版的

就有 512 部，占 56%以上。

省博物館的館藏屬於世界上同類文獻的一個部分。其時間界限大致應在 1901 年到 1945 年之間。哈爾濱目前僅存的俄僑歷史文獻檔案，與上面所說的範圍相比較，儘管流失損毀了不少，但是根據省博物館同志的介紹，似乎我們現在保留的這個部分比他們運走得還多。外國這部分文獻和省博物館的館藏比較顯然不如我們的種類多，保存齊全（4159 件，另外日文 3012、英文 1569 的價值同樣不可小覷）。所以應當說是現存世界上最齊全最有價值的哈爾濱俄僑期刊資料庫。

第四部分文檔多數已經散失。

二、「哈爾濱俄僑歷史文檔」與世界各國的同類文獻比較

省博物館的這份俄文老檔與世界上多家俄羅斯僑民歷史文化檔案遺存處於同等水平上。根據俄羅斯學者的統計，俄僑在蘇聯境外共建立 14 個展覽館和 10 個檔案館。

歐洲最大的僑民文化歷史檔案在布拉格，叫「俄羅斯境外歷史檔案」（俄文縮寫 РЗИА），美國紐約諾曼─羅斯出版社出版過布拉格俄羅斯國外歷史文獻的俄文印刷出版物編目。根據判斷，藏於布拉格的俄羅斯國外歷史文獻的主要來源就是中國，特別是來源於哈爾濱。它的時間斷代到 1939 年爲止，太平洋戰爭爆發後和中國的聯繫就終止了。這部分文獻的一部分 1946 年運到莫斯科。而它的大部分期刊和出版物目前保存在布拉格的斯洛伐克圖書館中。

俄羅斯的僑民，特別是哈爾濱僑民後來散佈到世界各地。美國聖弗朗西斯哥成立有俄羅斯文化歷史文獻圖書館（1961），館藏全部來源於從中國出去的俄羅斯僑民。分爲幾個分部：遠東部──包括在從烏拉爾到遠東的國內戰爭資料、中東路資料、後阿穆爾軍區和護路隊資料、後貝加爾克薩克資料、遠東各國、澳大利亞的俄國僑民生活檔案等。主要是 Д.Л.霍爾瓦特、別利琴科的個人收藏，德波爾政府情報局收藏。

世界上最大的俄羅斯僑民歷史檔案在美國胡佛戰爭研究所。20 年代開始，美國胡佛研究所就開始大力搜集在中國的俄羅斯社團的材料，並且和布拉格的俄羅斯境外歷史檔案形成了競爭關係，特別是白軍弗蘭格爾的私人檔案部分，在他死後由他的將領戈洛文賣給了胡佛研究所。目前這部分資料保存在加利福尼亞斯坦福大學胡佛研究所。目前，胡佛研究所保存有大量關於

俄羅斯—蘇聯時期出版物和歷史檔案總計達 40 萬冊。成爲世界頭號俄蘇檔案
資料庫。特別是其中還包括許多俄國著名政治活動家，和白色分子的私人收
藏，包括克倫斯基、科爾尼洛夫將軍、尤德尼奇、利沃夫公爵、科可夫采夫
伯爵等人的私人珍藏。加利福尼亞伯克力大學存有一部分檔案。波蘭斯基出
有期刊編目。

紐約公共圖書館和聯邦圖書館存有少部分遠東俄文僑民出版物。

澳大利亞俄羅斯僑民有謝夫林個人收藏、熱嘎諾夫收藏、霍季姆斯基
收藏，還沒有編目。

夏威夷大學漢密爾頓圖書館藏有上千種。

目前俄羅斯莫斯科國家圖書館、聖彼得堡圖書館，保留了在二戰中運到
蘇聯的一部分俄僑歷史文獻檔案。但目前的保護似乎也不好。他們也遇到資
金上困難，難以對整個現存的僑民文化遺產作出完整的統計。1995 年俄羅斯
學者雷雅克主持編輯了國外俄語文獻期刊編目（1917～1996）。

目前對於期刊的評價，美國圖書館學學者波蘭斯基認爲，哈巴羅夫斯克
所留存的俄文期刊是最有價值的，因爲俄僑在繼續流亡的時候，一般把期刊
是在最後選擇帶走，一般都不會帶。所以在世界圖書館界認爲，期刊這一塊
是最有價值的出版物。

關於目前保存在俄羅斯哈巴羅夫斯克國家檔案館的俄僑歷史文獻檔案。
據我們掌握的情況時，他們運走的主要是 1934 年成立的俄國移民事務局檔
案。至於正式出版物（包括報紙、雜誌和圖書），在 1945 年時蘇軍的這個檔
案組也運走了相當一部分，他們運走的據記載有 224 裝訂冊報紙（13 種），232
份雜誌（電訊、刊物、日曆等，共 62 種），402 本圖書（244 種）。

這樣看來，當年蘇軍儘管極力搜索搜刮，拿走的畢竟還是一小部分。省
博物館的這份「俄文老檔」似乎在數量還超過了哈巴羅夫斯克的收藏（因爲
說我們現存的俄文報紙有 100 種，太多了！雜誌 200 種，也很驚人！）例如
《亞細亞時報》、《哈爾濱公議會導報》、《哈爾濱日報》（1903～1937），這在
哈巴羅夫斯克的編目中都沒有。《猶太人生活》週刊，哈巴羅夫斯克的館藏只
有 1940 年，1942 年，1943 年的部分刊號。而省博物館目前保存的是 1925 年
到 1935 年十年的刊號。年代早，期數也更全，這個價值相當高！

根據這樣的比較和判斷，我們認爲，哈爾濱現存的報刊出版物方面，仍
然是世界上同類庫存最豐富的收藏，與世界各地的館藏相比我們仍然佔有權

威地位。關於俄國僑民檔案，如果能夠進行認定，也有可能是世界上俄僑個人檔案最全的館藏。

三、保護是頭等重要的任務

　　這個「俄僑歷史文檔」的文獻價值我們說過「有待認定」，這主要是指它的學術價值。但是它的文化價值我們首先必須予以肯定。因為這部分文獻的留存，至少可以作為哈爾濱城市發展史上的重要文化資料和歷史遺跡來加以保護。因為哈爾濱的發展史很獨特，它和中東路的建設密切相關。同時又由於這樣一種歷史環境，造就了一種獨特的殖民地文化現象，就是多種文化共存的現象。如果我們徹底丟失了這一部分材料，就等於造成了一種哈爾濱文化發展史上的一個空白。搞不好將來要研究哈爾濱的歷史，還得到國外去，去別人那裡查資料。所以，首先我們必須把這部分資料保護好，不要繼續損壞和丟失。

　　關於文檔的學術價值，在這裡我們要強調一個觀點，就是目前我們這裡所保留的俄僑歷史文檔，是在歷史的非常時期、在特定的歷史條件下出現在中國的，出現哈爾濱的。並不是所有的國家、所有的城市都能夠存留這樣一份歷史遺產。我們所說的「遺產」這兩個字，雖然主要是針對俄羅斯人的，但是對於我們研究黑龍江省、特別是哈爾濱的國際文化交流作用具有特別的意義。這些歷史文獻，基本上比較真實地反映了俄羅斯的民族特性和文化特性，具有相當程度的歷史真實性。它對於我們俄羅斯人的民族心理和思維方式具有重要的意義。要瞭解俄國人，除了現實的感性認識，最主要的就是考察歷史上俄國人在各種歷史局勢下所作出的各種反應。因此，歷史檔案是最為重要的第一手資料。是俄羅斯心智留在歷史上的確鑿證據，是俄羅斯人思維方式和行為方式的物化遺存。因此也就成為我們進行深入研究的最重要的信息資源。

　　實際上，要獲得這樣的資料的歷史機會很小。正如我們很難獲得美國歷屆政府政府決策、以及各種政治勢力互相鬥爭的內部材料，因為那是很難被國外所獲得的東西。俄國的十月革命造成的非常歷史時期，導致約 1000 萬俄羅斯僑民移居國外，他們所帶走的大量歷史文獻檔案資料，意外地落到了世界各國手中。

　　在第二次世界大戰中，蘇軍每到一個國家都要把歷史檔案搶到手，哈爾

濱的俄僑檔案大部分被運走，這導致我們在研究俄國中東路的經營方式、對華策略、移民政策等等方面都失去了極為珍貴的材料、對於在中國土地上各種俄國僑民組織的運作情況都缺少第一手資料作為參考。美軍在攻佔德國本土時，專門派出部隊尋找第三帝國檔案，其目的絕不僅僅是要找到核武器的研究材料。

美國胡佛戰爭與和平研究所，看到十月革命後大批俄僑遷居國外，就開始出資大肆收購俄僑攜帶出境的俄國歷史檔案資料，特別是在哈爾濱進行收購。這不僅使之成為世界上最大的俄文歷史檔案收藏中心，而且，通過對這些文獻的研究，成為了俄國問題和蘇聯問題的權威研究中心。胡佛研究所每年的經費大約在 2000 萬美元左右，它歷年所邀請的客座研究員累計已經有7000 人以上。在尼克松、里根政府期間，胡佛研究所是美國政府制定對蘇政策最主要的智囊團和思想庫，對於通過和平演變、最後瓦解蘇聯起到了至關重要的諮詢作用。而這一切，都是以對俄羅斯人和俄羅斯文化、對俄羅斯民族性和思維方式的深入研究為基礎的。

俄羅斯問題的研究，除了對現實的政治經濟社會現象的研究之外，我們為什麼還要研究俄羅斯的文化和民族性格及民族心理？其中最主要的目的，就是為了對俄羅斯人的行為方式作出有效的解釋。我們只有全面地瞭解俄羅斯人的思維方式和行為方式，才有可能確定自己和他們打交道的方式，並在交往中達到自己的目的。

俄羅斯作為中國的鄰居是一個不可更改的地緣政治現實。我們不研究他們，他們也要研究我們。我們必然要和他們打交道。而且，這種雙邊關係還將受到多邊關係和國際關係整體形勢的影響。特別是黑龍江省，作為對俄合作和經貿往來的前沿窗口，如果我們不能對俄羅斯人有較為全面的瞭解，就無法與之進行正確的交往。

因此我們必須對手中的這一部分歷史文獻有足夠正確的認識。這和歷史文獻本身所反映的意識形態和價值觀並無直接的關係。有一種觀點認為，這些歷史文獻反映的思想觀念既落後又反動，有什麼保存價值？這是一種誤解。研究一種文化，並不意味著贊成這種文化，研究一種價值觀，也不意味著要奉行這種價值觀。簡單地說，歷史是策劃出來的，要想策劃出自己希望的歷史結果，而不是被別人策劃，就要仔細研究你的每一個對手，無論它是戰略夥伴還是戰略對手。

目前世界上的俄僑歷史文獻收藏中心，還在繼續搜羅相關資料，擴大自己的庫藏。俄羅斯僑民也成立有「俄羅斯境外文化遺產保護協會」之類的組織。老一代俄僑的後代有很多人還在搜尋這些歷史文獻。例如俄僑後人，莫斯科大學歷史系教授麥列霍夫，寫過兩本關於哈爾濱俄僑的專著，他就一直在尋找哈爾濱的俄僑歷史檔案。俄羅斯科學院遠東所的專家、俄羅斯現居美國、加拿大、澳大利亞、巴西等國的哈爾濱俄國僑民的後代，也一直在尋找有關自己先輩在哈爾濱的歷史檔案資料。

四、其留存在文化建設上有什麼作用？

哈爾濱市的歷史發展過程非常獨特，因為這一歷史機緣，哈爾濱是中國近代史上中外文化交流、特別是中俄文化交流一個十分典型的、獨一無二的範例。可以說，作為一種具有開放性文化特徵、具有中外文化交流傳統的城市，哈爾濱作為中國在東北亞最具開放性特徵的文化交流橋頭堡的意義需要我們加以重新認識，並在新的歷史時期加以挖掘和利用。

所以我們目前還能夠保存下來的這部分遺產，我們需要以尊重歷史、面向未來的心態加以保護，並使其具有的文化價值得到發掘和有效的利用。從宏觀層面說，俄文文檔不僅僅應當看作是一些俄國僑民的歷史文化遺存，而應當看成是我們因歷史原因所獲得的、已經理所當然地成為我們所保有的、具有所有權的歷史文化遺產。它對於我們研究本國的歷史文化發展過程、中外文化交流的具體現象，以及研究俄羅斯文化的基本特徵和民族性格都具有較高的文化價值和學術價值。

從具體層面來說，我們還可以得出以下幾個結論：

首先，它對我們今天聯繫世界各國的同類收藏，建立館際文化交流意義重大！這包括互通有無，學者互訪，文獻編目，以及在將來開展館際互借等等。這份收藏就是巨大的資源。是我們可以在歷史文獻收藏上和國外同類機構平起平坐的本錢，這在國內可能是獨一無二的優勢，是哈爾濱獨有的優勢。

其次，它是我們今天聯繫世界各國的哈爾濱俄羅斯僑民及其後代的橋樑和紐帶。俄羅斯哈爾濱僑民自稱「哈爾濱人」，因為獨特的歷史發展過程和獨特的政治背景，這部分群體始終懷有對哈爾濱的特殊感情，歷史上的哈爾濱被他們稱作「沉沒的亞特蘭蒂斯」。目前在俄羅斯的莫斯科、聖彼得堡、新西伯利亞、馬加丹、海參崴等地都有「哈爾濱人協會」，他們專門出版有不定期

刊物《在滿洲的丘陵上》，發表關於俄羅斯僑民的回憶錄、歷史資料等。在美國聖弗朗西斯哥、澳大利亞墨爾本等地也由哈爾濱人協會，出版不定期刊物。

2005 年 12 月，黑龍江日報報業集團生活報聯合哈爾濱太陽島雪博會組委會專程赴俄羅斯，進行「尋找太陽使者」活動，其間接觸了大量的哈爾濱俄羅斯僑民本人和後代，他們對中國、對哈爾濱懷有極其深厚的感情。許多人哈爾濱僑民後代現在都有很高的社會地位，一些普通人也非常希望來哈爾濱再看一看。這是我們組織交流活動的一個很好的基礎。他們已經出版了相當多的關於哈爾濱的回憶錄和小說詩歌等著作。這是我們必須重視的一個資源。博物館館藏俄文老檔完全可以成為世界各國的俄羅斯僑民來瞻仰的一個重要景點。甚至可以以此為基礎，組織一個世界哈爾濱人聯誼會。

第三，俄文老檔的歷史學術價值是不言而喻的。但是這需要長期艱苦的工作，學術研究價值只有在資料被開發和有效利用的情況下才能顯露出來。為此需要省委省政府給予相應的政策，在人力和資金上給予一定的支持，建立省博物館和相關學術機構的聯合合作機制。這樣才有可能使這部分歷史資料真正得到利用。初步的工作應該是進行整理和編目，各種語言的整理工作可能應該同步進行。同時與世界同類館藏建立聯繫，進行比較分析，逐步建立起共贏的合作機制。

還要補充的是，省檔案館和公安局所收藏的俄文檔案是否應當合併在一起考慮進行保護和開發利用的研究？是否應當確定一個學術依託機構進行專門的學術清理和初步開發工作，然後再交還所有權部門進行妥善保管？

最後我們想強調的是，在俄僑歷史文獻檔案的開發利用方面，必須堅持幾個原則：

一是堅持以我為主的原則，文獻的開放利用，要堅持先省內後省外，先國內後國外的原則。首先要保證我省作為檔案的主人先出科研成果；

二是選擇性開放、選擇性展示、選擇性交換。不應當把所有的文檔一股腦端出來，毫無保留。特別是在與國外同類收藏進行交流時，必須進行有償交換、互通有無，充實自己，保存優勢。

三是文獻的學術價值應得到充分利用，在進行完先期技術性保護和初期編目之後，應盡快向我省學術機構和有關專家開放，使相關領域的學術研究盡快結出成果。

　　總之，文化事業是一個大事業，具體到俄僑歷史文獻檔案的開發利用上也同樣如此。我們不應當把目光僅僅局限於寫幾篇論文、獲個獎項、出幾本書的範圍上。俄僑歷史文獻檔案不僅對於我們研究俄羅斯具有最直接、最有價值的文獻價值，同時可以通過我們的研究，對中俄合作產生積極的影響。同時，這些歷史文獻檔案還具有巨大的文物價值和應用價值，可以為我們與後來散居到世界各地的俄僑移民後代建立緊密地聯繫提供幫助。我們也可以用這一部分檔案為他們進行諮詢服務，幫助他們建立起回憶中的亞特蘭蒂斯。

參考文獻

1. 《哈爾濱俄文出版物》，哈巴羅夫斯克：「私人收藏」出版社，2003 年。

2. A. A.希薩穆季諾夫.：《巴黎與遠東的俄羅斯僑民》，《遠東問題》2001 年第 3 期。

3. T. Ф.巴甫洛娃：《境外俄羅斯歷史檔案》，載《俄羅斯與美國：俄國政治僑民》第 7 輯，莫斯科：政治軍事分析研究所，2001 年。

4. 石方，劉爽，高凌：《哈爾濱俄僑史》，哈爾濱：黑龍江人民出版社，2003 年。

5. 李興耕等：《風雨浮萍—俄國僑民在中國》，北京：中央編譯出版社，1997 年。

6. 汪之成：《上海俄僑史》，上海三聯出版社，1993 年。

7. П. E.克瓦列夫斯基：《俄羅斯境外文化遺產》，1966 年。

8. E.達尼爾森：《胡佛研究所中的俄羅斯僑民檔案》，《檔案家通訊》，2001 年。

附錄二　滿洲的鐵路及鐵路建設 [註1]

一、概況：鐵路在滿洲經濟中的作用

鐵路交通在滿洲歷史中發揮著至關重要的作用。

一些作者指出，滿洲的整個歷史可以毫不誇張地稱作鐵路修建史；尤其是鐵路建設，可以說是貫穿滿洲地區的經濟和發展史。

我們有足夠理由相信，30 年內滿洲經濟發展中所取得的巨大成就和進步與鐵路的興建和發展密不可分，幾乎都是建立在鐵路建設的基礎之上。

在鐵路修建前，也就是大約 30 年前，滿洲是國內無足輕重、人煙稀少的地區，經濟原始落後，政治基本處於四分五裂狀態。即便是滿洲南部地區人口也很稀少，而其北部地區更是人煙罕至，這裡只有數量極少的游牧和半游牧土著部落，他們主要從事畜牧業（蒙古部落）或者捕獸及狩獵業（奧羅奇人、索倫人等）。由漢族農業移民演變而成的定居農業居民僅集中在爲數不多的具有重要地方意義的貿易中心地區，如寧古塔、齊齊哈爾、阿城等地。

〔註 1〕本文譯自：哈爾濱貿易公所主席 Н.Д.布楊諾夫斯基主編：《哈爾濱貿易公所紀念文集 1907—1932》，哈爾濱，1934 年。Н. Д. Буяновсктй. Юбилейный сборник Харбинского Биржевого комитета.1907～1932. -Харбин： Изд. Харбинского Биржевого комитета.1934. 405c. 此書出版於日本侵略者扶植的傀儡政權——僞滿洲國，行文中顯露了侵略者的立場，例如妄稱「滿洲國」，將「滿洲」（中國東北）與「中國」並列，將「南滿鐵路」與「中國鐵路」並列。爲保留歷史原貌，譯者在翻譯時一切照舊，僅僅給「滿洲國」加上了引號。請讀者閱讀時注意。另外，以俄文字母拼寫的地名有一些暫時找不到與其對應的中文名稱，譯者保留原文，留待今後處置。爲便於讀者閱讀，譯者還對一些舊的地名注明了今天的名稱，還將全文加以劃分，編制了目次。

　　隨著滿洲修建第一條大型鐵路（中東鐵路），這裡的經濟狀況發生了顯著變化。在遙遠偏僻的邊疆區劇烈跳動著迎接新生活的脈搏，大批知識豐富、文化底蘊深厚的移民湧入滿洲。數百俄裏的鐵路網將荒蠻的邊疆區與文化、貿易和工業中心地區連接起來。所有這一切成為促進滿洲當地貿易和工業發展的強大推動力，在短時間內滿洲發生了翻天覆地的變化。受大規模中國內陸居民向邊疆區遷移影響，這裡的人口數量飛速增長。在滿洲北部地區，近30年內人口數量增長了近10倍（19世紀90年代約為150萬人，20世紀初達到近 1500 萬人）。南滿的一些地區，如北京—奉天鐵路輻射區的人口密度已經接近中國其他省份的人口密度，殖民過程基本結束。這一時期，北滿的商品額增加了近30倍，這可以通過中東鐵路貨運量的統計數據得以證實。可以說，中東鐵路是當時北滿地區主要的鐵路幹線。

　　還有一些因素決定鐵路建設和交通運輸業在滿洲經濟中的重要作用，我們對這些因素進行簡要分析。

　　滿洲土地廣袤，領土面積超過 120 萬平方公里。這裡物產豐饒，土地肥沃，林業、礦業及畜牧業資源富集。這些都是滿洲地區經濟發展的堅實基礎。

　　然而幾個世紀以來，由於人口稀少、土著居民文化水平低下以及缺少工業資本，滿洲的資源沒有得到開發。在促進滿洲經濟繁榮之路上，需要通過移民的方式增加人口數量。

　　滿洲移民主要來自鄰近南部地區各省，然而幾個世紀以來，這些省份也在經受農業人口不足之苦，導致滿洲地區的殖民速度相當緩慢。造成這種狀況的一個原因是大清帝國實行封禁政策，一直視滿洲為不同於其他地區的「世襲領地」。此外，滿洲現有的殖民和交通運輸條件極其落後，這也是殖民進程緩慢的主要原因。

　　中國內陸遍佈河流、運河，而滿洲的水路運輸相對貧乏。這裡最大的河流是松花江，它流經滿洲中部和北部地區，沒有向南匯入中國其他河流，而是注入中國與俄羅斯遠東的界河——阿穆爾河（即黑龍江。——譯者）。遠東邊境地區人口稀少，這裡從上世紀末才開始殖民，經濟發展緩慢。滿洲地區版圖跨度大、土地廣博，畜力運輸不能補充水路運輸之不足。

　　完善交通運輸基礎設施是殖民過程中首先需要解決的問題。中國的農民經濟並不能完全自給自足，它建立在貿易交換的基礎上，農民需要向鄰近的貿易市場銷售剩餘的農產品，並從貿易市場獲得生活所必須的日用品和食品。

因此，修建和發展滿洲鐵路是滿洲經濟增長的穩定基石。

從這時開始，大量移民湧入滿洲；此後，隨著每一條新鐵路的修建，移民人數逐年增加，特別是在中國頻發自然災害和政治動盪（乾旱、洪水、國內戰爭等）時更是如此。鐵路工程的修建將大批移民吸引到滿洲鐵路的建設現場，他們有的在鐵路修建後離開滿洲，而大部分移民則留在這裡定居。

鐵路將大批資金吸引到邊疆區，緩解了制約邊疆區經濟發展的瓶頸，即資金短缺問題。無論是在修建時期還是運營時期，鐵路對各種物品和建築材料的需求都是邊疆區各個工業領域發展的推動力。正是由於滿洲沒有或是缺少相應的滿足鐵路運輸發展的工業企業，初期的鐵路線敷設得比較簡陋。因此，直到目前，滿洲主要鐵路線（除自有交通運輸部門外）都置於它們所屬的附屬工業企業（如煤礦、鋸木廠、機械廠等）構成的網絡中。同時，鐵路作為地方市場上最大的食品和商品消費者，促進了滿洲經濟發展和私人工業、貿易的發展。滿洲鐵路對私人市場產生了何種影響，我們可以從對哈爾濱城市發展的影響中看出，城市貿易發展總能夠準確地反映中東鐵路經濟和金融總體狀況的變化。

滿洲鐵路的運輸作用對邊疆區經濟發展的意義越來越重要。

滿洲是一個農業區，生產的大部分糧食不得不銷往外部市場。這一狀況可從中東鐵路運輸的北滿出口商品結構中看出，如糧食出口比例高達 60%～62%。這表明，滿洲與外部市場建立起定期的交通運輸聯繫對其經濟發展具有至關重要的意義。

滿洲鐵路的政治作用。滿洲鐵路的政治作用至關重要。鐵路從修建之初就不是為了發展該地區的經濟，最終確定其修建與否的是國內外諸多政治事件的影響。

滿洲發生的許多事件都與這裡獨特的地理位置相關。一位日本學者評價道，「滿洲由於其獨特的地理位置而成為遠東地區的巴爾幹」。中國、日本和俄國這 3 個毗鄰國家為實現各自的利益在滿洲土地上展開角逐。

滿洲是中國領土的一部分。日本由於人口過剩和滿足國內需要的資源短缺而希望在滿洲尋找到可以解決人口過剩危機的出路，即利用滿洲資源來補充島國。此外，日本還視滿洲為銷售日益增長的工業品的穩定市場。滿洲對俄國來說則是打開通往太平洋的更加便捷、更短距離的通道。

雖然地理上距離滿洲較遠、但仍對滿洲表現出濃厚興趣的還有其他一些

國家，如美國、英國、德國等。滿洲吸引它們的是工商業資本活動的廣闊舞臺、豐富的資源市場。此外，滿洲還是具有廣闊前景的、進口工業品的規模龐大的市場。

每個對滿洲感興趣的國家都希望能夠擁有或者控制可以滿足自己利益的鐵路，每個國家都希望通過修建鐵路佔領滿洲，並對其施加影響。滿洲的鐵路建設反映出貫穿幾個歷史時期主線的種種政治傾向。

二、滿洲鐵路修建的主要階段

受遠東國際形勢和政治事件的影響，可將滿洲鐵路修建史劃分為以下幾個階段：

（1）1896 年至日俄戰爭——為俄國一國主導的短暫時期。

（2）從日俄戰爭結束（《樸茨茅斯條約》）到 20 世紀 20 年代初——為日俄共同影響時期。可劃分為俄國和日本的兩個鐵路附屬地：a. 北滿為俄國附屬地；b. 南滿（長春以南）為日本附屬地。這一時期，由於世界大戰和俄國十月革命的爆發，俄國對滿洲的影響力逐漸減弱。

（3）1921 年（開始修建大虎山—通遼鐵路之時起）至 20 年代末、30 年代初（中國和日本在中東鐵路問題上的衝突不斷升級時期）——為中國影響力日益增強時期。這個時期，中國開始在滿洲修建鐵路。

（4）從「滿洲國」成立開始的當代時期。

滿洲修建鐵路概況：中東鐵路是第一條橫貫滿洲的鐵路幹線，俄國是第一個在滿洲獲得鐵路修築權的外國列強。俄國通過與中國簽訂的密約，獲得了在滿洲境內的許多特殊權利，由此奠定了在滿洲施加政治影響的基礎。1896年，中俄簽訂成立華俄銀行（此後的俄國—亞洲銀行）合同，專門為修建中東鐵路籌措資金。

2 年後，根據 1898 年 3 月 25 日簽訂的條約〔註2〕，俄國從中國手中奪取了租借遼東半島的權利，期限為 25 年。此後敷設了通往遼東半島的支線鐵路。

對俄國來說，除政治原因外，中東鐵路還是俄國商品進入滿洲的最短通道，而這條鐵路的南部支線是向中國北部市場銷售俄國工業品的通道。

中東鐵路主幹線（滿洲里—哈爾濱—博格拉尼奇內）於 1903 年前竣工，之後修建了哈爾濱至旅順、大連兩港的南部支線鐵路。

〔註 2〕即《中俄旅大租地條約》。

　　修建中東鐵路不僅使俄國在滿洲的影響力加強，而且還將觸角延伸到中國北部地區。但在中國北部地區俄國遇到了參與修建北京—奉天（瀋陽）鐵路的英國，英俄之間的矛盾衝突加劇，最終簽訂了 1899 年協約才使英俄矛盾得以緩解。根據這一協約，英俄兩國劃分了各自的勢力範圍：俄國不奪取長城到西南方向的鐵路租讓權，英國承認俄國在滿洲的勢力範圍；1900～1902 年，俄國佔領了滿洲境內的北京—奉天鐵路，而北京—奉天鐵路長城以西路段則歸英國所有。

　　不久，在滿洲領土上新的俄日衝突產生，日俄戰爭爆發。戰爭以俄國失敗而告終，這標誌俄國在滿洲絕對主導地位的終結。滿洲被俄日兩國瓜分：北滿仍處於俄國勢力範圍，南滿（長春以南）則被劃入日本勢力範圍。

　　根據 1905 年 9 月 5 日簽署的《樸茨茅斯協約》，俄國將中東鐵路南段（從長春到大連港）出讓給日本。此後不久，即 1905 年 9 月 22 日簽訂的中日協約〔註3〕得到清政府的承認。於是南滿鐵路誕生，此後它成為日本在滿洲施加影響的主要軸心和基地。

　　1906 年 6 月 7 日，日本天皇發佈敕令，設立具有半官方性質的「南滿洲鐵道株式會社」（簡稱「滿鐵」）運營鐵路，並頒佈公司章程。章程確定公司的形式為股份公司，公司股票限於日中兩國政府、兩國貿易集團和公司及中日兩國人持有；日本政府以俄國依照《樸茨茅斯條約》轉讓的中國東北的鐵路、鐵軌、其他鐵路設施及煤礦充作資本。

　　《樸茨茅斯條約》簽訂後的最初 10 年內，日本主要著手鞏固在中國東北地區的地位。

　　這一時期，日本採取的具體措施包括：修建幾條通往南滿鐵路的支線鐵路（見下文）；將奉天—安東鐵路的窄軌軌距（日俄戰爭時期出於戰略需要修建成窄軌鐵路）更改為標準軌距；投資修建長春—吉林鐵路（1910～1912 年）；奪取礦產的租讓權、經營權等。

　　日本對之後滿洲境內修建鐵路之事特別關注，規劃修建數條新鐵路線。例如，1913 年 10 月 15 日的文獻記載，日本通過外交談判和威逼利誘，迫使中國同意在滿洲修建以下幾條鐵路：а）Сыпингай（四平街，即四平）—Таонаньфу（洮南府）；б）Кайюань（開原）—Хайлун（海龍，今吉林省梅河口市海龍鎮）；в）長春—Таонаньфу（洮南府）。早在這之前，即 1909 年 9 月

〔註 3〕即《中日會議東三省正約》。

4 日，中國與日本簽署了《間島協議》，在這份協議中，設計修建長 260 英里的吉林—Хуэннин〔註4〕（位—於朝鮮邊界）鐵路。根據與中國達成的協議，日本奪取了海龍—吉林和熱河洮南兩條鐵路的優先出資修建權。

1905 年，日本允許清政府收購戰爭期間日本修建的 Синьминтунь（新民屯，今新民市）—Мукден（奉天，今瀋陽）窄軌鐵路（1907 年前，日本迫使清政府將這條鐵路改建成寬軌鐵路）。北京—奉天鐵路早在 1904 年就敷設到新民屯，新民屯—奉天鐵路通車的 1907 年被視作京奉鐵路全線竣工的年份。

日俄戰爭後，俄國和日本之間的關係逐漸得到緩和，但中東鐵路和南滿鐵路之間的關係卻經常由於接收、發送貨物問題產生競爭。

無論對於俄國還是日本來說，中東鐵路和南滿鐵路的交匯處—寬城子（長春站）都被視為兩國商品競爭最為激烈的地方。這時期兩國間召開的數次鐵路會議都圍繞如何制定運費體系、怎樣盡可能為本國爭取銷售商品的良好環境等問題展開爭論。

此後，隨著滿洲經濟增長和出口增加，俄日競爭的內容發生了變化，演變成爭奪滿洲的出口貨物。之後雙方會議討論的主要議題演化成兩個：運輸商品到博格拉尼奇內和寬城子的運費；東部方向（博格拉尼奇內—符拉迪沃斯托克）和南部方向（長春—大連 Дейрен）如何分配滿洲的出口貨物。

自 1907 年起，英國資本開始滲入滿洲。英國的保齡公司（Pauling）與中國政府簽訂了修建新民屯—法庫門鐵路的合同，設計的鐵路線將延伸至北滿。

新民屯—法庫門鐵路是與南滿鐵路相平行的一條鐵路，它延長後將對南滿鐵路構成競爭。日本反對這一提案。因為根據 1905 年與日本簽訂條約的補充條款，中國應不允許在南滿鐵路附近修建一條平行於這條鐵路的線路，防止兩條鐵路在運輸貨物時產生競爭。新民屯—法庫門鐵路問題最終由日中兩國簽訂的協議解決（1909 年 9 月 4 日）；根據該協議，中國在不經日本允許的情況下不能修建這條鐵路。

這時美國人提出一條新的鐵路設計方案，它的設計者是斯特雷特 Виллард Стрэт（曾任駐奉天領事）和哈里曼 Гарииман（他代表美國紐約摩根財團 J. P. Morgan and Co，Kuhn Loeb and Co，First National Bank，National City Bank of New York 的利益）。美國康采恩（除美國外，英國、德國和法國也加入其中）

〔註 4〕Хуэннин 可能是琿春，可能是輝南，可能是中朝邊境的朝鮮小城會寧，也可能是圖們，即灰幕洞。

提議在滿洲成立一個專門的銀行，由它爲修建鐵路、發展採礦業、林業和農產品加工業籌措 2 億美元借款。滿洲現有的鐵路則可以從俄國和日本手中收購（滿洲鐵路中立化方案）。

同時還提出在滿洲修建一條從南向北貫穿滿洲（即從錦州到黑龍江邊的璦琿城）的新鐵路方案。美國針對這一方案，先後於 1909 年 5 月 2 日、1910 年 1 月 21 日與中國簽署了協議。美國財團出資修建這條鐵路，而施工則由上文提到的英國 Pauling 公司完成。

日本和俄國聯合起來反對這一方案，因爲它不利於兩國在滿洲的利益。日俄兩國堅決反對美國國務卿諾克斯 Нокс 的提議，即要麼支持並參與修建錦璦鐵路，要麼同意鐵路中立化、轉交滿洲鐵路的管理權。

爲抗衡斯特雷特組建的財團，俄國提議成立一家由比利時、法國和英國銀行組成的新財團（這些銀行都沒有加入斯特雷特財團）。

無論是滿洲鐵路中立化，還是修建錦璦鐵路的構想最終都沒有實現。

1914 年後，遠東力量對比發生了戲劇性變化。被牽入戰爭的俄國由於國內發生的革命國力受到削弱，無法在遠東發揮昔日的作用。其他覬覦滿洲鐵路的國家也都被歐洲戰事牽絆，無暇東顧。日本在滿洲的地位因此得以加強。

1915 年，日本向中國提出二十一條要求，此後日本以「最後通牒」的方式，迫使中國在這一年接受中日新條約（即中日民四條約。——譯者注）。根據該條約，中國給予日本許多利權，其中包括：延長南滿鐵路租借期限到 2002 年（從 1903 年開始計算，使用期爲 99 年）、安東—奉天鐵路租借期限延長到 2007 年（從 1908 年開始計算，從 1908 年開始該鐵路改建爲寬軌鐵路，使用期爲 99 年）；延長關東半島（即遼東半島）租借期限到 99 年（按照 1898 年中國與俄國簽訂協約，原租借期限爲 25 年）；重新審定之前簽訂的吉林—長春鐵路協定，將該鐵路轉交南滿鐵路管理局。

從這一時期的其他外交文件（如《石井—蘭辛協定》）中可以看出，美國方面已經承認日本擁有在滿洲和蒙古某些地區的特殊利益。

這一時期日本在滿洲的鐵路建設政策表明：日本試圖以南滿鐵路爲基地，擴大在華的勢力範圍。

1917 年，日本橫濱正金 Иокогама Спеши 銀行簽訂了提供爲期 40 年、年利率 5%的 500 萬日元借款合同，用於修建將四平—洮南府鐵路延長至鄭家屯〔註5〕

〔註 5〕今雙遼市。

的一期工程。1919 年，上述借款被納入新的 4500 萬借款中，這筆借款用於把南滿鐵路延長至洮南府，並修建鄭家屯經內蒙古到通遼的支線鐵路。

1918 年，北京政府與三家日本銀行（朝鮮銀行、福摩薩銀行〔註 6〕、日本興業銀行）達成了滿蒙鐵路借款合同，這幾條鐵路的起迄地點分別是：吉林至 Хуэннин〔註 7〕，熱河至洮南，長春至洮南，開原經海龍至吉林，熱河至洮南線上的某點再至某一海港（其中後四條鐵路線的借款合同於 1918 年 9 月 28 日簽訂）。按照這些合同，接下來的借款以墊款（1000 萬和 2000 萬日元）形式支付，這些借款都屬於西原借款〔註 8〕的組成部分。這些借款並沒有按照計劃使用，上述合同提及的那些鐵路最終都沒有修建。

世界大戰結束後，西方列強開始再次表現出對遠東問題的興趣。

1920 年，新國際銀行團成立，主要目的是投資滿洲的鐵路建設，日本也加入銀行團。銀行團的投資對象既不包括南滿鐵路，也不包括其他幾條正在修建的鐵路或是日本設計修建的鐵路（如四平—洮南、吉林—Хуэннин、長春—吉林、開原—吉林）。新銀行團實行完全不同於舊銀行團的政策，這時期中東鐵路的地位也發生了顯著變化。

俄國十月革命後，中東鐵路的法律地位受到質疑。1918 年，北滿和俄國遠東一同遭受列強干涉，這時的中東鐵路受國際鐵路委員會管制。

滿洲各條鐵路線的運營不僅在最大程度上為南滿鐵路創造了良好的運輸環境，也為南滿鐵路從北滿地區吸收大量貨物提供了便利條件。此前，這些貨物主要從中東鐵路向東部方向運輸，因此使符拉迪沃斯托克港的貨運量隨之增加。1913 年，中東鐵路運往符拉迪沃斯托克的貨物占出口總量的 79%，其中 85.5%的出口貨物為糧食。1920 年前，貨物運輸方向發生了變化：中東鐵路 86.8%的貨物運輸到大連，只有 13.2%的貨物運輸到符拉迪沃斯托克。貨流發生變化是因為：一方面，由於俄國發生革命，經符拉迪沃斯托克運輸貨物需要承擔一定的風險；另一方面，這時期中東鐵路的運費進行了調整，雖不利於東部方向的貨運，卻促使往南部方向運輸的貨物增多。

自 1920 年起，中國當局著手鞏固在中東鐵路的地位。這一年，中國與剛

〔註 6〕也稱臺灣銀行。

〔註 7〕可能是琿春，可能是輝南，可能是中朝邊境的朝鮮小城會寧，也可能是圖們，即灰幕洞。

〔註 8〕是 1917 年至 1918 年間段祺瑞政府和日本簽訂的一系列公開和秘密借款的總稱。因日方經辦人是日本內閣總理大臣寺內正毅摯友西原龜三而得名。

剛重組的華俄銀行董事會簽訂協約。根據協約，中方獲得了在董事會和鐵路監管委員會中的幾個席位。

1924 年，蘇聯和中國簽署協約，中東鐵路歸蘇中兩國共同管理。與此同時，從北滿往符拉迪沃斯托克出口的貨運量增加。

隨著中國政府對滿洲的影響力不斷加強，加之國內反日運動迅速高漲，促使日本再次把注意力轉向滿洲修建新鐵路的方案上。

下述兩個具體目標是制定新鐵路方案的基礎：（1）勢力範圍向滿洲西部和北部地區擴展，包括向中東鐵路後方擴展，目的在於吸引中東鐵路以北富庶產糧區（齊齊哈爾、安達 Аньдинский район 等地區）的出口貨物。（2）除南滿鐵路外，設計修建一條新的滿洲幹線鐵路，與其他現有鐵路相比，這條新鐵路通往海港距離最短。日本設計修建這樣一條鐵路既出於經濟動機，又有政治戰略目的。

但這一次日本在滿洲修建鐵路的計劃發生一些變化：之前日本採取的是借款方式，僅通過資金支持所需要的鐵路建設，實際施工則由中方完成；而此次日本不僅給予鐵路建設資金支持，而且也要參與到鐵路修建過程中。

在這樣的背景下，中國政府（張作霖政府）與南滿鐵路公司簽訂了修建洮南—昂昂溪路段的協約，在簽訂協約時計算出南滿鐵路須支付修建費用1550 萬日元。這段鐵路的修建始於 1925 年 5 月，1926 年 7 月完工。

1925 年，中國交通部和南滿鐵路簽訂了修建吉林至敦化鐵路的合同。這條鐵路 1926 年 6 月開工，1928 年 11 月竣工。

1928 年，中國允諾日本可以將吉敦鐵路延長至朝鮮邊境。但實際上，由於東北民眾以及張學良（張作霖在瀋陽遇害後由其子張學良接管東北）等軍閥的反對，這一允諾沒有立即實現。隨著「滿洲國」建立，所有不利於吉敦鐵路延長的障礙被剷除，1933 年吉林至敦化鐵路修建到中朝邊境。

1928 年底，張學良宣佈易幟，東北接受南京國民政府領導。於是，東北地方政府獲得了南京政府形式上的支持，不允許外國人在滿洲實施修建鐵路的各項計劃。

同時，中國方面表現出在滿洲修建自有鐵路、與南滿鐵路構成競爭的積極性，計劃修建通往營口港的鐵路，重新修建葫蘆島港，敷設連接北京、奉天的鐵路線。

所有這一切加深了中日在滿洲境內修建鐵路方面的積怨。

1929 年下半年爆發的中東路事件是中東鐵路史最後幾年發生的重要事件，它是中國國民黨右翼勢力不斷膨脹的結果。這次軍事衝突沒有改變中東鐵路的總體格局和中蘇兩國之間的相互關係。中東鐵路仍然由兩國共管。

隨著滿洲土地上建立新的國家，中國對中東鐵路的權力由「滿洲國」政府接手。

1933 年，蘇聯出讓中東鐵路權力給「滿洲國」的一系列談判開始舉行。這些談判的結果暫時還沒有確定下來。

三、滿洲鐵路網概況

鐵路網長度。在近幾十年的時間內滿洲鐵路網增長速度驚人。19 世紀 90 年代初，滿洲連一公里鐵路都沒有。只經過短短的 25 年，即到 1915 年前，滿洲鐵路總長度已經達到 3500 公里，到 1931 年前增至 6283.5 公里（約 3700 英里），這時期中國內地鐵路總長度為 8940 公里（5200 英里）。目前滿洲鐵路總長度已經超過了 7000 公里。

滿洲鐵路網最近幾十年的增長速度特別顯著。幾乎每年都有新鐵路線修建，而且還有很多新鐵路修建方案誕生；如果實際上只有一半方案實現的話，那麼滿洲的鐵路網密度也將在東方國家中首屈一指。目前滿洲在擁有鐵路比例上已經大大超過中國內地。

目前滿洲每平方公里土地上約有 6.1 公里鐵路。其他國家每平方公里擁有鐵路數量如下：日本約 54 公里，中國 1 公里，美國 51 公里，英國 135 公里。

從上述數字可以得知，滿洲鐵路網在密度上已經超過了中國，但是落後於日本和美國，更不用說英國了。

看一下地圖即可發現滿洲鐵路的分佈特點，鐵路網分佈極不均衡：自然資源豐富地區分佈若干條平行的鐵路線，次發展地區及落後地區則根本沒有鐵路線。

資源富庶地區擁有多條平行且相鄰的鐵路線，必然導致這些鐵路線之間構成競爭，甚至早在確定鐵路走向和鐵路修建方案時就產生了競爭。

之所以出現這種狀況，並不是因為滿洲鐵路缺少整體的建設體系，而是由於不同的承包制度和同時存在多個鐵路修建方案的結果，還是滿洲各種政治和經濟利益交織在一起並互相爭鬥的表現。之前在滿洲修建鐵路並不是為了發展邊疆地區的經濟，而是為了實現不同政治集團和外國列強的政治經濟

利益。滿洲境內鐵路的誕生和修建是各方施加影響和利益爭鬥的產物。每一方都希望貫徹本國的政策、實施鐵路修建綱要，實現其經濟、政治等方面的目的。一方提出的修建新鐵路方案總是會遭到其他方的反對。

在滿洲修建互相競爭的鐵路網就是上述原因產生的結果。

滿洲鐵路網的幹線和支線。滿洲共有三條基本鐵路線：（1）中東鐵路；（2）日本鐵路系統；（3）中國鐵路系統。上文已經提到，1909～1910 年，英、美試圖在滿洲修建一條錦璦鐵路，但這一方案遭受失敗。必須指出，此後錦璦鐵路方案的大部分在中國的滿洲鐵路建設綱要中被採納並得以實現。

中東鐵路是滿洲鐵路中建成最早的一條鐵路。它在修建初期體現的是俄國利益，之後由中蘇兩國運輸公司共管，現在歸「滿洲國」所有。這條鐵路從西向東經過北滿，它是目前爲止北滿境內唯一一條鐵路，是向北滿殖民和實現糧食運輸的工具。中東鐵路是這時期從西伯利亞到達俄國濱海地區的直接運輸通道，在第一次世界大戰期間發揮極其重要的作用。中東鐵路從事的主要貿易活動是糧食運輸。

鐵路貨運主要輸出煤炭，輸入（從濱海邊區和南滿）畜產品、木材和其他商品。中東鐵路途經地區就糧食總產量來看要高於南滿地區，北滿地區的農產品要多於南滿地區。這是因爲南滿地區人口密度大，當地居民消費的糧食多。

況且，北滿地區無論在殖民程度、土壤條件，還是自然資源的豐富程度方面都顯著高於南滿地區，因此這裡是滿洲地區未來經濟發展最具潛力的地區。南滿地區的殖民已經近乎結束。

這一狀況促進其他鐵路幹線繼續往北滿地區修建支線鐵路，吸收北滿向各鐵路線的出口貨物。1928 年中東鐵路與齊齊哈爾—克山鐵路對接，就是鐵路線向北延伸的結果。

從此時開始，中東鐵路西線的幾個主要產糧區（齊齊哈爾、安達Аньдинский）才得以向南滿鐵路輸出糧食。也是由於這樣的原因，中東鐵路後期的糧食出口已經不計入大宗貨物的運量中。1933 年，修建了拉法—哈爾濱（拉濱）鐵路，它是新吉林—朝鮮幹線鐵路與呼海鐵路〔註9〕之間的連接鐵路。

沒有鐵路專用線，這成爲制約中東鐵路充分發揮運送移民作用的因素。

到目前爲止，日本鐵路系統建立在「樸茨茅斯條約」將南滿鐵路劃歸日本的基礎上。南滿鐵路通往大連港，擁有可以到達安東（瀋陽—安東鐵路）、

〔註 9〕即呼蘭—海倫鐵路。

營口（大石橋—營口鐵路）和旅順三個港口的支線鐵路。南滿鐵路不僅是一個運輸企業，而且還擁有鐵路沿線完整的各類工業企業網（如撫順煤礦、鞍山鋼鐵廠等）。同時，南滿鐵路還擁有多條鐵路專用線，可以爲支線鐵路和它所控制的大型鐵路線（吉林—長春、四平—洮南）供應能源。這些鐵路線把貨物吸引到南滿鐵路上。

南滿鐵路運輸的大量出口糧食並不是來自鐵路沿線地區，而是來自於中東鐵路。這種狀況不利於南滿鐵路的發展，同時成爲南滿鐵路修建可伸入北滿地區支線鐵路的促進因素。另一個不利於南滿鐵路發展的因素是，南滿鐵路的海運基地——大連港——遠離滿洲的中心地區，這削弱了南滿鐵路爭奪滿洲貨物的競爭力，同時也降低了南滿鐵路的政治作用，特別是大連作爲黃海的出海口，意義非比尋常。

因此綜上所述，有人提議在滿洲修建一條新的幹線鐵路，它經過朝鮮港口、可以通往日本海。

滿洲的中國鐵路系統〔註10〕建立在幾十年內按照中方設計方案修建的鐵路網的基礎上。它以北京—奉天（北京—山海關）鐵路爲主線，分出兩條向北延伸的支線——西線和東線，除北京—山海關鐵路（起始路段）外，還包括以下兩條鐵路：在鄭家屯站相交的大虎山—彰武—通遼與四平—洮南鐵路（西線鐵路）；奉天—海龍、吉林—長春鐵路在吉林站與海龍—吉林鐵路相接（東線鐵路）。中國爲在滿洲構建鐵路網修建了以上這些鐵路，其動因在於：中國邊疆殖民利益和政治動機，進而抵禦外國勢力在滿洲施加的影響，實現滿洲鐵路與中國內地鐵路的連接，最終把滿洲地區與中國內地連接起來；滿足商業資本家的利益，爲滿洲貨物尋找運往中國港口的出口；實現投入到各個工業企業（煤礦等）中的中國工業資本的利益；滿足在滿洲擁有大量土地的地主階級的利益，表現爲哪怕是報紙上一條簡短的關於新鐵路修建方案的報導都會引起新鐵路途經地區的土地價格的上漲。於是，出現了大量中方提出的鐵路修建方案，它們中的絕大部分都沒有實現，並且永遠都不會實現。

中國在滿洲修建鐵路儘管仍處於初期階段，但已經取得了顯著成就，中國擁有了從兩個方向包圍南滿鐵路的、帶有許多支線鐵路的幹線鐵路。一些日本史學家指出，中國在滿洲的鐵路呈「剪刀型」。

〔註10〕1922 年，張作霖宣佈東三省自治。由於奉系軍閥張作霖處在日、俄兩國的勢力範圍間，處處受制，極爲不便，決心修建自己控制的鐵路網。

　　中國的鐵路幹線與營口港和重建的葫蘆島港連接，通過北京—山海關鐵路與中國內地的鐵路網連接。中國還計劃修建包括吉林—五常—哈爾濱和洮南—哈爾濱兩鐵路在內的多條新鐵路，經過這兩條鐵路把遠離它們的、向北延伸的呼海鐵路併入中國鐵路網內，並經 Эркешань 與齊齊哈爾—克山鐵路相連，這條鐵路向北可以到達 Сахалян и Айхунь 璦琿（阿穆爾河岸）。

　　1930 年，中國政府與荷蘭辛迪加簽訂了在滿洲修建新的葫蘆島港口的協約，該港此後將成為中國滿洲鐵路的主要海上基地。北京—奉天鐵路在資金上扶持葫蘆島港口的建設工程，該港設計年吞吐量可達 300 萬噸。中方計劃葫蘆島港應成為滿洲向海洋運輸貨物的新出口。目前，中國鐵路通往營口港，該港就其地理位置來講並不是最佳選擇，因為營口位於遼河入海口處，冬季結冰。目前葫蘆島港口建設工程暫時停工。

　　同樣，為構築中國鐵路網進行的鐵路修建工程也暫時停止。這一年，呼海鐵路向北延伸到克山，在南部與吉林—敦化鐵路連接（拉法—哈爾濱鐵路）。於是，呼海鐵路和齊齊哈爾—克山鐵路併入到新吉林—朝鮮鐵路，而沒有併入北京—奉天鐵路。

四、鐵路線之爭

　　滿洲鐵路分處於中、日、俄三國勢力影響下，也就不可避免地參與到三國的交通運輸系統中，致使各個路段之間為爭奪滿洲貨物產生激烈競爭。南滿鐵路奪得大部分中東鐵路輸出的貨物；中東鐵路的貨物除經日本控制的大連作為出海口外，還有另一個出海口——經烏蘇里鐵路和符拉迪沃斯托克港抵海。多年來，北滿輸出貨物的兩個走向——東向和南向處於競爭之中。除個別時期（濱海邊區衛國戰爭時期、遠東外國干涉時期，以及中蘇在 1929 年下半年軍事衝突時期）外，兩個走向之間的競爭多為東向佔據優勢。例如，1930 年，從中東鐵路輸出的貨物分配情況如下：

貨物	東向（萬噸）	南向（萬噸）
大豆	76.9	58.3
油渣	47.8	3.0
豆油	0.9	3.7
共計	125.6	65.0
占比（%）	65.9	34.1

在討論中東鐵路貨物運輸的數次會議上，南滿鐵路代表們不止一次地提出平衡兩個走向的噸公里運價（東向運費較低）問題，但中東鐵路不接受這一提議，因為從北滿貨物輸出地和中東鐵路各站到達博格拉尼奇內之間的距離要比到達日本控制的長春距離遠得多，因此平衡運費將會使中東鐵路完全失去貨源。上述狀況對於南滿鐵路來說是將其鐵路支線深入到中東鐵路區域的推動因素，這樣就可以無需經過中東鐵路而獲得出口貨物。

1931 年，南滿鐵路明顯感覺到來自中國鐵路的競爭：首先是由於奉天—海龍—吉林和北京—奉天鐵路實現對接，其次是由於齊齊哈爾—洮南—通遼經通遼—大虎山線與北京—奉天鐵路實現對接。

從這時起，滿洲所有最重要的貿易和工業中心都可以通過中國鐵路線與北京—奉天鐵路連接，經過這些鐵路直接向中國控制的營口港運輸貨物。

近幾年，南滿鐵路與中國鐵路爭奪貨物時，對其不利的還有匯率因素。中國鐵路以銀元清算運費，由於銀匯率低，中國鐵路的運費顯著低於滿洲的其他鐵路。

1930～1931 年，來自中國鐵路的競爭及其他一些因素（全球危機的影響、滿洲出口額下降）導致南滿鐵路貨運量降低和貨運收入下降。這對此後滿洲境內的中國鐵路建設發展及葫蘆島築港竣工構成很大威脅。

中國加快鐵路建設更加引起日本急於結束吉林—朝鮮鐵路修建。然而，日本在修建吉長鐵路時不得不與中國方面產生矛盾，中國想方設法阻止吉長鐵路竣工。不僅如此，各條幹線鐵路之間的競爭也日趨激烈。

五、滿洲鐵路名錄

「滿洲國」的誕生在滿洲鐵路建設中起到至關重要的作用。

鐵路建設速度比「滿洲國」成立前更快、更富有成效。同時，施工建設的特徵產生了變化。鐵路建設開始按照統一的政府計劃進行，而之前的大部分鐵路（在前文中已經提到）都是各方為擴大影響、出於競爭而建設的，導致滿洲出現幾條相互平行的鐵路線。

基於此，「滿洲國」成立前修建的鐵路可以按投資方（中國和外國資本）和行政管理機構性質（中方、中外共同管理）兩個特徵進行劃分。

【「滿洲國」成立前修建的鐵路】

鐵路全稱	鐵路簡稱	主要鐵路線長度（公里）	鐵軌寬度（英尺和米）	修建時間和其他情況
Ⅰ.中國東方鐵路				
中國東方鐵路： （1）鐵路線： （a）西線（滿洲里—哈爾濱）	中東鐵路	934.72	5英尺 1.52 米	1897～1902年歷時5年建成，俄國政府投資修建。自1924年起開始由中蘇兩國共管。1933年，蘇聯將鐵路轉交「滿洲國」的談判開始進行。 根據《統計年鑒》資料顯示，截至1932年，1931年投入鐵路修建和改造的總資金為412 105 899金盧布，其中不包括俄國政府填補鐵路運營虧空和基本投資資金、貸款未支付利息等。
（b）東線（哈爾濱—博格拉尼奇內）		549.06		
（c）南線（哈爾濱—新京，即長春）		238.46		
（d）哈爾濱支線 （哈爾濱—Пристань 碼頭）		4.27		
（1）屬於中東鐵路或私人承租的鐵路支線				
（a）Хоригольская 鐵路		50.0	5英尺 1.52 米	1927～1928年由東方建築公司修建，起於中東鐵路的 Бухэда 站，沿 Чол 河方向向南。 中東鐵路運營初期修建到札賚諾爾煤礦。 一面坡、亞布力、四道河子等站歸中東鐵路和私人 （В.Ф.Ковыльский，Н-в Л.Ш.Скидельский）所有
（b）札賚諾爾支線		18.0		
（c）其他支線		388.0		
共計		456.0		
中東鐵路及毗鄰各條支線鐵路（除穆棱鐵路）總長度		2182.51		
Ⅱ.南滿鐵路				
（a）新京（長春）—大連鐵路	南滿鐵路（2）	704.3	4公尺8.5英寸1.43米	該條鐵路最初是中東鐵路的南部支線。《樸茨茅斯條約》將其轉入日本手中。1907年4月由南滿鐵路公司開始運營。

（b）安東－蘇家屯鐵路。更爲熟知的名稱是奉天－安東鐵路	渾楡鐵路（3）	260.2	日本在日俄戰爭時以窄軌形式修建。1908 年改爲南滿鐵路的標準軌距。
（c）Хуньхэ-Юшутай 渾河－楡樹臺鐵路		4.1	
（d）Чжоушуйцы－旅順港	（2）	50.8	
（e）Суцзятунь-Фушунь 蘇家屯－撫順		52.9	
（f）Мукден-Юшутай 奉天－楡樹臺		12.7	
（g）煙台支線		15.6	
（h）Дашицао-Инкоу 大石橋－營口		22.4	
南滿鐵路及支線鐵路總長度	（2）（3）	1123.0	
Ⅲ.無外國參與的中國自主鐵路，如今的「滿洲國」鐵路			
（1）山海關－奉天	Фыншанская. 奉山鐵路（可能是指奉天－山海關）。曾用全稱「北平－奉天」鐵路，更早時爲「北京－奉天」鐵路。（4）	421.6（位於「滿洲國」境內）	部分鐵路幹線與北京（北平）、奉天鐵路連接。該幹線鐵路總長度爲 875 公里，包括連接的支線鐵路和鐵路專用線達到 1344 公里。1894～1907 年英國資本參與修建。
支線鐵路： （a）錦州－北票和 　　溝幫子－朝陽 （b）溝幫子－營口		（4） （4）	153.0 91.1	政府鐵路。建成於1924 年。延長至朝陽。
（c）大虎山－通遼	大通（5）	252.2	建成於 1899 年。
（d）葫蘆島支線		12.0	建成於 1921～1927年。
共計	（4 和 5）	929.9	4 英尺8.5 英寸，1.43米	
（2）呼蘭－海倫鐵路	呼海鐵路（13）	221.0	4 英尺8.5 英寸，1.43 米	從呼蘭到黑龍江省的海倫，1925～1928 年修建。1932 年向北、向西延伸到克山（海克鐵路）。
（3）吉林－海龍鐵路	吉海鐵路（15）	183.4		1927～1928 年修建，半政府投資修建。

（4）奉天—海龍鐵路。奉天和海龍之間的鐵路，支線鐵路 Мэйхэгоу-Сиань 梅河口—西安〔註11〕	Фынхайская и Шэньхайская 奉海鐵路和山海鐵路（14）	329.0		1925～1928 年修建主線鐵路，支線鐵路 1927 年修建。半政府投資修建。
（5）齊齊哈爾—克山鐵路。齊齊哈爾市到克山市之間的鐵路線。擁有 Нинянь 站到嫩江 Лахэчжань 港的支線鐵路。	齊克鐵路（11）	目前長 310.0 公里。「滿洲國」成立前長約為 200 公里。		昂昂溪—齊齊哈爾鐵路 1928 年通車。1928～1932 年延長至克山站。後與呼海鐵路連接（克山—北安鎮—海倫鐵路）。半政府投資。
（6）洮南—索倫鐵路	洮索鐵路（18）	100.0		這條鐵路從洮南到索倫 Солунь，總長度為 320 公里，但還沒有完工。從 1928 年開始修建。半政府投資。
（7）Кайюань-Сифынская 開原—西豐鐵路	Кайфынская（Кайтоская）開豐鐵路（25）	64.0	窄軌 3 英尺 3 英寸，1 米	1926 年 5 月通車。半政府投資。
政府投資和半政府投資鐵路總長度	（4、5、13、15、14、11、18、25）	2137.3（1931 年約為 2027.3 公里）	—	——
IV.日本參與投資、共管的政府鐵路				
（1）吉林—長春鐵路	吉長鐵路（6）	127.7	4 英尺 8.5 英寸，1.43 米	1910～1912 年修建。形式上為政府鐵路，實際上歸南滿鐵路控制（從 1917 年開始）。
（2）吉林—敦化鐵路 Дуньхуаская	Цзидуньская 吉敦鐵路（7）	210	同上	1926～1928 年修建。政府鐵路。鐵路線已延長至朝鮮邊界。
（3）Сыпингай-Таонаньская 四平街—洮南鐵路（a）Сыпингай-Таонань，四平街—洮南鐵路（b）Чжэцзятунь-Тунляо 鄭家屯—通遼鐵路	Сытаоская 四洮鐵路（9）	426.0	同上	1917～1924 年各路段相繼開始修建。政府鐵路。
（4）Таоань-Ананьциская 洮南—昂昂溪鐵路	Таоаньская 洮昂鐵路（10）	224.2	同上	1925～1926 年修建
共計	（6、7、9、10）	987．9	—	

〔註11〕1902 年設立的西安縣，位於吉林省中南部，今屬遼源市下轄兩區之一。

V.外國資本參與修建、共管的私人鐵路				
1. 日本投資				
（1） Тяньбошань-Тумыньская 天寶山—圖們鐵路	Тяньтуская 天圖鐵路（8）	111.0	2英尺6英寸，0.76米	有兩條直線鐵路。1924年11月由日本天圖鐵路公司建設完工。1931～1932年轉交給敦圖 Дуньтуская 鐵路，改為標準鐵軌。
（2） Бэньсиху-Юйчанская	Сицзуньская	26.0		中日投資、聯合共管。南滿鐵路和 Бэньсиху 煤礦聯合管理。
2. 俄國投資				
（3） 穆棱鐵路。中東鐵路的 Сочинцзы 站到梨樹站	（16）	63.0	5英尺，1.52米	屬於俄中工業公司 МУТ（Мулинская 穆棱煤炭工業公司）聯合管理。1925年開始運營。
（4） Цзиньчжоу-Бицзыво-Чэнцзытуань 錦州—	Цзивьфуская（28）	102.0	4英尺8.5英寸，1.43米	1926～1927年日中投資修建；屬於 Цзиньдуская 鐵路公司所有。南滿鐵路經營。
共計	（8、16）	1932年前（將 Тяньтуская 鐵路計算在內）為302公里。實際上到目前為止（不包括 Тяньтуская）為191公里。	——	
VI.沒有外國資本參與的私人投資修建的中國鐵路				
（1）Хэлиганская или Хэгайская 鶴崗鐵路。 松花江蓮江口 Лянцзянкоу 碼頭至鶴崗礦區的運煤鐵路。	Хэ-ли（19）	56.0	5英尺，1.52米	屬於中國 Хэган 煤礦股份有限公司所有。1926年開始修建。
（2）齊齊哈爾—昂昂溪鐵路	Цианьская 齊昂鐵路	29.0	3英尺3英寸，1米	1909年10月開通。歸中國私人公司所有。
合計		85.0		
綜上，在「滿洲國」成立前，滿洲鐵路總長度（包括 Тяньтуская 天圖鐵路及延長的 Цикэская 齊克鐵路約200公里）達 6677.7 公里。				

Б.「滿洲國」成立後修建的鐵路				
（1） 敦化—圖們鐵路（與朝鮮接壤） （a） 北敦圖 Дуньтуская 鐵路，193 公里 （b） 南敦圖 Дуньтуская 鐵路，60 公里	Дуньтуская　敦圖鐵路； Дуньхуская　敦會鐵路； （ Дуньхуа-Хуэнниннская 敦化一）（8）	253.0	4 英尺 8.5 英 寸， 1.43 米	1931～1933 年修建。政府投資修建鐵路。向東延伸、直到朝鮮邊界、Цзичанская 吉長和 Цзидуньская 吉敦鐵路。
（2） 海倫—克山鐵路	海克鐵路（12）	198.8		1933 年竣工。把 Хухайская 呼海鐵路向北、向西延長，與 Цикэская 齊克鐵路連接。
（3） Лахэчжань—Нэхэ 訥河鐵路。 之前修建了 Цикэская 齊克鐵路上的 Нинянь 站到 Лахэчжань 之間的支線鐵路	Нэхэская 鐵路	38.7		1933 年實際上已經竣工。
（4） Лафа 拉法—哈爾濱鐵路。吉敦鐵路上的 Лафа 拉法站到哈爾濱之間的鐵路。	Лабиньская　拉濱鐵路（21）	2720 公里。	4 英尺 8.5 英 寸， 1.43 米	1933 年修建，1933 年 12 月 16 日正式開通。是 Хухайская 呼海鐵路和 Дуньхуаская 敦化鐵路之間的連接鐵路。
共計	（8、12、22、21）	726.5		

「滿洲國」成立後，鐵路總長度（包括齊克鐵路）已經超過 800 公里。

目前，滿洲鐵路網總長度幾乎達到 7500 公里（按照上述統計數字爲 7469 公里；但有重建鐵路和沒有完全竣工的鐵路，例如北安鎮 Бэйаньчжэнь 至龍門 Лунмынь 的鐵路；訥河 Нэхэ 到璦琿 Айхунь 的鐵路；寧古塔到海林方向上的敦圖 Дуньтуская　鐵路等）。

六、投入到滿洲鐵路中的資金

投入到滿洲鐵路修建中的資金到目前爲止數額非常大，可以從下表中看出。

鐵　路	投入的建設資金
1.中東鐵路	（a）1898～1905 年期間投入建設資金爲 365 649 541.17 金盧布。 （b）1906～1931 年間用於完善鐵路設施投入 46 456 357.86 金盧布。 共計 412 105 899.03 金盧布
說明：除此之外，未償還債務和原始資本利息、加之填補赤字的補充資金等共計 1 419 869 523.09 金盧布（按照 1932 年中東鐵路統計年鑑數字統計）	

2.南滿鐵路	（a）用於鐵路資金 270 000 000 日元 （b）用於南滿鐵路輔助性項目資金 170 000 000 日元 共計：440 000 000 日元
3.北京—奉天鐵路	（a）中國政府投入資金 23 903 392 銀圓（cep.дол.） （b）英國投入資金（1898 年中國政府借款）11 730 000 銀圓（230 萬英鎊） （c）利潤扣除 75 708 599 銀圓 共計 111 341 991 銀圓
說明：北京—奉天鐵路的二分之一，即北京至山海關鐵路歸中國政府管轄；山海關至奉天鐵路歸「滿洲國」政府管轄。因此，北京—奉天鐵路在滿洲境內投入的資金大約為上述數額的一半。	
4.Сытаоская 四洮鐵路	44 000 000 日元。包括利息在內的日本借款，。
5.吉林—長春鐵路	6 500 000 日元。日本借款。
6.Таоаньская 洮昂鐵路	12 920 000 日元。日本借款
7.Цзидуньская 吉敦（Гирин-Дуньхуа 吉林—敦化）鐵路	24 000 000 日元。日本借款
8.Мукден-Хайлунская 奉天—海龍鐵路	（a）政府投資 10 000 000 大洋 （b）私人股份投資 10 000 000 大洋 合計 20 000 000 大洋
9.Хухайская 呼海鐵路	（a）黑龍江省投資 5 000 000 大洋 （b）私人投資 5 000 000 大洋 合計 10 000 000 大洋
10.吉林—Хайлунская 海龍鐵路	24 900 000 銀元。中國投資修建。
11.齊齊哈爾—Кэшаньская 克山鐵路	修建鐵路的初期資金來源於奉天 Мукден、黑龍江政府、以及北京—Мукден 奉天鐵路，總數額 1 200 000 大洋。加上之後的投資，總投資為 490 萬銀圓。
12.Цзиньфуская	私人股份投資（日本和中國）4 000 000 日元
13.Мулинская 穆棱鐵路	中俄投資 3 000 000 哈爾濱大洋
14.Хэлиганская	中國投資 1 400 000 大洋
15.Синьцзуньская	南滿鐵路投資 399 000 日元 Бэньсиху 煤炭和鐵路公司投資 171 000 日元 共計 570 000 日元
16.Кайфынская	官上投資 2 820 000 大洋

17.Тяньтуская 天圖鐵路	日中投資 4 000 000 大洋 1933 年這條鐵路被滿洲—日本公司以650萬日元價格出售給 Дуньтуская 鐵路
18.Цианьская 齊昂鐵路	Гуань-син-гунсы 公司私人投資 350 000лян.
19.Таоаньсолуньская 洮昂索倫鐵路	政府投資，數字不祥。

如果將上述資金單位統一後，那麼到 1931 年前投入到滿洲鐵路建設中的資本應不少於 10 億金盧布。近幾年投資資金還在增加。例如，據信息稱，修建位於哈爾濱附近的跨松花江大橋就用去了 450 萬日元。

七、關於施工和個別路段狀況的簡短概述

1. 中國東方鐵路

俄國根據 1896 年華俄銀行與中國政府簽訂的條約修建此條鐵路，1897 年 7 月，主幹線滿洲里—博格拉尼奇內路段的勘測工作展開，同年 8 月 16 日開工修建。

1900 年義和團運動前，施工進度飛快，但也時常出現不利於施工的各種障礙，如當地工人文化程度低、沒有施工經驗，缺少準確而充足的地形測量信息，俄國鐵路員工和工人匱乏、難於安置，鐵路施工地內 9／10 的土地一片荒蕪、爲完全未開發土地。

許多地方的地形條件非常不利於施工，如在東部路段施工過程中遇到了許多技術難題。非但如此，義和團運動時期又對施工進度產生不利影響。即使困難重重，修建速度仍然飛快，在不到 5 年的時間內建成了長達 3668 公里，包括滿洲里站至博格拉尼奇內站、哈爾濱至旅順港之間兩條連貫的鐵路線，此外還修建了幾條輔助支線鐵路。

從整體來看，鐵路遠離當地的貿易和工業中心地區，因爲在選擇鐵路走向時設計者明確修建鐵路的目的不是爲了發展邊疆區的經濟，而是爲了穿越滿洲修建一條最短距離通往太平洋的鐵路。

1898～1905 年間，修建鐵路共耗貲 365 649 541 金盧布。此後這一數字隨著新路段開工和不斷完善基礎設施而逐年增加，目前這一數字已經達到 4.12 億金盧布。

這條鐵路俄國以租借爲名加以掌控，中東鐵路股份公司爲形式上的法人主體，由俄國政府控制下的華俄銀行委託組建。最高領導機構是中東鐵路公

司董事會（位於彼得堡），董事會成員共 10 名，包括中國政府任命的代表和公司代表。

1903 年 7 月 1 日鐵路開通運營，但實際上個別路段從 1901 年就已經開始貨物和乘客的商業運營。

1904 年爆發的日俄戰爭使開始不久的鐵路運營中斷。中東鐵路是連接俄國和戰爭策源地的唯一通道，因此當戰爭發生及戰爭結束初期，中東鐵路全線忙於運輸軍用物資。在這段時期內鐵路的商業運營完全終止。

直到 1907 年，才開始恢復鐵路運輸私人貨物和乘客的商業運營。這時，鐵路的總長度減少 1／3，因爲其大部分南線鐵路劃歸日本。歸中東鐵路管理的唯一港口是符拉迪沃斯托克，它爲中東鐵路提供了部分港口（Эгершельд），後來 Эгершельд 港被烏蘇里鐵路租用。1920 年前，烏蘇里鐵路一直劃歸中東鐵路管理經營。

中東鐵路運輸私人貨物的商業運營再次被世界大戰中斷。這一時期中東鐵路作爲把俄國和符拉迪沃斯托克連接起來的西伯利亞大鐵路的一部分發揮著重要作用。鐵路在此時的主要作用是運輸軍用物資，而當地貨物運輸則主要依靠畜力運輸。

世界大戰和此後發生的俄國十月革命使中東鐵路的法律地位發生了顯著變化，在遠東遭受協約國武裝干涉時期中東鐵路轉爲國際鐵路委員會管理。

1920 年，中東鐵路管理局代表出席在北京舉行的華俄銀行股東大會，並與北京政府簽訂了選舉新的中東鐵路董事會的協議，同意董事會吸納北京政府方面的 1 位主席和 4 位理事，5 個席位由銀行董事會任命。1924 年《中蘇協定》簽訂後，中東鐵路由中蘇聯合共管。

《中蘇協定》改變了 1896 年《中俄密約》規定中東鐵路轉爲中國所有的期限。根據 1896 年《中俄密約》，俄國的鐵路租期到 1983 年結束；此外，自1939 年開始，中國有權全部贖買這條鐵路。根據 1924 年《中蘇協定》，蘇聯同意鐵路轉讓中國的期限提前 20 年。

直到目前爲止，中東鐵路火車頭及車廂供應方面在北滿各條鐵路中佔據首位，運輸效率高。

自 1931 年起，中東鐵路貨運量開始受到滿洲境內新建鐵路的影響，包括齊齊哈爾站管轄區遭遇齊克鐵路 Цикэская 和 Таоаньская 洮昂鐵路的競爭，這兩條鐵路分流了中東鐵路大部分的貨流。對於中東鐵路的哈爾濱站來說，

另一條新鐵路，即北滿──呼海 Хухайская 鐵路具有鐵路專用線的作用，該鐵路在哈爾濱把出口貨物轉運到中東鐵路，但對於西線的許多車站（安達 Аньда，Сун，Маньгоу 等）來說，這條鐵路也是一條具有競爭力的鐵路，它分流了多條鐵路的部分貨物。這些不利影響使中東鐵路貨運量下降，另外，受世界經濟危機影響，滿洲出口貨運量下降。

中東鐵路運營期間貨運量如下：

第一時期：1903～1907 年──143 萬噸

第二時期：1908～1913 年──589.45 萬噸

第三時期：1914～1920 年──1185.8 萬噸

第四時期：1921～1932 年──4506.5 萬噸

共　　計：1903～1932 年──6424.8 萬噸

說明：第一時期從鐵路運營到日俄戰爭後鐵路恢復運營；第二時期爲鐵路正常運營到世界大戰爆發；第三時期爲世界大戰、俄國十月革命和國內戰爭時期；第四時期爲世界大戰以後時期。

在 5 年時間內（1928～1932 年）鐵路運輸貨物爲：1928 年──74 萬噸；1929 年──67.78 萬噸；1930 年──52.34 萬噸；1931 年──27.12 萬噸；1932 年──37.24 萬噸。

在中東鐵路運營的 25 年時間內貨運量總體呈上升態勢，特別是在 1926～1930 年間達到頂峰，之後由於其他鐵路線的競爭貨運量開始下降。具體數字見下表。

【中東鐵路運營財政狀況（萬金盧布】

年份	收入	支出	盈虧	年份	收入	支出	盈虧
1908	1490	1900	-410	1921	3990	3760	+230
1909	1550	1690	-140	1922	3740	2630	+1110
1910	1750	1650	+100	1923	3610	2430	+1180
1911	1960	1780	+180	1924	3750	2190	+1560
1912	1900	1470	+430	1925	4850	2410	+2440
1913	2120	1480	+640	1926	5730	2720	+3010
1914	2270	1540	+730	1927	6000	3520	+2480
1915	3930	1760	+2170	1928	6470	4020	+2450
1916	5030	2290	+2740	1929	6940	3280	+3660
1917	7960	3540	+4420	1930	4990	2860	+2130
1920	5950	5100	+850	1931	4050	2240	+1810

上述鐵路貨運量統計數字不僅表明邊疆區經濟由於鐵路修建而飛速發展，還表明不斷增加的商品流通額對鐵路貨運量和收入增長的影響。

中東鐵路的發展前景令人擔憂，目前持續的世界經濟危機對鐵路運營造成消極影響，導致滿洲的出口量下降。此外，近幾年邊疆區經歷了洪水等自然災害，這也影響到鐵路貨運量。

但在今後對中東鐵路運輸量構成最大的威脅是國內不斷發展的新鐵路建設。

滿洲新鐵路幹線的修建基本結束，北滿貨物已經有了通往朝鮮北部港口的出口。目前這條幹線鐵路在兩個車站（齊齊哈爾和哈爾濱）穿越中東鐵路，未來還會修建新的中東鐵路通往北滿地區的支線鐵路。

2. 南滿洲鐵路

俄政府投資、俄國工程師投資修建的這條鐵路，眾所周知，在日俄戰爭結束後根據 1905 年 9 月簽訂的《樸茨茅斯條約》、1906 年 12 月中日簽訂的補充條約轉交給日本。

日本從俄國手中接管鐵路後的最初一個時期確實獲得了之前俄國所擁有的那些權利。根據 1896 年的《中俄密約》，從鐵路運營開始計算租讓期為 80 年，即實際上期滿是在 1983 年後。租讓期滿後鐵路應該無償轉讓給中國。根據條約規定，鐵路運營 36 年後中國有權贖買鐵路。

但之後這些條款針對南滿鐵路卻發生了顯著變化，鐵路運營 36 年後可以提前贖買的權力被完全取消。使用租讓期延長到 99 年，即到 2002 年。

新權力賦予日本可以修建南滿鐵路通往安東 Аньдун（奉天—安東鐵路）港的一條相對較長的支線鐵路，它由日本出資，最先是窄軌鐵路，後改建成寬軌鐵路。

之前的條約規定中國可以在 1923 年贖買鐵路，價格由邀請來的外國專家商定。根據 1916 年日中條約這一期限延長到 2007 年。

在這期間，日本根據條約不僅擁有鐵路，而且有權使用它，還在鐵路區享有諸多重要權力。包括：（1）在鐵路區內享有全部管理權；（2）有權在鐵路區內部署防衛軍。駐軍權由日俄戰爭後簽訂的條約所賦予，規定俄國和日本有權在相應區域內駐軍，人數不得超過每公里 15 人。

目前南滿鐵路有幾條支線鐵路，分別是長春—大連、安東—奉天 Аньдун-Мукден、撫順 Фушуньская 鐵路等，這些鐵路都列於滿洲鐵路名單中。

　　爲經營鐵路，日本成立了專門的「南滿鐵路公司」，除日本政府外，私人資本也參與公司的活動中。

　　「南滿鐵路公司」自1907年4月開始經營鐵路。如果按運營收入來看，鐵路是世界上最賺錢的企業之一。

　　下表中列舉了南滿鐵路運營和運輸貨物的主要數據。

【南滿鐵路 1907～1930 年財政狀況（日元）】

年份	收　入	支　出	支出占營業收入比重	利　潤
1907	9 768 887	6 101 615	62.5	3 667 272
1908	12 537 142	5 161 408	41.2	7 375 735
1909	15 017 198	2 818 333	36.0	9 197 865
1910	15 671 605	6 542 640	38.3	9 128 965
1911	17 526 288	6 908 354	36.6	10 617 934
1912	19 907 456	7 846 923	35.7	12 060 533
1913	22 257 132	7 913 948	32.8	14 361 184
1914	23 216 722	8 345 286	33.2	14 871 436
1915	23 532 118	8 174 520	32.1	15 357 597
1916	27 815 349	8 435 939	30.3	19 379 409
1917	34 457 923	10 858 734	31.5	23 599 189
1918	44 992 872	17 038 157	37.9	27 954 715
1919	67 060 720	30 528 938	45.5	36 531 782
1920	85 316 806	36 760 264	43.1	48 556 542
1921	78 204 132	33 172 718	42.4	45 031 416
1922	87 313 029	34 169 285	38.9	53 643 744
1923	92 269 704	35 787 589	38.8	56 482 115
1924	92 561 732	36 553 297	39.5	56 008 435
1925	97 395 288	38 800 691	39.8	58 594 537
1926	107 923 567	45 951 623	42.6	61 971 944
1927	113 244 180	45 235 835	39.9	68 018 345
1928	118 639 090	44 358 065	37.4	74 281 024
1929	122 103 743	47 213 508	38.7	74 890 235
1930	95 330 730	36 768 576	38.6	58 562 154

【1907～1930 年南滿鐵路運輸乘客和貨物指數（1905 年為 100）】

年份	運送乘客		運輸貨物	
	人　數	收　入	數　量	收　入
1907	100（1512231）	100（1594239 日元）	100（1348493 噸）	100（6160274 日元）
1908	124	86	176	155
1909	144	90	240	182
1910	155	91	265	189
1911	209	119	317	202
1912	238	139	315	226
1913	274	141	289	262
1914	239	122	384	285
1915	245	135	394	280
1916	292	168	419	323
1917	387	227	489	386
1918	495	304	561	493
1919	613	396	679	752
1920	537	408	683	1 037
1921	458	339	700	968
1922	506	345	810	1 128
1923	579	374	900	1 178
1924	577	380	981	1 250
1925	602	404	1 012	1 307
1926	548	423	1 226	1 453
1927	546	448	1 367	1 527
1928	642	490	1 433	1 587
1929	688	486	1 379	1 641
1930	537	319	1 127	1 265

上述數字為與 1907 年數字之比。

這些數字表明南滿鐵路的運輸業務和收入穩定增加，只有個別年份除外。

在鐵路運營期間，南滿鐵路的總收入增長了 10 多倍，其中，客運收入增長 5 倍多，貨運收入增長約為 16 倍。

在這一時期內支出增長 5～7 倍，這是支出占營業收入比重下降和淨利潤增長帶來的結果。

第一次世界大戰期間，支出占營業收入的比重降低到歷史最低水平，達到 30%。此後多數年份維持在 40% 左右。

支出占營業收入的比重既是反映鐵路總體運營狀況是否良好的系數，也是反映鐵路管理是否合理的系數。

收入結構的變化值得注意。例如，乘客運輸收入雖然在絕對占比關係、收入結構和與其他收入項的百分比中不斷增長，但還是越來越退後到次要地位。

在運營過程中，乘客運輸的作用在上述比例關係中從 37% 下降到 13～14%，即幾乎下降了 2／3。但貨運的作用卻不斷增加（從 62% 增加到 82%）。

南滿鐵路收入在以下幾個時期出現下降。

（1）1914 年乘客運輸量下降：由於世界大戰爆發中斷了歐亞直接的交通線，運送中國乘客的數量下降。銀兌日元的匯率下降、南滿鐵路票價相對升高是導致這一狀況的原因。1916 年銀匯率提高，乘客數量立即增多。

（2）1921 年收入整體下降，是由以下原因造成的：（a）世界大戰後世界市場蔓延的大蕭條；（b）1920～1921 年日本經歷金融恐慌。由於上述原因日本減少了從滿洲進口的大豆、油渣等貨物。

（3）收入整體下降出現在 1930 年，除受世界經濟危機影響外，也是由於這一時期滿洲各條鐵路線之間（中國鐵路網之間建立了直接聯繫）競爭加劇導致的。

在整個研究的這段時期內，1929 年是特殊的一年。這年成為特例的一個因素是因為這年發生了中蘇兩國間的中東路事件，導致經博格拉尼奇內和符拉迪沃斯托克港的運輸中斷，從而使南滿鐵路運量增加。

在這兩年南滿鐵路的運力和收入呈快速增長態勢，1931 年為 8550 萬日元，1932 年為 1.038 億日元。

3. 北平—奉天鐵路（北京—奉天鐵路）

上文已述，這條鐵路（即為北京—新民屯鐵路）是英國資本參與修建的。目前它分為兩段：（1）受中國政府控制的北平—山海關鐵路；（2）受「滿洲國」政府控制的奉山鐵路（Фыньшаньская，奉天—山海關）或者全稱為奉天—山海關鐵路。按照中國在滿洲的鐵路建設方案，這條鐵路是中國鐵路的

主幹線，由它再修建出許多支線鐵路，最終形成互相連接的鐵路網。

這條鐵路的收入狀況非常好，在近幾年每年都有 1700～1900 萬銀圓的利潤。

下表是 1921～1930 年 10 年間的具體統計數字。

【北平—奉天鐵路財務狀況（銀圓）】

年份	收　入	支　出	支出與收入比	淨利潤
1921	25 484 742	13 014 650	51.07	12 740 092
1922	20 690 449	12 033 499	62.51	7 756 950
1923	18 288 124	11 336 677	61.99	6 951 447
1924	17 509 533	11 912 901	68.04	5 596 633
1925	24 047 676	13 218 204	54.97	10 829 472
1926	23 487 169	13 598 980	57.90	9 888 189
1927	34 720 466	15 941 157	45.91	18 779 309
1928	21 821 545	10 958 396	50.22	10 863 148
1929	37 514 591	18 512 682	49.35	19 001 909
1930	37 440 088	20 416 402	54.53	17 023 686

1915～1930 年，這條鐵路的運力增長情況如下：（1）客運：乘客數量增加 97%；客運收入增長 167%；（2）貨運：貨物數量（重量）增長 58%；貨運收入增長 132%。

每年的部分收入用來償還英國投資修建鐵路的借款。到 1932 年前，未償還貸款數額約爲 75 萬英鎊（總借款額爲 230 萬英鎊）。

此外，北平至奉天鐵路的部分收入繼續用於在滿洲修建新的鐵路線，如大虎山—通遼等鐵路。這條鐵路的收入還供給葫蘆島港口的修建，目前該工程暫時停工。

4. 吉林—長春鐵路

這條鐵路是日本和中國根據 1905 年簽訂的《會議東三省事宜條約》使用南滿鐵路 215 萬日元借款修建的。鐵路於 1912 年 10 月竣工。在施工過程中，這條鐵路被視爲未來大鐵路幹線的一部分，它穿越滿洲中部地區、通往朝鮮，這條鐵路不僅具有經濟作用，還具有政治意義。

從財政狀況來看，吉長鐵路在運營初期獲利很少。爲增加該鐵路的運營資金，南滿鐵路又給與新的借款，因此總借款額增至近 650 萬日元。這筆借款從 1917 年 10 月開始、分 30 年還清，年利息爲 5%。從這一年開始，吉長鐵路轉爲南滿鐵路經營。

在第一年（即 1912 年）鐵路的運營狀況爲：總收入 207 864 銀圓，總支出 18 322 銀圓，利潤 189 542 銀圓。

1914 年鐵路虧損 14 652 銀圓。

近幾年該鐵路的財務狀況如下：

年　份	總收入	運營支出	支出與收入比	利　潤
1927	3 305 005	2 320 812	70.2	984 193
1928	3 608 448	2 553 015	70.4	1 055 433
1929	3 864 751	2 697 007	69.4	1 187 744
1930	3 360 954	2 779 762	82.7	581 192
1931	513 833	564 431	109.9	-50 598

5. 吉林—敦化鐵路 Дуньхуа

1928 年開通，南滿鐵路扶持修建，總建設成本 2400 萬日元。

運營初期鐵路財政狀況如下：（銀圓）

年　份	總收入	運營支出	支出與收入比	利　潤
1928 年	962 539	77 774	8.1	884 765
1929 年	1 795 591	1 723 479	96.0	72 112
1930 年	1 685 343	1 774 227	105.3	-88 884
1931 年	282 206	375 165	132.9	-92 952

自 1931 年 11 月 1 日起，該鐵路與吉林—長春鐵路並到一起管理。

6. Мукден-Хайлунская 奉天—海龍鐵路（又稱 Шэньхайская 沈海鐵路或 Фынхайская 奉海鐵路）

除 Мукден-Чаоянчжэнь 奉天—朝陽鎮主幹線外，這條鐵路還有 Мэйхэгоу 梅河口至 Сифын 西豐的一條支線。總長度爲 329 公里。中國投資修建這條鐵路，Мукден 奉天省（出資 500 萬元）、吉林省（300 萬元）和黑龍江省（200 萬元）地方當局均投資修建，還有中國資本家個人出資 1000 萬

元。鐵路修建始於 1925 年 7 月，告竣於 1928 年 8 月，此後該鐵路開通運營。這條鐵路在 Мукден 奉天首先與南滿鐵路對接，然後併入到北京—Мукден 奉天鐵路，從而與南滿鐵路構成競爭。

鐵路運營財政狀況如下（銀圓）：

年　份	總收入	運營支出	利　潤
1929	5 733 332	4 799 983	933 348
1930	7 687 755	6 130 141	1 557 614
1931	9 301 238	5 943 193	3 358 045

7. 吉林—Хайлунская 海龍鐵路

從 Чаоянчжэнь 朝陽鎮站（與 Фынхайская 奉海鐵路相交的樞紐）到吉林間敷設的鐵路。按照最初的協議，日本應該參與修建這條鐵路。但 1927 年這條鐵路修建時只有中國投資，日本對此還發表聲明反對。該鐵路於 1928 年 5 月通車，在運營初期其經濟效益並不明顯。例如，1930 年一年總收入為 209 萬元，而運營支出總額為 207 萬元。

8. 四平街—洮南 Сыпингай-Таонаньская 鐵路

這條鐵路在幾年時間內分路段建成，整條鐵路線在 1924 年 7 月完全竣工。個別路段的運營始於 1918 年。修建鐵路資金是南滿鐵路提供的借款，借款總額（包括沒有支付的利息）到 1931 年前達到 4400 萬日元。

除個別年份外，這條鐵路從運營初期起就利潤頗豐，平均每年為 230～260 萬銀圓。

1928～1930 年，四洮鐵路運營的財政狀況如下（銀圓）：

年　份	總收入	運營支出	支出與收入比	利　潤
1928	6 063 294	3 612 460	59.58	2 450 834
1929	6 751 336	4 136 853	61.29	2 613 483
1930	8 946 963	6 541 658	73.12	2 405 305

9. Таоаньская 洮昂鐵路

1924 年 9 月，根據南滿鐵路公司和東三省地方政府簽訂的條約建成。該鐵路建設依靠南滿鐵路提供的借款，數額為 12 920 000 日元。該鐵路 1926 年 7 月開通。

洮昂鐵路運營狀況（銀圓）如下：

年　份	總收入	運營支出	支出與收入比	利　潤
1927	632 724	288 223	45.6	344 501
1928	1 140 441	1 908 400	167.3	-767 957
1929	2 147 505	2 126 619	99.0	20 886
1930	2 490 047	2 414 278	97.0	75 769
1931	4 034 068	2 869 667	71.8	1 137 401

洮昂鐵路的運營在齊齊哈爾—克山鐵路建成後快速發展，運輸南滿鐵路以北產糧區的貨物。

10. Хухайская 呼海鐵路

這條鐵路起於哈爾濱近郊位於松花江左岸的松北（松浦站），途經呼蘭和 Cуйхуа 綏化，到達黑龍江省的縣級城市 Хайлунь 海倫。這條鐵路以呼蘭和 Хайлунь 海倫兩個縣級市的字頭來命名。

呼海鐵路是北滿新鐵路幹線的一部分。實際投入到 Хухайская 呼海鐵路的資金爲 15 538 731 元（包括初期投入到購買車廂等的費用）。

Хухайская 呼海鐵路總長度爲 216 公里 235 米。這條鐵路還需要補充一條從松浦到 Мацзянчуанкоу 馬家船溝（屬於哈爾濱）的、長爲 7.38 公里的支線鐵路。

幾年前呼海鐵路的火車頭、車廂等明顯不足，特別是在出口貨物較多的年份。部分火車頭陳舊、功力小，部分火車頭已經非常陳舊。

鐵路運營的數量和規模可以從以下數字中看出：

年　份	運輸貨物（噸）	運送乘客	總收入	運營支出	利　潤
1927（7～12 月）	251 096	746 101	908 779	495 404	原書此處不清楚
1928	392 885	913 009	2 652 034	1 350 045	1 301 989
1929	504 124	805 412	4 741 598	2 873 702	1 867 896
1930	684 254	623 504	4 171 717	2 893 402	1 278 315
1932	369 655	280 353	3 826 561	2 606 029	1 220 532

從 1930 年開始，貨物運輸由於市場全面陷入危機和滿洲出口量下降而減少。

Хухайская 呼海鐵路主要運輸糧食，其中大豆占貨運總量的 80%以上，其次是小麥，占 10%以上。

該鐵路為出口公司運輸的糧食總量為：1928／29 為 261 560 噸，1929／30 為 427 300 噸，1930／31 年為 394 046 噸。

Хухайская 呼海鐵路到目前為止更像是中東鐵路的一個鐵路專用線，它把貨物轉運到中東鐵路上。但是相對於中東鐵路西線各站，呼海鐵路從通車之初就表現出競爭力。呼海鐵路的貨物運輸對安達 Аньда и Маньгоу 站起到較大影響，同樣，對青山站的貨運量也受到影響。顯而易見，它使中東鐵路失去了部分貨物。

Хухайская 呼海鐵路併入到新的 Синьцзин-Корейская 新京（長春）—朝鮮幹線後，以拉法 Лафа—哈爾濱鐵路作為中轉線，Хухайская 呼海鐵路可對中東鐵路形成強有力的競爭力，必將分流中東鐵路的部分貨物給新的鐵路幹線。

11. 齊齊哈爾—Кэшаньская 克山鐵路

它可以把齊齊哈爾、安達地區（包括訥河、依安、拜泉、克山、龍江等）農業發達地區出口的糧食從中東鐵路吸引到 Таоаньская 洮昂鐵路上來。已經決定開始修建一條與齊克鐵路平行的，即從齊齊哈爾往北到阿穆爾（抵達薩哈林）的鐵路。

齊齊哈爾—克山鐵路始建於 1928 年，1930 年 1 月鐵路敷設到泰安鎮〔註12〕Тайаньчжэнь，這裡的鐵路開始通車。1930 年修建了 Нинянь 站往北、到達拉哈鎮 Лахачжэнь 的支線鐵路；1932～1933 年，主幹線修建到克山。

齊齊哈爾—克山鐵路在齊齊哈爾站附近（距該站 4 公里處）穿過中東鐵路。在鐵路 9 公里處（距昂昂溪 Ананьци 站 8.1 公里）有一個會讓站 Юйшутунь 榆樹屯。齊齊哈爾—克山鐵路從這裡延伸至齊齊哈爾市，個別支線往北延伸到中東鐵路的齊齊哈爾站。新鐵路的貨物在齊齊哈爾站可以直接卸車裝入中東鐵路的車廂內。

從 Нинянь 站延伸出一條往北的支線鐵路，長度為 48 公里。

齊克鐵路和 Таоаньская 鐵路（洮—昂？洮南、昂昂溪？）的管理機構相同。

────────────

〔註12〕即今依安

12. 滿洲新鐵路幹線

「滿洲國」成立後，滿洲鐵路建設速度加快。特別是自 1932 年 4 月和 1933 年，鐵路建設飛速發展。

從這時開始，出現了被原政府充公的政府鐵路，這些鐵路歸「滿洲國」和南滿鐵路中央鐵路管理局監管。

從 1932～1933 年間修建的鐵路來看，Дуньхуа-Тумыньская 敦化—圖們鐵路（Дуньтуская 敦圖線）、Лафа 拉法—哈爾濱鐵路（Лабиньская 拉濱線）兩條鐵路最值得一提。

Дуньтуская 敦圖鐵路是滿洲境內新的吉林—朝鮮幹線鐵路的最後一環，鐵路設計方案長期被擱置，期間遇到了許多障礙和困難。

敦圖鐵路與朝鮮北部鐵路連接，這樣滿洲貨物可以擁有到達朝鮮北部港口（Расин-Сейсин-Юки）的出口。為使這些港口的技術裝備能發揮應有作用，修建者投入了巨大資金。

Лафа 拉法—哈爾濱鐵路將新的幹線鐵路與北滿鐵路連接起來，隨著拉濱鐵路開通，北滿貨物可以經吉林—朝鮮幹線鐵路運抵朝鮮各港口。

哈爾濱附近的跨松花江鐵路大橋建成後，Лабиньская 拉濱鐵路與Хухайская 呼海鐵路實現對接。前文已經提及，呼海鐵路可以向西北延伸，直接與齊克鐵路連接。

還有方案提出，繼續向北、經北安鎮—龍鎮 Бэйаньчжэнь-Лунчжэнь 延伸這些鐵路，不久的將來還可以把鐵路線敷設到黑龍江邊。

與其他現有鐵路相比，新鐵路幹線將為滿洲貨物打開通往海港的最短距離出口。因此滿洲進出口貨物的方向在不久的將來都將發生顯著變化，絕大部分貨物都將轉到新鐵路來。從這條幹線鐵路修建多條新支線鐵路的方案陸續出臺，新幹線鐵路的影響範圍會進一步擴大，包括已經開始修建的圖寧鐵路（圖們—寧古塔），此後這條鐵路還將延伸至中東鐵路的海林站。未來鐵路線還可達三姓；目前往北部方向、通往松花江（方正）的支線鐵路正在進行施工，它是一條運輸木材、臨近中東鐵路東線的支線鐵路。

沿新的幹線鐵路運輸貨物具有極大的距離優勢，下面是關於北滿幾個貿易中心與大連、Расин（北朝鮮港口）和符拉迪沃斯托克、乃至與日本港口間距離的數據：

（1）到拉津 Расин、大連和符拉迪沃斯托克的距離（公里）

起始地	距離 Расин 拉津	距離大連	距離符拉迪沃斯托克
哈爾濱	738	945	785
黑龍江省海倫市	964	1173	1013
黑龍江省 Тунбей 東	1045	1419	1098

（2）拉津 Расин、大連和符拉迪沃斯托克港口與日本重要港口間的距離（公里）：拉津 Расин—敦賀 Цуруга 間為 906.7 公里，拉津 Расин-Майцзуру 舞鶴間為 874.0 公里，大連到 Модзи 間為 1160.7 公里，符拉迪沃斯托克到敦賀 Цуруга 間距離為 925.6 公里。

（3）哈爾濱到日本各港口的距離（公里）

拉濱 Лабиньская 鐵路到敦賀 Цуруга 間距離為 1644.7 公里；拉濱 Лабиньская 鐵路到舞鶴 Майцзуру 的距離為 1512.0 公里；經中東鐵路的南線和大連港到 Модзи 的距離為 2105.7 公里；海倫—克山鐵路和大連港到 Модзи 的距離為 2887.0 公里；中東鐵路東線和符拉迪沃斯托克到敦賀 Цуруга 的距離為 1717.6 公里；中東鐵路南線和釜山 Фузан 到 Модзи 的距離為 2009.9 公里。

從列舉的數字可以看出，新鐵路幹線與其他走向鐵路相比在距離方面具有非常明顯的優勢。暫時由於距離差別不是很大，中東鐵路東線走向優勢更加明顯，但隨著未來設計出新幹線的支線鐵路，距離差別的優勢將逐漸顯現。

上述可知，未來新鐵路幹線應該成為滿洲交通發展中舉足輕重的因素之一。

滿洲新鐵路建設的前景。目前，「滿洲國」政府對鐵路建設予以特別的關注。根據現有的鐵路建設方案，未來滿洲鐵路的總長度可以達到近 25000 公里；未來 10 年內可以建成約 4000 公里鐵路，其中部分方案已經實現。因此，在 20 世紀的 40 年代初滿洲將擁有約數萬公里長度的鐵路線。

談及交通工具、特別是滿洲鐵路交通的作用，可以說，在滿洲沒有什麼比鐵路建設對這裡經濟增長及未來發展更為重要的了。

Л.И.柳比莫夫

附錄三　俄羅斯文化在黑龍江地區傳播的初始階段

　　清朝末年，俄羅斯文化在黑龍江地區得到初步的傳播，這在相當大程度上與中東鐵路的建設聯繫在一起。

一、文化機構和文化人士

　　爲了建設和服務中東鐵路，成千上萬的俄國工程師、建築工人、經濟師、翻譯、醫生、教師等等紛至沓來，他們帶來了俄羅斯文化，也研究中國東北的經濟、歷史、地理、文化，進而組織了學術團體和機構。

　　聖彼得堡皇家東方學研究會哈爾濱分會成爲把研究人員聯合起來的早期組織之一。這個組織的封閉性限制了自己的機遇，這也就可以解釋爲什麼其出版物《分會通報》只出了兩期（1910 年）。然而，就是這兩期也能既讓中國東北的讀者、也讓俄國讀者瞭解東方學研究的最新成果。

　　1908 年 6 月 21 日哈爾濱成立了第一家地方性科學教育的啓蒙組織——俄國東方學家協會。A. B. 斯皮岑當選爲首任會長。這個新組織宣稱其首要目標如下：1.從社會政治、地理、語言學等方面研究東亞和中亞；2.促進俄國與東亞和中亞各族人民的親近；3.在報刊上和社會上闡述科學和實踐性質的問題；4.該組織的成員們在物質上和精神上互相幫助、互相支持。

　　東方學家協會的會員有翻譯、外交人士、商人、東方學院和聖彼得堡大學的教授們，他們在俄國居民中普及關於中國的知識，定期作東方學報告，並發佈相關消息。1909 年 4 月，И. А. 多布羅洛夫斯基作了第一個報告《中

國治外法權與工部局》。所有報告都發表於 1909 年 7 月出版的俄國東方學家協會主辦的《亞洲導報》雜誌創刊號上。除了東方學論著之外，該期刊也登載有關中國東北（包括黑龍江省）人、俄國人生活的文章，以及涉及俄中關係的文件原本。

在最初半年，俄國東方學家協會同那些其任務近似該協會目標的俄國、外國的社會組織、機構建立了交往和合作關係。除了出版《亞洲導報》雜誌以外，還決定出版自家會員的著作。〔註 1〕

雖然俄國東方學家協會會員滿腔熱忱，然而由於出版業務經費不足，所以《亞洲導報》的印行幾度中斷，總共出了 55 期。

大自然研究者И．А．巴依科夫也積極參加過俄國東方學家協會的工作。他在中國東北度過了 14 年時光，在這裡開始了自己的研究工作。他爲了執行俄國皇家科學院的任務，收集了多套動物學和植物學藏品，還獵捕過老虎，寫過關於中國東北、北京的短篇小說和學術論文。

二、學校的創辦

中東鐵路的俄國建設者們拖家帶口來到中國東北，他們的子女的教育問題在鐵路建設初期就發生了。因此，臨近 1898 年底，俄籍移民村——未來的哈爾濱——除了教堂和俱樂部以外，還出現了整個東北第一所小學。它是得益於主動來到此地的И.C. 斯捷潘諾夫的努力才開辦起來的。最初該校錄取了 11 名兒童，3 年後增至將近 200 名。斯捷潘諾夫還爲中國成人和中國兒童舉辦過夜校。

隨著哈爾濱規模的擴大，中東鐵路管理局開辦了一批新小學。到 1906 年鐵路沿線地帶共有小學 12 所，學生 1460 人，教師 38 名。1917 年這個地區裏有 10 所單班級學校和倆班級學校，學生 3000 多名，教師 76 名。

除了鐵路中小學以外，哈爾濱還有一所開辦於 1908 年的地方公立學校和幾所私立學校，它們分別由社會組織、教會、個人開辦，其中哈爾濱的兩所由俄國女人創辦的私立中學值得注意。M. C. 格涅羅佐娃於 1903 年開辦了哈爾濱俄羅斯私立中學，1 年過後此校改造爲 8 個年級的完全女子中學。M. A. 奧克薩科夫斯卡婭的古典女子中學於 1906 年 10 月創立，它設有 3 個預備年級

〔註 1〕В обществе русских ориенталистов // Вестник Азии. Харбин, 1910. № 3 (Янв). C. 273.

和 3 個基本年級。奧克薩科夫斯卡婭女子中學在哈爾濱人之中名高望重，中東鐵路領導和高級職員以及顯貴華人的女兒在這裡上學。1906～1917 年期間，其女生人數由 17 名增至將近 1000 名，學制先是 7 年，後來爲 8 年。

1911 年，開辦了以 Д. Л. 霍爾瓦特命名的哈爾濱中學和以 Я. Л. 德里祖利命名的哈爾濱俄羅斯私立中學。前者由中東鐵路創立，有自己的建築；後者有兩個預備年級和兩個基本年級，座落在今哈爾濱南崗區「莫斯科商城」莫斯科工廠主 С. 莫羅佐夫和科諾瓦廖夫的房舍裏。

滿洲（中國東北）的國民教育體制承襲了俄國體制，中學分爲兩種：其一爲古典教育，允許畢業生升入大學；其二爲實科學校，培養學生的實際業務技能。在哈爾濱的學校裏上學的，除了俄國人以外，也有中國人，這就決定了教學計劃中出現東方學內容：方志課、漢語課、遠東國家地理和歷史。

1906 年由中東鐵路局教育處開辦的哈爾濱商業學校是第一所主要的中等專業學校，它爲中東鐵路職員的子女而設，但也接納一切願意來上學的人。該學校被認爲是這座城市的驕傲，實際上它由兩校構成──男校和女校，二者毗鄰而居，分佈在市中心的兩幢大樓裏。與俄國的商業學校有所不同，哈爾濱商業學校的教學進行 8 年，允許畢業生考大學。

哈爾濱商業學校的男生除了普教學科、專業學科以外，還學習英語、德語、漢語和拉丁語；女生不學漢語而學俄語教學法和算術課，這樣她們就能在畢業後去小學當老師了。1906～1916 年期間，中東鐵路給商業學校將近 200 萬盧布，於是它有了化學實驗室和動物學實驗室、地理教研室、美術工作室、本校教堂和一座大型體育館。П. В. 博爾佐夫〔註 2〕是中東鐵路局教育處的處長，當時兼任哈爾濱商業學校夜校第一任校長。

從 1906 年起，中東鐵路局教育處每年都組織召開夏季教師代表會議。存在過中東鐵路教師協會。1917 年前，該協會在哈爾濱出版過小學和高級小學教科書，И. С.斯捷潘諾夫編著的識字課本成了這裡的第一部教科書，他是親自爲其開辦的學校的小學生們編寫的，因爲他沒有及時收到來自莫斯科的現成課本。

〔註 2〕尼古拉·維克多羅維奇·博爾佐夫（1871～1955 美國），畢業於聖彼得堡大學歷史語文學系，托木斯克中學（1897 年起）和托木斯克商業學校（1897 年起）的教師，哈爾濱商業學校的創辦人和第一任校長（1905～1925），中東鐵路局教育處處長，滿洲邊區研究會邊區文化發展部主任。

　　1909 年滿洲民辦大學協會成立了，它舉辦過成人夜校。1910 年在 Н• В• 博爾佐夫的倡議下成立了大學生輔導協會，其宗旨是幫助在哈爾濱的中學畢業的那些大學生。該協會成立後，在哈爾濱的中學畢業的那些大學生才能在畢業後有希望得到貸款形式的物質幫助。這個協會的活動持續到 20 世紀 20 年代初。

　　哈爾濱的教師們聯合起來加入了滿洲教師協會，該組織是 1910 年在哈爾濱成立的。其章程規定它「關注追蹤俄國和其他國家的教育科學的發展，促進邊疆地區認清教育和教學實踐提出的種種問題，多次舉辦訓練班、代表大會、展覽會、科學觀光……」

三、書業、報業的初創

　　在哈爾濱，圖書報刊的出版發行在大量俄僑到來之前就開始了。最早一種俄文出版物《哈爾濱》雜誌於 1898 年底創刊印行，上面登載了有關第一批俄國移民的資料。

　　另一種最早的定期出版物是 1900 年問世的《哈爾濱消息報》。哈爾濱俄國社會革命黨代表人物 П. В.羅文斯基在 1901 年 8 月至 1905 年 11 月末期間出版了《哈爾濱每日電訊與公告專頁》。它停刊以後，羅文斯基又出版兩種其他報紙──《滿洲報》和《青年俄羅斯報》。

　　中東鐵路投入運營後不久，1903 年 6 月，《哈爾濱導報》問世，它是路局機關報，在俄國居民中享有盛名，出版到 1920 年之後更名為《鐵路人報》。

　　1905～1911 年在哈爾濱出版的《外阿穆爾人閑暇時光》雜誌也有名氣。當地社會革命黨組織為自己的目標利用了該雜誌的名稱，得以順利冠名，出了幾期自己的機關報（當然是地下的）。〔註3〕

　　在中國東北出版的最早俄文書籍之一是《哈爾濱信息手冊》（1904 年版）。這本小書發佈關於哈爾濱及其郊區情況的最豐富資料，有機關和企業，包括商貿企業的資料，也有中國人和俄國居民的資料。

　　圖書館。俄國人在中國東北建有許多圖書館。哈爾濱中東鐵路局鐵路會堂圖書館被認為是最早最豐富的圖書館之一。它 1902 年在中東鐵路建設最火熱的時候於哈爾濱新城（今哈爾濱南崗區）開館，成為面向俄國僑民的第一

〔註 3〕Первый журнал в Харбине // Харбинская старина: Сб. Харбин: Изд. О-ва старожилов г. Харбина и Сев. Маньчжурии, 1936. С. 43.

個文化教育中心。此館把書籍傳遍中東鐵路各分局，成為所有俄國圖書館的示範指導中心。

那時，中東鐵路的所有鐵路學校和商業學校都有圖書館。

除了鐵路圖書館以外，中國東北還有其他圖書館。藏書豐富的圖書館由不同的社會組織——商會、房東會等等——興建起來，烏克蘭人、猶太人、亞美尼亞人都有自家圖書館。格魯吉亞公會擁有一座 1906 年開辦起來的收藏宏富的圖書館。許多哈爾濱居民和懂俄文的中國人都利用它。

四、藝術的傳入

中東鐵路在哈爾濱的藝術發展方面起了重大作用。一方面，它擁有不少資金，有助於組織巡演；另一方面，鐵路職員中有一個以有學識的專門人才為代表的業餘藝術隊伍。路局領導人給前來中國的演員提供免費車票。起初，到這裡演出的演員來自符拉迪沃斯托克（海參崴）；隨著鐵路沿線的壯大，歐俄地區的演員也來這裡。因此，哈爾濱和中東鐵路其他站點的居民能觀賞到最著名俄國戲劇演員的表演。

以這些巡演為起點，戲劇在黑龍江地區發展起來。鐵路俱樂部出現了排演俄國戲劇名家作品的戲劇小組。它們不僅吸引俄國居民，而且吸引對歐洲藝術感興趣的中國居民。與此同時，居住在哈爾濱的俄國人也光顧中國人的戲劇表演。

五、教堂、醫院的興建

中東鐵路所有的車站都有東正教教堂，最大車站都興建了大教堂。東北北部一切教區都歸符拉迪沃斯托克主教管轄區管轄，組成一個獨立的監督司祭小教區。與此同時，又按教區劃分的教區理事會被批准設立。數量最多的東正教大教堂分佈在哈爾濱，它們大都是在中東鐵路的援助下建造起來的。1898 年 2 月在一處簡易棚廈裏開張的最早一座小教堂被冠以聖徒尼古拉的名字。1900 年聖尼古拉大教堂按照 И• B• 波德列夫斯基工程師的設計方案建造起來。它像俄國北極地帶的那些角錐形高屋頂教堂，因為它是按照古俄方式用刨削成方的圓木構築而成。在當時的哈爾濱，從四面八方都可清楚地看到這座大教堂，因為它聳峙在哈爾濱的高崗上。由它向四周輻射出幾條街道，它的周圍分佈著幾家商店、1 家醫院和 1 家賓館。

　　伊維爾聖母教堂的奠基儀式於 1907 年 5 月 27 日舉行，大主教葉夫謝維伊於 1908 年為新落成的大教堂舉行了聖化儀式。

　　坐落在哈爾濱新城（今哈爾濱南崗區）的阿列克謝伊教堂於 1910 年舉行了聖化儀式，它屬於中東鐵路的商業專科學校。這個教堂是在慈善人士 Ф. К. 科斯特羅明、И. Ф. 庫拉耶夫、И. Ф. 奇斯佳科夫的促進之下建造起來的，特別是奇斯佳科夫，它捐獻了鑄鐘資金，並於 1913 年春為教堂增建了鐘樓。

　　1917 年以前，中東鐵路沿線地帶的衛生保健由鐵路局的醫療衛生處管理。

　　哈爾濱建城和實施地方自治以後開辦了市立醫院。俄國醫生們曾經大力幫助中國人防治鼠疫和其他傳染病。〔註 4〕

　　1911 年創辦的第一牙科學校是這個時期哈爾濱的職業學校之一。該校工作著有經驗的教師和專家，他們向中國同事傳播自己的知識，在教育俄國年輕人的同時也教育中國年輕人。牙醫 П. Л. 洛希洛夫編寫的講義《簡明藥理學教程》是第一牙科學校學員的教科書。

　　中東鐵路各個車站及其附屬村鎮都有俄國人的小教堂、學校、醫療機構。

　　齊齊哈爾：有一座聖徒彼得和保羅小教堂、一所兩間教室的鐵路（子弟）學校，一個郵政局、一座氣象站。

　　博克圖：有 60 個床位的鐵路醫院、郵局、兩所公立學校（一所有兩間教室，另一所有一間教室）、以及以亞歷山德拉皇后命名的小教堂。

　　滿洲里站始建於 1900 年，這裡三座東正教堂：1903 年落成的聖謝拉菲姆教堂、英諾森大教堂和聖喀山-博戈羅季茨克教堂。這裡還有郵電局，50 張床位鐵路醫院、二年製鐵道學校、中學、實業學校。

　　札賚諾爾站：有一座小教堂、一所兩間教室的學校，郵局。

　　海拉爾站：這裡有一所兩間教室的寄宿學校。

　　牙克石站：С. А. 塔斯金在此地一所中學擔任校長多年，他喜愛戲劇藝術，組織了戲劇小組，排演了幾部劇作。

　　興安車站：森工企業主舍夫琴科氏兄弟開辦了一所私立學校，有 40 多個孩子在這裡上學。站外村裏有一座小禮拜堂。

　　一面坡站：有一個兩個班級的鐵路（子弟）學校，後來升級為中學；有名為「謝爾蓋」的小教堂。

〔註 4〕Чума в Маньчжурии в 1910~11 г.г.: Альбом. Б.м.: Б.и., Б.г. Фототипия Шерер, Набгольц и Ко. в Москве. Б.л.: Ил.

六、馬列主義的傳播

哈爾濱的革命事件。1905～1906 年，旨在反對沙皇政府的諸多政治事件席卷俄國，也波及了哈爾濱。在這個城市，集中了一些俄國工人的骨幹力量，受到布爾什維克們影響的工人們擎著紅旗，唱著革命歌曲，舉行群眾性示威和集會。1905 年 11 月 26 日，遵照罷工委員會的決定，中東鐵路的工人們加入了全俄的大罷工。12 月 2 日，中東鐵路和俄國遠東各條鐵路才恢復通車。

1905 年俄國革命的思想和鬥爭模式，跨越千山萬水，傳播到中國的黑龍江地區。在這裡，俄國工人與中國工人零距離接觸，一同在中東鐵路和其他企業並肩勞作，中國工人因此得以直接瞭解到俄國工人反對他們的共同死敵——沙皇專制政權——的英勇鬥爭。俄國工人階級的活動和思想引起中國工人和知識分子的關注，對他們的政治觀點產生了影響。

1905～1906 年示威、集會、罷工的浪潮也波及了東北北部其他有俄國工人生活的村鎮和火車站。滿洲里火車站罷工委員會奪取了武器庫後，將之交給了外貝加爾的鐵路工人。儘管 1905 年以後反動派在中國東北北部仍占統治地位，但是那些為工人權利而鬥爭的俄國工會還是恢復了。在國際無產階級團結的節日那一天——1907 年 5 月 1 日，哈爾濱沒有一家企業的工人上班。這裡總數 5000 多俄國工人當天舉行了郊外「五一」慶祝活動。中國工人也參加了這一活動。

本時期，俄羅斯文化在黑龍江地區的傳播是初步的，規模不大，但是為以後這個地區的中俄文化交流做好了鋪墊。

後　記

　　《俄風東漸：黑龍江地區俄羅斯人的經濟文化活動研究》即將在海峽對岸出版，我們全體作者非常高興。幾年來，我們自由地思考，自由地闡述；我們的成果合起來是一部主題鮮明的著作，分開來又幾乎可以獨自成篇，每一部分都帶有鮮明的學術個性。

　　在書稿的正文之後還附加了三篇珍貴的文獻，其一為資料綜述，其二、其三為譯文。它們對本書的正文部分作了適當的補充。

　　本書各部分的分工如下：

　　王繼偉：第一章；石方：第二章第1、2、3、8節；李述笑：第二章第4、5、6、9節；彭傳勇：第二章第7節；劉潤南：附錄一；陳秋傑：附錄二；А·А·希薩穆季諾夫（Амир Александрович Хисамутдинов，作者）、林琳（譯者）：附錄三。

　　李隨安擔負主編工作，撰寫第三章和序言，負責全書的審校。

　　在本書即將出版之際，向全體同仁表示衷心的感謝！感謝您們貢獻智慧，感謝您們精誠合作！

　　感謝黑龍江省社會科學院圖書館的眾多職員——刁乃莉、劉偉東、黎剛、徐昱東、張躍、李琪……，他們為我們課題組提供了資料幫助。王向東為本書提供了《中東鐵路大畫冊》的電子版，在此特別致謝。

　　本書採用了眾多圖片、照片，它們為本書增光添彩。由於種種原因，我們無法瞭解某些照片的攝影師的姓名，所以未能在照片下面加以注明。在這裡，我向各位攝影師表示衷心的感謝！

　　感謝臺灣花木蘭文化事業有限公司，它為大陸學者搭建了展示思想成果的櫥窗，在海峽兩岸之間架起了一座學術橋樑，功在當代，利在千秋！

　　感謝高小娟經理、杜潔祥總編輯、楊嘉樂主任、許郁翎編輯，您們是促進兩岸文化交流的天使！

主編　　李隨安

2019 年 3 月 30 日於哈爾濱